U0679240

"十三五"职业教育国家规划教材

互联网＋教育改革＋课程思政新理念教材

成本会计实务

主编 吴育湘 张 亮

江苏大学出版社
JIANGSU UNIVERSITY PRESS

镇 江

内 容 提 要

本书主要介绍了成本会计的相关知识。全书共分为八个项目，具体内容包括：成本会计相关知识、制造企业成本核算概述、企业要素费用的核算、综合费用的核算、生产费用在完工产品与在产品之间分配的核算、产品成本计算的基本方法、产品成本计算的辅助方法、成本报表的编制和分析。

本书内容系统、案例丰富、通俗易懂、实用性强，可作为职业院校经管类专业及相关专业学生的教材，也可作为广大会计从业人员学习成本会计的参考用书。

图书在版编目（ＣＩＰ）数据

成本会计实务 / 吴育湘，张亮主编. -- 镇江：江苏大学出版社，2018.8（2022.7 重印）
ISBN 978-7-5684-0922-3

Ⅰ．①成… Ⅱ．①吴… ②张… Ⅲ．①成本会计 Ⅳ．①F234.2

中国版本图书馆 CIP 数据核字（2018）第 189293 号

成本会计实务
Chengben Kuaiji Shiwu

主　　编 / 吴育湘　张　亮
责任编辑 / 柳　艳
出版发行 / 江苏大学出版社
地　　址 / 江苏省镇江市梦溪园巷 30 号（邮编：212003）
电　　话 / 0511-84446464（传真）
网　　址 / http://press.ujs.edu.cn
排　　版 / 北京鑫益晖印刷有限公司
印　　刷 / 北京鑫益晖印刷有限公司
开　　本 / 787 mm×1 092 mm　1/16
印　　张 / 15.25
字　　数 / 352 千字
版　　次 / 2018 年 8 月第 1 版
印　　次 / 2022 年 7 月第 5 次印刷
书　　号 / ISBN 978-7-5684-0922-3
定　　价 / 46.80 元

如有印装质量问题请与本社营销部联系（电话：0511-84440882）

编者的话

成本会计属于会计学的一个分支学科，理论性、专业性、操作性较强，同时也是会计专业的核心课程之一。随着全球经济的快速发展及企业经营管理要求的不断提高，成本会计作为会计工作的重要组成部分，在企业生产经营管理中起着举足轻重的作用。普通高等院校经管类专业的学生不论是成本会计课程的学习，还是企业成本会计实务操作，都需要一本资料翔实丰富、体系结构合理、内容简明扼要、叙述通俗易懂、知识体系完整和理论联系实际的教材。为此，我们组织了一批长期从事会计教学研究、具有深厚理论功底及丰富实操经验的专家和教师，策划并编写了这本《成本会计实务》。

《成本会计实务》以制造企业为主，对成本核算的理论和方法进行了全面、系统的阐述。全书内容主要包括四大部分，即成本会计基本理论、成本费用的核算、产品成本计算方法及成本报表的编制和分析。整体而言，本书具有以下特点。

1. 课政融合，同向同行

本书以社会主义核心价值观为引领，秉承认知教育、能力教育和思想政治教育同向同行的理念，在编写过程中有机融入了思政元素，落实立德树人的根本任务。例如，在正文中添加"思政之窗"模块，拓宽学生视野，增强学生民族意识，培养学生爱国主义精神和创新精神，提高学生的学习能力，实现课程与思政协同育人的教学理念。

2. 校企合作，案例实用

本书在编写过程中，依据最新的《企业会计准则》、会计制度及近年来出台的会计法规、政策等内容，结合企业的实际案例，借鉴和参考了多位企业财务人员的工作经验、工作方法和工作流程，通过知识点+案例练习的方式，帮助学生掌握成本会计理论和成本会计的核算方法，重点培养学生的动手能力和实践能力。

3. 全新形态，全新理念

本书秉承"项目任务式"教学理念，将全书划分为8个项目，按照由浅入深、循序渐进的认知规律，合理安排总体结构和各项目内容，并明确了每个项目的任务目标和要求，结构清晰，内容完整。

每个项目开篇由"案例导入"模块介绍一个实际案例，引出具体任务，启发学生思考，激发学生学习兴趣。项目结束后添加了"项目小结""复习思考题"模块，对整个项目的内容和案例进行提纲挈领的总结和复盘，增强学生的学习效果和实践效果。

在编写每个任务时，除了基本的理论知识讲解外，还设有大量案例练习题，并紧扣重点难点，讲解清晰，力求复杂问题简单化，简单问题直观化；同时还设置了"小贴士""项目小结"等模块，全方位帮助学生理解和思考成本管理的学科逻辑，增加学生的知识储备。

本书还有专门的配套实训，以便学生将理论知识与工作实践紧密结合，切实提高成本核算的综合能力。

4. 数字资源，丰富多彩

本书配有随堂微课，读者可以借助手机或其他移动设备扫描书中二维码，观看精彩视频。另外本书还配有课件和练习答案等教学资源包，读者可登录文旌综合教育平台"文旌课堂"（www.wenjingketang.com）下载使用。大家在学习过程中有什么疑问，也可登录该平台寻求帮助。

此外，本书还提供了在线题库，支持"教学作业，一键发布"，教师只需通过微信或"文旌课堂"App扫描二维码，即可迅速选题、一键发布、智能批改，并查看学生的作业分析报告，提高教学效率、提升教学体验。学生可在线完成作业，巩固所学知识，提高学习效率。

在编写过程中，编者参考了大量的文献资料，未能一一列明来源，在此向这些作者表示诚挚的谢意。由于编写时间仓促，编者水平有限，书中难免存在疏漏与不当之处，敬请广大读者批评指正。

本书编委会

主　　编　吴育湘　张　亮

副主编　赵宇红　王敏入　王支宝　尹玲燕

参　　编　袁新建　褚　琴　梅龙姬　胡红梅

目 录

项目一 成本会计相关知识 / 1

案例导入 / 2

任务一 成本概述 / 2

一、成本的概念 / 2

二、产品支出、费用与成本之间的关系 / 3

三、成本的作用 / 4

任务二 成本会计概述 / 5

一、成本会计的概念与职能 / 5

二、成本会计的对象 / 7

三、成本会计的内容 / 7

任务三 成本会计的工作组织 / 9

一、成本会计机构 / 9

二、成本会计人员 / 10

三、成本会计的法规和制度 / 10

项目小结 / 12

复习思考题 / 12

项目二 制造企业成本核算概述 / 13

案例导入 / 14

任务一 成本核算的基本原则和基本要求 / 14

一、成本核算的基本原则 / 14

二、成本核算的基本要求 / 15

任务二 企业要素费用的分类 / 19

一、要素费用按经济内容分类 / 19

二、要素费用按经济用途分类 / 21

■ 任务三　成本核算的基本程序和账务处理程序 / 23

一、成本核算的基本程序 / 23

二、成本核算的账务处理程序 / 24

■ 项目小结 / 27

■ 复习思考题 / 28

项目三　企业要素费用的核算 / 29

■ 案例导入 / 30

■ 任务一　要素费用核算概述 / 30

一、要素费用核算的原则 / 30

二、要素费用的归集 / 31

三、要素费用的分配 / 31

■ 任务二　材料费用的核算 / 32

一、材料的内容与分类 / 32

二、材料费用的归集 / 33

三、材料费用的分配 / 37

四、燃料费用的归集与分配 / 42

■ 任务三　外购动力费用的核算 / 44

一、外购动力费用的归集 / 44

二、外购动力费用的分配 / 45

■ 任务四　职工薪酬费用的核算 / 47

一、职工薪酬的构成 / 47

二、职工薪酬的归集 / 50

三、职工薪酬的分配 / 57

■ 任务五　折旧费用和其他费用的核算 / 64

一、折旧费用的核算 / 64

二、固定资产修理费用的核算 / 65

三、利息费用的核算 / 66

四、税金的核算 / 66

五、其他费用的核算 / 67

■ 项目小结 / 68

■ 复习思考题 / 68

项目四 综合费用的核算 / 69

案例导入 / 70

任务一 辅助生产费用的核算 / 70

一、辅助生产费用的归集 / 70

二、辅助生产费用的分配 / 71

任务二 制造费用的核算 / 81

一、制造费用的内容 / 81

二、制造费用的归集 / 82

三、制造费用的分配 / 84

任务三 损失费用的核算 / 88

一、损失费用 / 88

二、废品损失的核算 / 88

三、停工损失的核算 / 94

项目小结 / 96

复习思考题 / 96

项目五 生产费用在完工产品与在产品之间分配的核算 / 97

案例导入 / 98

任务一 在产品的核算 / 98

一、在产品与完工产品 / 98

二、在产品数量的核算 / 99

三、在产品清查的核算 / 101

任务二 在产品成本的计算 / 103

一、不计算在产品成本法 / 103

二、固定在产品成本法 / 104

三、在产品按所耗材料费用计价法 / 105

四、约当产量比例法 / 106

五、在产品按定额成本计价法 / 114

六、定额比例法 / 115

七、在产品按完工产品成本计算法 / 118

任务三 完工产品成本的结转 / 119

项目小结 / 121

复习思考题 / 121

项目六　产品成本计算的基本方法 / 123

案例导入 / 124

任务一　产品成本计算方法概述 / 124

一、制造企业生产的主要类型 / 124

二、生产特点和管理要求对产品成本计算的影响 / 127

三、产品成本计算的方法 / 128

任务二　产品成本计算的品种法 / 132

一、品种法的概念及适用范围 / 132

二、品种法的特点 / 132

三、品种法的成本计算程序 / 133

四、品种法的运用举例 / 134

任务三　产品成本计算的分批法 / 146

一、分批法的概念及适用范围 / 146

二、分批法的特点 / 147

三、分批法的成本计算程序 / 148

四、简化分批法 / 151

任务四　产品成本计算的分步法 / 157

一、分步法的概念及适用范围 / 157

二、分步法的特点 / 157

三、分步法的分类 / 158

四、逐步结转分步法 / 158

五、平行结转分步法 / 172

项目小结 / 180

复习思考题 / 181

项目七　产品成本计算的辅助方法 / 183

案例导入 / 184

任务一　产品成本计算的分类法 / 184

一、分类法的概念及适用范围 / 184

二、分类法的特点 / 185

三、分类法的成本计算程序 / 185

四、类内各种产品成本的分配方法 / 185

● **任务二　副产品和联产品的成本计算** / 188

　　一、副产品的成本计算 / 188

　　二、联产品的成本计算 / 189

● **任务三　产品成本计算的定额法** / 192

　　一、定额法的概念及适用范围 / 192

　　二、定额法的特点 / 192

　　三、定额法的成本计算程序 / 192

● **项目小结** / 201

● **复习思考题** / 201

项目八　成本报表的编制和分析 / 203

● **案例导入** / 204

● **任务一　成本报表的编制** / 204

　　一、成本报表的概念与种类 / 204

　　二、成本报表的作用与编制要求 / 207

　　三、产品生产成本表的编制 / 208

　　四、主要产品单位成本表的编制 / 212

　　五、制造费用明细表的编制 / 214

　　六、期间费用明细表的编制 / 215

● **任务二　成本报表的分析** / 216

　　一、成本分析的一般方法 / 217

　　二、成本分析的具体方法 / 221

● **项目小结** / 229

● **复习思考题** / 230

项目一

成本会计相关知识

任务目标

1. 了解成本的概念与作用。
2. 了解成本与支出、费用之间的关系。
3. 了解成本会计的概念与职能。
4. 掌握成本会计核算的基本内容。
5. 了解成本会计的工作组织。

任务要求

1. 掌握成本会计工作的组织方法。
2. 能正确划分成本、支出和费用项目。

　　某学校会计专业的毕业生小王应聘到一家工厂任成本会计。2021 年 6 月，该工厂发生如下支出：

　　（1）从仓库领用原材料价值 80 000 元，其中 70 000 元用于产品生产，6 000 元用于车间一般耗用，4 000 元用于公司管理部门支出。

　　（2）本月共支付水费 5 000 元，其中 4 500 元用于车间办公室支出，500 元用于行政办公室支出。

　　（3）报销差旅费 6 000 元，其中采购员出差费用 4 000 元，销售人员出差费用 2 000 元。

　　（4）报销业务招待费 3 000 元。

　　（5）发放职工薪酬 50 000 元，其中生产工人薪酬 40 000 元，车间管理人员薪酬 5 000 元，管理人员薪酬 5 000 元。

　　（6）支付期限为三个月的银行借款利息 6 000 元，该借款用于生产车间的改建。

　　（7）向希望工程捐款 30 000 元。

　　（8）以银行存款支付车间设备修理费 1 000 元。

　　（9）以银行存款支付税收罚款 2 000 元。

　　请帮助小王判断上述各项支出中，哪些应列入产品成本？哪些不应列入产品成本？而哪些不能作为成本费用列支？

任务一　成本概述

一、成本的概念

成本的概念

　　成本是商品经济的产物，是商品经济中的一个经济范畴，是商品价值的主要组成部分。根据马克思劳动价值理论，商品价值组成内容包括：生产经营过程中耗费的生产资料价值（C）；劳动者为自己劳动所创造的价值（V）和劳动者为社会劳动所创造的价值（M）。其中，C+V，即生产经营过程中耗费的生产资料价值和劳动者为自己劳动所创造的价值之和，就是商品的成本价格。

　　成本是归属于某一特定对象的费用，如采购材料的成本、生产产品的成本和提供劳务的成本等。企业在商品生产经营过程中发生的耗费是多种多样的，并不是所有的耗费都计入成本。企业为了经济核算和成本管理的需要，有的耗费计入所生产产品和提供劳务的成本；有的作为期间费用直接计入当期损益。为了使各企业能正确地计算产品成本、保证成本核算的准确性，国家统一规定了成本开支范围。企业应遵循国家统一会计制度的规定，正确地核算产品成本和劳务成本。

二、产品支出、费用与成本之间的关系

（一）支出

支出是指企业生产经营过程中发生的一切开支与耗费，即企业在生产经营过程中为获取另一项资产、清偿债务所发生的资产的流出。例如，企业为购买材料、办公用品等支付或预付的款项；为偿还银行借款、应付账款及支付股利所发生的资产的流出；为购置固定资产、支付长期工程费用所发生的支出等。支出可以是现金支出，也可以是非现金支出；但就企业的长期业务活动而言，所有的支出最终由现金支出来实现。

（二）费用

费用是指企业为销售商品和提供劳务等日常活动所发生的经济利益的流出，即企业在获取收入的过程中，对企业拥有或控制的资产的耗费。企业在生产经营活动中为获取收入需提供商品和劳务，在其过程中会发生各种耗费，如原材料、动力、工资、机器设备等耗费。这些耗费或为制造产品而发生，或为实现产品销售而发生，或为以后确定的期间取得收入而发生。

费用按其与产品生产的关系可划分为生产费用和期间费用两类。生产费用是指产品生产过程中发生的物化劳动和活劳动的货币表现，它与产品生产有直接关系，如直接材料、直接人工和制造费用。期间费用是指与企业的经营管理活动有密切关系的耗费，它与产品的生产没有直接关系，但与发生的期间配比有关，应从当期收益中扣减，如销售费用、管理费用和财务费用。

（三）成本

成本是一种耗费，有广义和狭义之分。广义的成本是指为实现一定目的而耗费的人力、物力和财力的货币表现；狭义的成本就是产品成本，对象化的生产费用就是产品成本。

综上所述，支出包括资本性支出、收益性支出、营业外支出、所得税支出和利润分配支出，其中收益性支出转化为费用，而对象化的生产费用即产品成本。

制造企业的产品成本与支出、费用之间的关系如图 1-1 所示。

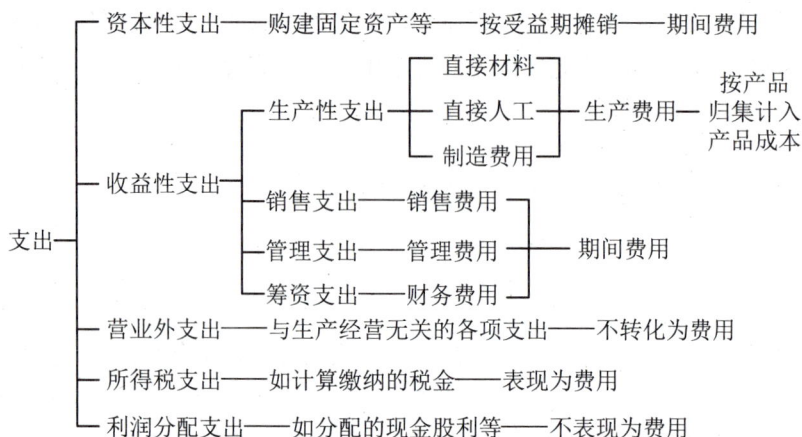

图 1-1　产品成本与支出、费用之间的关系

三、成本的作用

成本的经济实质决定了成本在经济管理工作中具有十分重要的作用，主要表现在以下几个方面。

（一）成本是补偿生产耗费的尺度

从事生产经营发生的资金耗费，只有从取得的收入中得到补偿，才能保证生产经营在原有规模上继续进行。补偿耗费的价值尺度就是成本。将产品成本与产品收入相比较，可以判断资金耗费能否得到补偿，能在多大程度上得到补偿。如果企业的产品收入小于其相关成本，表明企业的资金耗费未能全部得到补偿，原有生产经营规模将难以维持。相反，如果企业的产品收入大于其相关成本，则表明企业的资金耗费不仅能全部收回，而且能得到一定的资金增量，可用于扩大生产经营规模。

（二）成本是综合反映企业工作质量的重要指标

成本是一项综合性的经济指标，企业生产经营各个方面的工作质量和效果，都可直接或间接地在成本上反映出来。例如，新产品设计是否合理、原材料消耗是否节约、劳动生产率是否提高、固定资产利用是否充分等。可见，成本是反映企业工作质量的重要指标，任何企业只有加强成本的监督和控制，才能不断提高经济效益和管理水平。

（三）成本是制订产品价格的重要依据

根据价值规律，产品价格取决于产品的价值。但在产品价值无法直接计算的情况下，只能通过产品成本间接地掌握产品价值。因此，产品成本是制订产品价格的一项重要因素。成本是制订价格的最低经济界限，产品的销售价格不低于成本，是企业生存的基本条件。

这并不排除企业作为一种营销策略或权宜之计，将产品以低于成本的价格出售的情况。但从长期来看，只有当销售价格高于成本时，企业才能盈利，这是企业发展的基本前提。

（四）成本是企业进行经营决策的重要依据

在市场经济条件下，企业依靠不断提高经济效益来增加自身的竞争能力。为了提高经济效益，企业必须及时进行正确的生产经营决策，包括筹资决策、投资决策、技术决策、生产决策和经营决策等。在生产经营决策中，影响决策的因素有很多，但其中一个重要因素就是成本的竞争能力。因为在市场经济条件下，企业的竞争主要是产品（劳务）价格与质量的竞争。在同等条件下，拥有具备竞争优势的低成本产品，才能有较强的竞争能力，才能提高市场占有率，因此成本是企业进行生产经营决策的重要依据。

任务二　成本会计概述

一、成本会计的概念与职能

（一）成本会计的概念

成本会计是以提高经济效益为目的，运用会计基本原理和一般原则，采用一定的技术方法，对企业生产经营活动中发生的成本、费用进行连续、系统、全面、综合核算和监督的一种管理活动，它是以提供成本信息为主要内容的会计分支。

成本会计的概念有狭义和广义之分。狭义的成本会计通常指成本核算，是指按照一定的程序、标准和方法，对企业发生的各项费用进行归集和分配，从而计算出产品总成本和单位成本。广义的成本会计不仅包括成本核算，还包括成本预测、成本决策、成本预算、成本控制和成本考核等内容。

（二）成本会计的职能

成本会计的职能是指成本会计作为一种经济管理活动，在生产经营过程中所能发挥的作用。成本会计作为会计的一个重要分支，其基本职能同会计一样，具有核算和监督两大基本职能。

1. 核算职能

成本会计的核算职能是采用专门的会计方法，核算生产经营过程中各种费用支出，以及生产经营成本和期间费用等支出。成本会计核算是以已经发生的各种费用为依据，为经营管理提供真实的、可以验证的成本信息，从而为成本分析、考核等工作提供客观依据。

成本会计的职能

随着社会生产的不断发展，经营规模的不断扩大，经济活动的日趋复杂，成本管理需要具有计划性和预见性。因此，成本会计除了要提供反映成本现状的资料外，还应提供有关预测未来经济活动的成本信息资料，以便帮助企业正确地做出决策和采取措施，达到预期目的。由此可见，成本会计的核算职能已从事后反映发展到了分析预测未来。

2．监督职能

成本会计的监督职能是指按照一定的目的和要求，通过控制、调节、指导和考核等手段，监督各项生产经营耗费的合理性、合法性和有效性，以达到预期的成本管理目标。成本会计的监督包括事前、事中和事后监督。

首先，成本会计应对生产经营的各种耗费进行事前监督，即从经营管理对降低成本、提高经济效益的要求出发，对企业未来经济活动的计划或方案进行审查，并提出合理建议，发挥对经济活动的指导作用，限制或制止违反政策、制度和计划、预算等经济活动，支持和促进增收节支的经济活动。

其次，成本会计要通过成本信息的反馈，进行事中和事后监督，也就是通过对所提供的成本信息资料进行检查分析，控制和考核有关的经济活动，及时总结经验、发现问题、提出建议，促使管理层采取措施调整经济活动，使成本支出按照规定的要求和预期的目标执行。

成本会计的核算和监督两大职能是辩证统一、相辅相成的。没有正确、及时的核算，监督就失去了存在的基础；而只有进行有效的监督，成本会计才能为管理提供真实可靠的信息，使核算职能得以充分发挥。所以，只有把核算和监督两大职能有机结合起来，才能更有效地发挥成本会计在管理中的作用。

思政之窗

2020年4月2日，某审计机构表示在审查某咖啡连锁品牌公司的2019年年度财务报告时发现，该公司通过虚假交易虚增了收入、成本及费用。

2020年4月5日，该公司发布道歉声明表示，公司董事会已委托独立董事组成的特别委员会及委任的第三方独立机构，进行全面彻底调查。

2020年4月27日，该公司称，公司正在积极配合市场监管部门的相关工作，公司及全国门店运营正常。

2020年6月27日，该公司发布声明称，公司将于6月29日在纳斯达克停牌，并进行退市备案。

2020年7月31日，财政部表示，在对该公司境内运营主体的会计信息质量检查中发现，该公司2019年年度虚增收入21.19亿元（占对外披露收入51.5亿元的41.15%），虚增成本费用12.11亿元，虚增利润9.08亿元。

2020 年 9 月 18 日，国家市场监督管理总局及上海、北京市场监管部门，对该公司做出行政处罚决定，罚金共计 6 100 万元。

2020 年 12 月 17 日，该公司就受到的财务欺诈指控与美国证券交易委员会达成和解，同意支付 1.8 亿美元（约合 11.75 亿元人民币）。

2021 年 9 月，该公司称，将与美国证券集体诉讼达成和解。

从该公司财务造假事件可以看出，财务造假不仅违背了会计的核算职能和监督职能，违背了企业应该承担的社会职责，而且损害了社会公众的利益，破坏了市场运行的规则。因此，会计人员应坚守职业道德，坚持准则，廉洁自律，积极发挥会计的核算、监督职能，通过提供高质量的会计信息，维护市场经济的正常运行，维护社会公众利益。

二、成本会计的对象

成本会计的对象是指成本会计核算和监督的具体内容。因为企业的生产经营过程既是产品的生产过程，又是费用的发生过程，所以成本、费用是紧密联系的——成本是对象化的费用，成本和费用都是成本会计的对象。因此，成本会计的对象是企业日常经营活动中发生的各种费用和生产产品、提供劳务等发生的成本。从这一意义上来说，成本会计实际上是成本、费用会计。

三、成本会计的内容

传统成本会计的内容仅限于成本核算，即进行事后的记录和核算，它已不能满足现代成本管理的要求。现代成本会计要求成本会计不但要提供对企业经营管理有用的成本信息，还要求对企业未来的预测、决策提供信息资料。因此，现今成本会计的工作内容更为广泛，主要包括成本预测、成本决策、成本计划、成本控制、成本核算、成本分析和成本考核等。

（一）成本预测

成本预测是根据与成本有关的各种数据、资料，以及可能发生的发展变化和将要采取的各项措施，采用一定的专门方法，对企业未来的成本水平及其变化趋势做出科学的测算。企业在日常活动中经常需要进行成本预测。例如，编制成本计划前需要对计划成本和成本降低的幅度进行预测；计划执行过程中需要对计划完成情况进行预测等。通过成本预测，企业可以了解未来成本水平及其变动趋势，据此提高成本管理的科学性和预见性，为成本决策、成本计划和成本控制及时提供有效的信息。

（二）成本决策

成本决策是在成本预测的基础上，结合其他有关资料，在若干个与生产经营和成本有关的方案中进行比较分析后，选出最优方案，确定目标成本的过程。企业生产经营过程中的许多决策实际上就是成本决策，如零部件是自制还是外购的决策、新产品开发方案的选择、自制半成品是出售还是继续加工的选择、老产品技术改造的选择、外购材料和商品经济采购批量的选择等。最优化的成本决策是制订成本计划的前提，也是提高经济效益的重要途径。

（三）成本计划

成本计划是根据成本决策所确定的目标成本，具体规定在计划期内为完成生产经营任务所需支出的成本、费用，并提出为达到目标成本水平所应采取的各种措施。成本计划是一种书面文件，一经确定便对企业各个生产单位和部门具有约束力，是企业进行成本控制、成本分析和成本考核的重要依据。同时，成本计划也是企业制订利润计划、流动资产中用量计划等的依据。

（四）成本控制

成本控制包括事前控制和事中控制，是根据成本计划对各项实际发生或将要发生的成本、费用进行审核和控制，将其控制在计划成本范围内，防止超支、浪费和损失的发生，以保证成本计划的执行。成本和费用是反映企业工作质量的综合经济指标。通过成本控制可以保证成本目标的实现，并为成本核算提供真实可靠的成本信息。

（五）成本核算

成本核算是针对一定的成本核算对象，采用适当的成本计算方法，按照规定的成本项目，通过对各费用要素进行归集和分配，计算出各成本核算对象的总成本和单位成本，是会计核算的重要内容。成本核算既是对生产经营过程中发生的生产耗费进行如实反映的过程，也是进行反馈和控制的过程。通过成本核算，可以反映成本计划的完成情况，对生产经营费用的发生和产品成本的形成进行控制，同时也可以为以后成本分析和成本考核提供必要的依据。

（六）成本分析

成本分析

成本分析是将成本核算等资料同本期计划成本、上年同期实际成本、本企业历史先进成本和国内外同类产品先进成本进行比较，分析成本水平构成的变动情况，研究成本变动的影响因素和原因，挖掘企业降低成本、节约费用的潜力。成本分析可以为下期成本预测提供资料。成本分析通常包括生产费用和企业费用预算完成情况分析、商品产品总成本计划完成情况分析、主要产品单位成本计划完成情况分析、主要技术指标变动对成本影响的分析、不同企业之间同类商品产品成本和期间费用的对比分析等。

（七）成本考核

成本考核是企业定期对成本计划及其有关指标实际完成情况进行总结和评价，以监督和促进企业加强成本管理责任制，履行经济责任，提高成本管理水平的一项工作。成本考核要以企业和各个责任人（或单位）为对象，以责任人可以控制的成本为界限，并按责任归属来核算和评价其工作业绩。成本考核要与奖惩制度相结合，根据成本管理工作的业绩来决定奖惩，以充分调动各责任人完成预定目标的积极性。

任务三　成本会计的工作组织

成本会计的工作组织是根据成本会计的特点，设置成本会计机构，配备成本会计人员和制订成本会计的规章制度，以此来保证成本会计工作合理、有效地进行。

一、成本会计机构

成本会计机构是指企业从事成本会计工作的职能部门，是企业会计机构的组成部分。设置成本会计机构时应充分考虑企业规模和成本管理要求。一般而言，大中型企业可单独设立成本会计科、室或组，具体负责本企业的成本会计工作；小型企业可只配备成本核算人员专门处理成本会计工作。

各企业管理方式不同，企业内部各级成本会计机构之间的组织分工也不同，主要有集中工作方式和非集中工作方式两种。

（一）集中工作方式

集中工作方式是指成本会计工作中各环节的工作，主要由厂部成本会计机构集中进行，车间等其他单位中的成本会计机构或人员只负责原始记录的登记和原始凭证填制，并对其进行审核、整理和汇总，为厂部会计机构进一步工作提供资料。集中工作方式下，车间等其他单位大多只配备专（兼）职的成本会计人员。

采用集中工作方式有利于企业管理者及时、全面地掌握企业有关成本的信息，便于集中使用电子计算机进行成本数据处理，同时还可以减少成本会计机构的层次和成本会计人员的数量。但缺点是直接从事生产经营活动的基层单位不能及时掌握成本信息，不利于调动生产单位和生产工人自我控制成本和费用的积极性。

（二）非集中工作方式

非集中工作方式也称分散方式，是指企业成本会计中的各项具体工作由各分厂、车间等生产单位和其他有关部门成本会计机构或人员分别进行，厂部成本会计机构负责指导和监督，并对全厂成本进行综合的核算、分析等工作。

采用非集中工作方式有利于成本费用的分级管理和责任成本的核算，能充分调动企业上下各个方面和全体职工节约增产、降低成本的积极性，但增加了成本会计工作的时间和费用。

企业在确定成本会计组织工作的形式时，应根据自身生产经营特点和成本管理要求，从有利于充分发挥成本会计工作的职能作用及提高成本会计工作效率的角度去考虑，以确定企业内部各级成本会计机构的分工。一般来说，大中型企业宜采用非集中工作方式，而小型企业宜采用集中工作方式。企业也可以将两种方法结合应用，如企业重要生产部门采用非集中工作方式，其他部门采用集中工作方式等。

二、成本会计人员

成本会计人员是指专门从事成本会计工作的专业技术人员。配备好成本会计人员、提高成本会计人员的素质，是做好成本会计工作的前提。为了提高成本会计工作效率、保证成本会计信息质量，在成本会计机构内部和会计人员中应当建立岗位责任制，定岗、定编、定责，明确分工，各司其职。从事成本会计工作的人员除了应具备会计职业道德之外，还需既懂会计和财务管理，又懂得经营管理，特别是要熟悉生产技术。

成本会计人员的职责包括：进行会计核算；实行会计监督；编制成本计划及费用预算，并考核、分析其执行情况；制订本单位办理会计事项的具体办法。

三、成本会计的法规和制度

企业成本会计机构和会计人员必须严格按有关法律、规章和制度的规定进行成本核算，实行会计监督。有关成本会计的法规和制度可以分为以下三个层次。

（一）《中华人民共和国会计法》

《中华人民共和国会计法》（以下简称《会计法》）是我国会计工作的基本法律，是制定会计方面其他法律、规章、制度和办法等的依据。

成本会计机构和会计人员必须依照《会计法》办理会计事务。例如，《会计法》第25条规定，公司、企业必须根据实际发生的经济业务事项，按照国家统一的会计制度的规定确认、计量和记录资产、负债、所有者权益、收入、费用、成本和利润；第26条规定，公司、企业不得随意改变费用、成本的确认标准或者计量方法，虚列、多列、不列或者少列费用、成本，这些都是企业在进行成本核算时应当严格遵守的。

（二）国家统一的会计准则和会计制度

我国《会计法》规定，企业进行会计核算时，还应遵循国家统一的会计准则和会计制度，包括国家统一的会计核算制度、国家统一的会计监督制度、国家统一的会计机构和会计人员制度、国家统一的会计工作管理制度等，如《企业会计准则》《企业会计制度》。《企业会计准则》和《企业会计制度》由财政部门制定并公布，属于政府规章性质，企业进行成本核算，组织成本监督，设置成本会计机构和配备成本会计人员时，应严格遵守。

思政之窗

《中华人民共和国会计法》、国家统一的会计准则和会计制度不仅有利于促使会计人员依法行使权力、依法履行义务，还有利于推动社会改革与进步，维护良好的社会秩序。

在实际的成本核算与管理工作中，会计法律制度是评价会计人员工作质量的客观标准，是约束会计人员的达摩克利斯之剑，也是评价一个会计人员职业道德的最低要求。熟悉和践行会计法律法规，需要会计人员培养社会主义法治思维，做到：① 学习法律知识；② 掌握法律方法；③ 参与法律实践；④ 打造依法办事的习惯。

除了要知法懂法，遵纪守法，主动维护法律正义，树立社会主义法治观念之外，一个合格的会计人员还要树立崇高的职业道德观念，养成诚实守信、客观公正、坚持准则的高尚品质。

（三）企业内部的成本会计制度

企业内部的成本会计制度包括内部的成本核算制度和核算办法。成本会计实务必须由企业内部会计制度和成本核算办法来规范。企业应遵循国家的会计法律和规章，并根据企业生产经营的特点和管理要求，制订企业内部的会计制度和成本核算办法，作为企业处理成本会计业务的直接依据。

企业内部成本会计制度和核算办法一般应包括以下几个方面：

① 成本会计工作的组织分工及职责权限。

② 成本定额、成本计划和费用预算的编制方法。

③ 成本核算的具体规定，包括成本计算对象和成本计算方法的确定、成本项目的设置、生产费用的归集和分配方法、在产品计价方法的确定，以及成本核算的一些基础工作要求等。

④ 成本预测、成本计划和分析制度。

⑤ 成本报表制度，包括成本报表的种类、格式、指标体系、编制方法、报送对象和日期等。

企业内部的成本会计制度是开展成本会计工作的依据和行为规范，其是否科学、合理会直接影响成本会计工作的成效。因此，企业内部成本会计制度的制订，是一项复杂而细致的工作。在内部制度的制订过程中，有关人员不仅要熟悉国家的会计法规，还要深入基层开展调查工作，在反复试点、具备充分依据的基础上制订成本会计制度工作。成本会计制度一经确定，就应该认真贯彻执行。但随着时间的推移，实际情况往往发生变化，出现新的情况，这时应根据变化的情况，对成本会计制度进行修订和完善，以保证成本会计制度的科学性和先进性。

项目小结

成本是商品经济的产物，是商品经济中的一个经济范畴，是商品价值的主要组成部分。成本是一种耗费，有广义和狭义之分。广义的成本是指为实现一定目的而耗费的人力、物力、财力的货币表现；狭义的成本就是产品成本，对象化的生产费用就是产品成本。

产品成本与支出、费用之间既有联系，又有区别。支出是指企业生产经营过程中发生的一切开支与耗费。费用是支出的构成部分，凡是与企业的生产经营有关的部分，即可表现或转化为费用。在生产过程中发生的费用，构成产品成本的组成部分。

成本作为生产经营耗费的补偿尺度，综合反映企业各项工作质量的重要指标，是制订产品价格和企业进行经营决策的重要依据，在企业的生产经营管理中有着重要的作用。

成本会计是会计的一个重要分支，它的基本职能是核算和监督。成本会计的基本内容包括成本预测、成本决策、成本计划、成本控制、成本核算、成本分析和成本考核。

成本会计工作组织包括设置成本会计机构、配备成本会计人员和建立成本会计制度三个方面。

复习思考题

1．什么是成本？成本在经济管理中有哪些作用？

2．简述支出、费用、产品成本三者的关系。

3．成本会计的职能有哪些？其基本职能是什么？

4．如何理解成本会计所包含的内容？

5．成本会计机构的设置应考虑哪些因素？

6．成本会计工作的组织形式有几种？各自的特点是什么？

项目二
制造企业成本核算概述

任务目标

1. 掌握成本核算的基本原则和基本要求。
2. 掌握要素费用的基本分类。
3. 理解成本核算的一般程序和账务处理。

任务要求

1. 能够区分生产企业费用要素内容及产品成本的构成项目。
2. 能运用成本核算的基本账户和成本核算程序解决实际问题。

案例导入

2021 年 5 月，某自行车厂因生产产品发生了下列支出：钢管 60 000 元，橡胶轮胎 10 000 元，油漆 1 000 元，其他配件 2 000 元，车间用电费 2 000 元，厂部用电费 1 000 元，工人工资 20 000 元，厂长等管理人员工资 8 000 元，设备租金 2 000 元，生产设备折旧费 2 500 元。王丽到该厂财务部进行专业课实习，部长要求她对上述费用进行分类，王丽分类的结果如下：

方案一	方案二	方案三
外购材料 73 000 元	产品成本 99 500 元	直接材料 75 000 元
外购动力 3 000 元	生产费用 99 500 元	直接人工 20 000 元
工资 28 000 元	期间费用 9 000 元	制造费用 4 500 元
折旧费 2 500 元		

她的分类方法对吗？她是按什么标准进行分类的？

任务一　成本核算的基本原则和基本要求

一、成本核算的基本原则

成本核算是按照国家有关法规、制度和企业经营管理的要求，对生产经营过程中实际发生的各种劳动耗费进行计算，并进行相应的账务处理，提供真实、有用的成本信息。企业进行成本核算时应遵循以下六条原则。

（一）合法性原则

合法性原则是指应计入产品成本的费用必须符合国家法律、法规和制度的规定，不符合规定的费用不能计入产品成本。例如，增加固定资产的支出属于资本性支出，按规定应作为固定资产的增加，而不能计入产品成本；购入无形资产的支出同样属于资本性支出；罚款支出则属于营业外支出等。

（二）实际成本计价原则

实际成本计价也称历史成本计价，是指各项财产物资应当按照取得或构建时发生的实际成本入账，在会计报告中也按实际成本反映。按实际成本计价包括两方面内容：一是对生产所耗用的原材料、动力和折旧等费用按照实际成本计价，计划成本法在计入产品成本时，需将计划成本调整为实际成本；二是对完工产品成本应按照实际成本计价。需要注意的是，原材料、动力按实际成本计价并不是以某次采购的实际单位成本为标准计价，而是按某种计价方法，如先进先出法、移动加权平均法和一次加权平均法等计算得出的单价进行成本计价。

（三）权责发生制原则

权责发生制是指凡是本期已经实现的收入和已经发生的或应当负担的费用，不论款项是否收付，都应当作为本期的收入和费用；凡是不属于本期的收入和费用，即使款项已经在当期收付，也不应当作为本期的收入和费用。产品成本的确定是以权责发生制为基础计算的。贯彻权责发生制主要是为了正确划分本期产品成本费用和下期产品成本费用的界限，以便企业正确计算产品成本。

（四）成本分期核算原则

企业生产经营活动是连续的，为了获得某一会计期间内企业所生产产品的成本，必须将企业的生产经营活动按一定阶段（月、季、年）划分为若干个相等的会计期间，分别计算各期的产品成本。成本核算分期和产品成本计算期不能混为一谈。成本核算的费用归集、分配必须按月定期进行，与会计计算期一致，有利于成本核算工作的进行；完工产品的成本计算与企业生产工艺和生产类型相关，可以与会计计算期一致，也可以与会计计算期不一致。

（五）一致性原则

一致性原则是指成本核算中所涉及的成本核算对象、成本项目、成本计算方法及会计处理原则前后期应保持一致，以保证成本信息的可比性，提高成本信息的利用程度。坚持一致性原则，并不意味着成本核算中所采用的方法不能变动。如果变更成本核算方法是为了适应客观环境变化的需要，是为了取得并提供更加正确、有用的信息，则变更是必要的、可行的。但在进行变更时，必须在报表附注中充分说明方法变动给成本带来的影响。

（六）重要性原则

重要性原则是指对成本信息质量有重大影响的项目应重点单独反映，并力求准确，而对于次要的、在成本项目中所占比重很小的项目可以从简处理。例如，产品直接耗用的原材料应该直接计入有关产品成本，但对于那些直接耗用但数额不大的材料，可以作为消耗材料计入制造费用。

二、成本核算的基本要求

成本核算不仅是成本会计的基本任务，同时也是企业经营管理的重要组成部分。做好成本核算工作，对降低成本、费用，增加企业利润，提高企业生产技术和经营管理水平，以及正确处理企业与国家、其他投资者之间的分配关系，都有着十分重要的意义。因此，为了充分发挥成本核算的作用，在成本核算工作中，应遵守以下各项要求。

（一）正确划分各种费用支出的界限

为了正确计算产品成本，为成本管理提供正确的成本信息，企业必须正确划分以下几个费用支出的界限。

1. 正确划分收益性支出、资本性支出、营业外支出等各种支出的界限

支出是企业在经济活动中的一切开支与耗费。一个会计主体在其业务活动中会发生多种性质的支出，一般可分为收益性支出、资本性支出、营业外支出和利润分配支出。

正确划分各种
费用支出的界限

① 收益性支出也称营业支出，是指一项支出的发生仅与本期收入有关，并直接冲减当期收入。收益性支出全部列作当期的成本、费用，如企业为生产经营而发生的材料、包装物、直接人工、制造费用和期间费用等。

② 资本性支出，是指一项支出的发生不仅与本期收益收入有关，也与其他会计期间的收入有关，而且主要是为了以后各期收入的取得而发生的支出，如购置固定资产、无形资产的支出等。

③ 营业外支出，是指与企业生产经营无关的其他支出，如非常损失、处理固定资产损失等。这些支出与生产经营无关，不能作为企业的成本或费用。

④ 利润分配支出，是指在利润分配环节的开支，如支付的现金股利等。

区分各项支出是为了正确计算各期的损益、正确反映资产的价值，是企业正确计算产品成本的前提条件。

2. 正确划分生产费用与期间费用的界限

生产费用都应计入产品的生产成本。但当月产品的生产成本，并不一定都能成为当月产品的销售成本而从利润中扣除。因为当月投入生产的产品不一定在当月就能完工，成为产成品并实现销售；当月完工并销售出去的成品也不一定都是当月投入生产的。但是制造企业发生的期间费用不计入成本，而直接计入当期损益，从当期利润中扣除。所以，计入产品成本的费用与计入期间费用的费用对一定时期内利润的影响是不同的。

为正确计算企业的生产费用和期间费用，企业应对计入成本的生产费用和计入损益的期间费用进行正确的划分。划分的原则如下：用于产品生产的原材料费用、生产工人的薪酬费用和制造费用等应该计入生产费用，并据以计算产品成本；用于产品销售、组织和管理生产经营活动，以及为筹集生产经营资金而发生的筹资费用，归集为期间费用，直接计入当期损益。

正确划分生产费用和期间费用的界限，是保证正确计算产品成本和核算各期损益的基

础。因此，在成本核算过程中，企业应避免混淆成本、费用的界限，将应计入产品成本的费用列入期间费用，或将期间费用列入产品成本，借以调节各会计期间成本、费用的错误做法。

3．正确划分各期成本界限

成本核算是建立在权责发生制基础上的，因此企业进行成本核算时，应划清由本月产品成本、期间费用负担和应由其他月份产品成本、期间费用负担的费用界限。划分的基本要求如下：应由本月成本、费用负担的费用都应在本月入账，计入本月的产品成本和期间费用，既不允许将其延至下月记账，也不得提前入账；不应由本月成本、费用负担的费用，一律不得列入本月的产品成本和期间费用。

4．正确划分不同产品成本的界限

对于生产两种及两种以上产品的生产企业，还要对计入当月产品成本的生产费用在各有关产品之间进行划分，以便分析和考核各种产品成本计划或成本定额的执行情况。这种划分的基本要求如下：属于某种产品单独发生、能够单独计入该种产品的生产费用，应该直接计入该种产品的成本；属于几种产品共同发生、不能直接计入某种产品成本的生产费用，则要采取适当的分配方法，分配计入这几种产品的成本。

5．正确划分期末在产品和本期产成品的界限

产品生产周期和会计核算周期的不一致性，往往导致企业月末有在产品，因此，计算产品成本时，必须采用适当的方法将本期生产费用在产成品与月末在产品之间予以分配，分别计算完工产品成本和月末在产品成本。当然，月末计算产品成本时，如果某种产品已完工，这种产品的各项生产费用之和就是该产品的完工产品成本；如果某种产品未完工，这种产品的各项生产费用之和就是该产品的月末在产品成本。在实际工作中，要防止任意提高或降低月末在产品成本，人为调节完工产品成本的错误做法。

正确划分以上五个支出费用的界限，是正确核算产品成本和期间费用的关键，也是评价成本、费用工作是否正确合理的主要标准。

（二）选择适当的会计政策，正确确定财产物资的计价和价值结转方法

制造企业的生产经营过程，同时也是各种劳动的耗费过程。在各种劳动耗费中，财产物资的耗费占有相当大的比重。因此，这些财产物资计价和价值结转方法是否恰当，将对成本计算的正确性产生重要的影响，如固定资产价值的计算方法、折旧方法及折旧率的确定、材料成本的组成内容、发出材料的计价方法和周转材料的摊销方法等。

为了计算产品成本和期间费用，企业应合理确定财产物资的计价和价值结转方法。基本要求如下：国家有统一规定的，应采用国家统一规定的方法，国家没有统一规定的，企业应根据财产物资的特点，结合管理要求合理选用。各种方法一经确定，应保持相对稳定，不能随意改变，以保证成本信息的可比性，同时，禁止通过任意改变财产物资计价和价值结转方法来调节成本、费用。

（三）做好成本核算的基础工作

为了加强成本审核、控制，正确、及时地计算成本，企业应做好以下各项基础工作。

1. 建立和健全有关成本核算的原始记录和凭证，并建立合理的凭证传递流程

原始记录和凭证是进行成本核算工作的首要条件。进行成本核算和成本分析，都要以数据可靠、内容齐全的原始记录和凭证为依据。因此，企业必须建立和健全有关成本核算的原始记录和凭证，及时提供真实可靠、内容完整的原始记录。例如，企业对材料的领用、工时的消耗、生产设备的运转、废品的发生、产成品和自制半成品的交库等均需填写相应的领料单、考勤记录、工资结算单和产品入库单等。

原始凭证要规定填写份数，内容包括经济活动时间、内容、计量单位及数量、填表人及负责人签章等信息。同时，会计部门要会同生产技术、劳动工资、供销等职能部门，根据成本核算管理的需要，制订各种原始凭证的传递程序。

2. 建立消耗定额制度，加强标准化管理

定额是企业在生产经营活动中，根据本单位当前的生产条件和技术水平，充分考虑各方面因素，在人力、物力和财力的配备、利用和消耗及获得的成果等方面所应遵守的标准或应达到的水平。

定额管理是成本管理的基础，也是加强标准化管理的基础。企业从公司总部（厂部）到各生产单位（车间、分厂）及班组都应建立和健全定额管理制度。定额一旦确定，应有一定的稳定期，一般为一年。当然，定额也应在企业的动态管理中进行更改，随着生产技术水平和管理水平的提高而定期修订。

3. 建立和健全材料物资的计量、收发、领退和盘点制度

成本核算是以价值形式来核算企业生产经营管理中的各项费用的，但价值形式的核算是以实物计量为基础的。因此，为了进行成本管理、正确地计算成本，必须建立和健全材料物资的计量、收发、领退和盘点制度。凡是材料物资的收发、领退，在产品、半成品的内部转移，以及产成品的入库等，均应填制相应的凭证，办理审批手续，并严格进行计量和验收。库存的各种材料物资、车间的在产品、产成品均应按规定进行盘点。只有这样，才能保证账实相符，保证成本计算的准确性。

小 贴 士

企业建立领料制度时，应注意以下事项：

（1）一切领料凭证都要经过专人审批、签字。

（2）应根据材料领用、次数和材料管理要求，正确选择领料凭证的种类。

（3）领料凭证设计应体现不相容职务分工负责的原则。凭证上应设置填制人、用途、审核人、批准人及凭证月份等内容，以利于监督和控制领料业务，实现内部控制的要求。

（4）仓库保管和材料记账应由不同部门或人员进行。

（5）财会部门应定期对领料凭证进行复核，同时应定期进行材料账账、账卡、账实核对，以保证领料记录的真实性和准确性。

4．做好厂内计划价格的制订和修订工作

在计划管理基础较好的企业中，为了分清企业内部各单位的经济责任，便于分析和考核企业内部各单位成本计划的完成情况和管理业绩，加速和简化核算工作，应对原材料、半成品、厂内各车间相互提供的劳务（如修理、运输等）制订厂内计划价格，以作为企业内部结算和考核的依据。厂内计划价格要尽可能符合实际，保持相对稳定，一般在一个年度内不变。

在制订了厂内计划价格的企业中，各项原材料的耗用、半成品的转移及各车间与部门之间相互提供劳务等，都要先按计划价格计算（这种按实际生产耗用量和计划价格计算的成本，称为计划价格成本）。月末计算产品实际成本时，在计划价格成本的基础上，采用适当的方法计算各产品应负担的价格差异，如材料成本差异，将产品的计划价格成本调整为实际成本。这样既可以加速和简化核算工作，又可以分清内部各单位的经济责任。

5．选择适当的成本计算方法

产品成本是在生产过程中形成的，产品的生产工艺过程和生产组织不同，所采用的产品成本计算方法也应该有所不同。计算产品成本是为了加强成本管理，因而还应根据管理要求的不同，采用不同的产品成本计算方法。企业只有按照产品生产特点和管理要求，选用适当的成本计算方法，才能正确、及时地计算产品成本，为成本管理提供有用的成本信息。

任务二　企业要素费用的分类

制造企业生产经营过程中的耗费是多种多样的，为了科学地进行成本管理，正确计算产品成本和期间费用，需要对种类繁多的费用进行合理的分类。费用可以按不同的标准分类，其中最基本的是按费用的经济内容和经济用途分类。

一、要素费用按经济内容分类

产品的生产经营过程，也是劳动对象、劳动手段和活劳动的耗费过程。因此，制造企业发生的各种费用按其经济内容（或性质）划分，主要有劳动对象方面费用、劳动手段方面费用和活劳动方面费用三大类。前两类为物化劳动耗费，即物质消耗；第三类为活劳动耗费，即非物质消耗。

（一）费用按经济内容分类

为了具体地反映制造企业各种费用的构成和水平，还应在费用三大要素的基础上，将制造企业费用进一步划分为以下九项费用要素：

① 外购材料，是指企业耗用的一切从外部购进的原料及主要材料、半成品、辅助材料、修理用备件、包装物和低值易耗品等。

② 外购燃料，是指企业耗用的一切从外部购进的各种燃料，包括固体、液体和气体燃料等。

③ 外购动力，是指企业耗用的从外部购进的各种动力，如电力、热力等。

费用要素

④ 职工薪酬，是指企业为获得职工提供的服务或解除劳动关系而给予的各种形式的报酬或补偿。

⑤ 折旧费用，是指企业按照规定计算的固定资产折旧费用。

⑥ 修理费用，是指企业为修理固定资产而发生的支出。

⑦ 利息费用，是指企业的借款利息费用减去利息收入后的净额。

⑧ 税金，是指企业应缴纳的各种税金，包括房产税、车船税、印花税和土地使用税等。

⑨ 其他费用，是指不属于以上各要素的费用，但应计入生产经营费用的支出，如差旅费、租赁费、外部加工费和保险费等。

（二）费用按经济内容分类的作用

按照上述费用要素反映的费用，称为要素费用。费用按经济内容分类，对要素费用进行分类核算，其作用在于：

① 反映企业一定会计期间发生的费用种类和金额，分析各个时期要素费用的构成和水平。

② 反映外购材料、燃料及动力、职工薪酬的实际支出，为编制企业材料采购资金计划及劳动工资计划提供资料。

③ 为企业核定储备资金定额和考核储备资金周转速度提供资料。

④ 划分物质消耗和非物质消耗，为计算工业净产值和国民收入提供资料。

🔔 小│贴│士

> 费用按经济内容分类的不足之处在于：不能反映各种费用的经济用途，因而不便于分析这些费用支出是否经济、合理；无法确定费用的发生与各种产品之间的关系，不利于寻求降低产品成本的途径。因此，对于制造企业的这些费用，还必须按经济用途分类。

二、要素费用按经济用途分类

制造企业的各种费用按其经济用途分类，首先可分为生产经营管理费用和非经营管理费用。生产经营管理费用还可分为计入产品成本的生产费用和不计入产品成本的期间费用。

（一）生产费用按经济用途分类

计入产品成本的生产费用按其经济用途不同，还可进一步划分为若干项目，这些项目作为产品成本的构成内容，即产品成本项目。制造企业一般应设置直接材料、直接燃料及动力、直接人工和制造费用等成本项目。

① 直接材料，是指直接用于产品生产，构成产品实体的原料、主要材料，以及有助于产品形成的辅助材料费用。

② 直接燃料及动力，是指直接用于产品生产的各种燃料和动力费用。

③ 直接人工，是指直接参加产品生产的职工薪酬费用。

④ 制造费用，是指间接用于产品生产的各项费用，以及虽然直接用于产品生产，但不便于直接计入产品成本，因而没有专设成本项目的费用，如机器设备的折旧费用。

为使产品成本项目更好地适应企业的生产特点和管理要求，企业可根据生产特点和管理要求对上述成本项目做适当调整。对于管理上需要单独反映、控制和考核的费用，以及产品成本中比重较大的费用，应专设成本项目；否则，为了简化核算，不必专设成本项目。例如，如果废品损失在产品成本中所占比重较大，在管理上需要对其进行重点控制和考核，则应单设"废品损失"成本项目。又如，如果工艺上耗用的燃料和动力不多，为了简化核算，可将其中的工艺用燃料费用并入"原材料"成本项目，将其中的工艺用动力费用并入"制造费用"成本项目。

（二）期间费用按经济用途分类

制造企业的期间费用按照经济用途可分为销售费用、管理费用和财务费用。

1. 销售费用

销售费用是指企业在产品销售过程中发生的费用，以及为销售本企业产品而专设的销售机构的各项经费，包括运输费、装卸费、包装费、保险费、展览费和广告费，以及为销售本企业商品而专设的销售机构（含销售网点、售后服务网点等）的职工薪酬、类似工资性质的费用和业务费等经营费用。

2. 管理费用

管理费用是指企业为组织和管理企业生产经营所发生的各项费用，包括企业的董事会和行政管理部门在企业的经营管理中发生的，或者应由企业统一负担的公司经费（包括行政管理部门职工薪酬、修理费、机物料消耗、低值易耗品摊销、办公费和差旅费等）、工会经费、劳动保险费、董事会费（包括董事会成员津贴、会议费和差旅费等）、聘请中介机构费、咨询费（含顾问费）、诉讼费、业务招待费、技术转让费、无形资产摊销、职工教育经费、研究与开发费、排污费、存货盘亏或盘盈（不包括应记入营业外支出的存货损失的坏账准备和存货跌价准备）等。

3. 财务费用

财务费用是指企业为筹集生产经营所需资金而发生的各项费用，包括利息支出（减利息收入）、汇兑损失（减汇兑收益）及相关的手续费等。

（三）费用按经济用途分类的作用

费用按经济用途分类有以下作用：

① 可以促使企业按照经济用途考核各项费用定额和计划的执行情况，分析费用支出是否合理、节约。

② 将生产费用划分为若干成本项目反映，可以分析产品成本构成及比重，有利于加强产品成本的管理，同时也是企业按照费用发生的对象进行成本计量的基础。

小贴士

费用的其他分类包括以下两种。

1. 直接计入费用和间接计入费用

费用按计入产品成本的方法可以分为直接计入费用和间接计入费用。对于发生的生产费用，有的可以直接用于产品生产，直接计入产品成本，称为直接计入费用，简称直接费用。如甲产品领用 A 材料，可将 A 材料费用直接计入甲产品成本；有的只能间接为产品生产服务，在费用发生时，不能直接计入某种产品成本而必须按照一定的标准分配计入各种产品成本，称为间接计入费用，简称间接费用。如几个产品共同耗用 A 材料，则要采用一定的方法将 A 材料费用进行分配后，分别计入各个产品的成本之中。将费用划分为直接费用和间接费用，有利于企业正确组织产品成本核算。

2. 变动费用和固定费用

费用按其与产品产量之间的关系可分为变动费用和固定费用。变动费用是指费用总额随着产品产量的变动而成正比例变动的费用，如耗用的材料费用；固定费用是指费用总额不受产量的变动影响、相对固定不变的费用，如车间管理人员的薪酬费用。将费用划分为变动费用和固定费用，有利于成本控制和成本分析，寻求降低费用的途径。

任务三 成本核算的基本程序和账务处理程序

一、成本核算的基本程序

成本核算的基本程序是指根据成本核算的基本要求，对生产费用进行归集与分配及计入产品成本的程序。

（一）确定成本计算对象

成本计算对象是生产费用的承担者，即归集和分配生产费用的对象，是计算产品成本的前提。由于企业的生产特点、管理要求、规模大小和管理水平的不同，企业成本计算对象也不相同。对制造企业而言，产品成本计算的对象包括产品品种、产品批别和产品生产步骤三种。企业应根据自身的生产特点和管理要求，选择合适的产品成本计算对象。

（二）确定成本项目

成本项目是指生产费用要素按照经济用途划分成的若干项目，可以反映成本的经济构成及产品生产过程中不同的资金耗用情况。因此，企业为了满足成本管理要求，可在直接材料、直接人工和制造费用三个成本项目的基础上进行必要的调整，如单设其他直接支出、废品损失和停工损失等成本项目。

（三）确定成本计算期

成本计算期是指成本计算的间隔期，即多长时间计算一次成本。产品成本计算期的确定主要取决于企业生产组织的特点。通常，在大量、大批生产的情况下，产品成本的计算期间与会计期间是一致的；在单件、小批量生产的情况下，产品成本的计算期间则与产品的生产周期是一致的。

（四）审核生产费用

对企业的各项支出进行严格的审核和控制，并按照国家的有关规定确定其应否计入产品成本、期间费用，以及应计入产品成本、期间费用的多少。也就是说，要在对各项支出的合理性、合法性进行严格审核和控制的基础上，做好成本、费用界限划分的工作。

（五）生产费用的归集和分配

生产费用的归集和分配，就是如何正确地将生产费用按成本项目归集和分配到各成本计算对象上去。这是成本计算的关键，关系到成本信息的科学性和真实性。归集和分配生产费用的原则如下：产品生产直接发生的生产费用直接作为产品成本的构成内容，直接计入该产品成本；为产品生产服务发生的间接费用，可先按发生地点和用途进行归集汇总，然后分配计入各受益产品。产品成本计算的过程也就是生产费用的分配和汇总过程。

（六）计算完工产品成本和月末在产品成本

对于月末既有完工产品又有在产品的，应将月初在产品生产费用与本月生产费用之和，采用适当的方法在完工产品和月末在产品之间进行分配和归集，计算完工产品和月末在产品的成本。这是生产费用在完工产品与月末在产品之间的纵向分配和归集。

二、成本核算的账务处理程序

成本核算的账务处理程序是指将生产经营过程中发生的各项费用，按照成本核算的要求进行归集和分配，并计算出各种产品的生产成本和各项期间费用的过程，它主要包括以下几个步骤。

（一）设置成本核算账户

为了核算和监督企业生产过程中发生的各项费用，正确计算产品或劳务成本，企业需要设置有关成本费用类账户，组织生产费用的总分类核算和明细分类核算。不同行业的企业可以根据本行业的生产特点和管理要求，确定成本费用类账户的名称和核算内容。

制造企业一般应设置"生产成本""制造费用""销售费用""管理费用""财务费用"等账户。如果需要单独核算废品损失和停工损失，企业还应设置"废品损失"和"停工损失"账户。

1. "生产成本"账户

为了核算企业进行生产所发生的各种生产费用，正确计算产品成本，企业应设置"生产成本"账户。该账户借方登记企业为进行产品生产而发生的直接材料、直接人工和制造费用等项目；贷方登记完工入库的完工产品成本；余额在借方表示月末尚未完工的在产品成本。"生产成本"账户应当设置"基本生产成本"和"辅助生产成本"两个二级账户，在二级账户下再按一定要求设置明细账户。企业也可以根据需要将两个二级账户提升为一级账户，不再设置"生产成本"总账账户。

（1）"生产成本——基本生产成本"账户

"生产成本——基本生产成本"账户核算企业生产各种产成品、自制半成品、自制材料、自制工具和自制设备等所发生的各项费用。该账户借方登记企业为进行基本生产而发生的各种费用；贷方登记转出完工入库的产品成本；余额在借方，表示基本生产的在产品成本，即基本生产在产品占用的资金。

"生产成本——基本生产成本"账户应根据产品品种、产品批别或产品生产步骤等成本计算对象分设基本生产成本明细账（也称产品成本明细账或产品成本计算单，如表 2-1 所示）。明细账中应按成本项目分设专栏或专行，登记各该产品的各成本项目的月初在产品成本、本月发生的生产费用、本月完工产品成本和月末在产品成本。

表 2-1 产品成本明细账

车间名称：第一车间
产品名称：甲产品
单位：元

| 2021 年 | | 产量（件） | 摘要 | 成本项目 | | | 合计 |
月	日			直接材料	直接人工	制造费用	
10	1		月初在产品成本	46 000	3 800	23 000	72 800
	31		本月发生生产费用	284 000	21 600	21 200	326 800
	31		生产费用合计	330 000	25 400	44 200	399 600
	31	200	本月完工产品成本	220 000	20 320	35 360	275 680
	31		完工产品单位成本	1 100	101.60	176.80	1 378.40
	31		月末在产品成本	110 000	5 080	8 840	123 920

注：220 000 表示红字，全书同

（2）"生产成本——辅助生产成本"账户

"生产成本——辅助生产成本"账户核算辅助生产车间为基本生产车间或其他部门提供产品、劳务所发生的材料、工资等费用。该账户借方登记为进行辅助生产而发生的各种费用；贷方登记完工入库的产品成本或分配转出的辅助生产成本；余额在借方表示辅助生产在产品的成本，即辅助生产在产品占用的资金。"生产成本——辅助生产成本"账户应按辅助生产车间分设明细账，账中按辅助生产的成本项目或费用项目分设专栏或专行进行明细登记。

2．"制造费用"账户

"制造费用"账户核算企业为生产产品和提供劳务而发生的各项间接费用。该账户借方登记实际发生的制造费用；贷方登记分配转出的制造费用；除季节性生产企业外，该账户月末一般无余额。"制造费用"账户应按车间、部门设置明细账，账内按费用项目设置专栏进行明细登记。

3．"自制半成品"账户

"自制半成品"账户核算库存自制半成品的实际成本。该账户借方登记完工入库的自制半成品成本，贷方登记发出自制半成品的实际成本；余额在借方表示期末自制半成品的实际成本。"自制半成品"账户应根据需要来设置，如企业不单独计算自制半成品，或没有自制半成品，或有自制半成品成本计算但不设置自制半成品仓库，各生产步骤完工的自制半成品直接交下一生产步骤的企业，可不设置"自制半成品"账户。

4. "废品损失"和"停工损失"账户

需要单独核算废品损失的企业，应设置"废品损失"总账账户。对于停工比较频繁的企业，为了考核和控制企业停工期间发生的各项费用，应当增设"停工损失"账户用来核算企业发生的停工损失。

（二）对各要素费用进行归集和分配

企业当期发生的各项要素费用，应根据费用的原始凭证和有关资料，按费用发生的地点和经济用途编制各种费用分配表，如材料费用分配表、工资费用分配表、辅助生产费用分配表和制造费用分配表等。属于生产经营管理费用的，应分别计入"生产成本——基本生产成本""生产成本——辅助生产成本""制造费用""管理费用"等账户；不属于生产经营管理费用的，应计入相关账户。

（三）分配辅助生产成本

月末将归集的"生产成本——辅助生产成本"账户上的费用，按其受益对象和提供的产品及劳务量，编制辅助生产成本分配表，分配计入"生产成本——基本生产成本""制造费用""管理费用"等账户。

（四）分配制造费用

月末将归集在"制造费用"账户的费用，按其受益产品和分配标准，编制制造费用分配表，分配计入"生产成本——基本生产成本""生产成本——辅助生产成本"等账户。

（五）完工产品成本的计算和结转

按产品成本计算期定期编制产品成本计算单，计算完工产品成本，并将完工产品成本从"生产成本——基本生产成本"账户转入"库存商品"账户。

（六）各项期间费用的结转

月末将"销售费用""管理费用""财务费用"账户上归集的费用，转入"本年利润"账户。

结合成本核算的主要账户，成本核算的账务处理程序如图2-1所示。

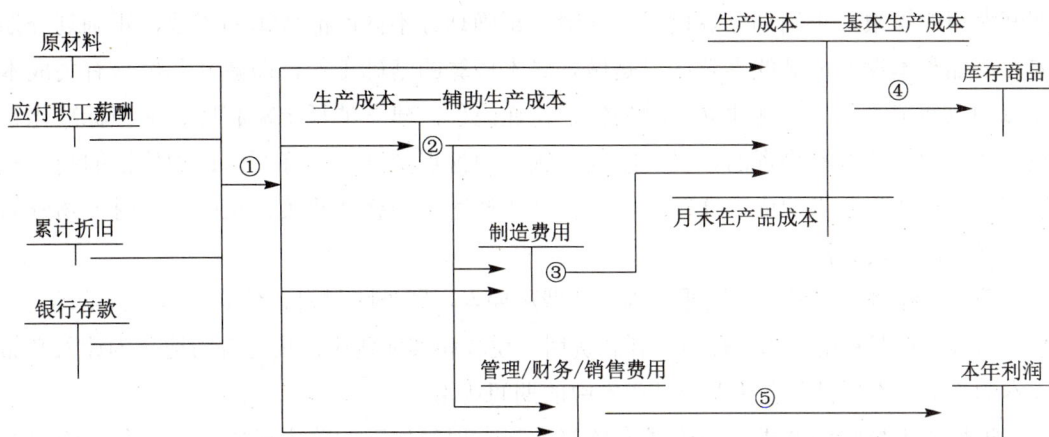

说明：① 分配各项要素费用；② 分配辅助生产费用；③ 分配制造费用；④ 结转完工产品成本；⑤ 结转期间费用

图 2-1 成本核算的账务处理程序

思政之窗

　　成本会计实务这门学科要求掌握的核心内容较多，且难度较高。将理论知识学习与练习实践相结合有助于掌握这门学科的核心内容，也就是说，学习理论知识后要及时地进行练习和实践，以此来巩固、检验学习效果。

　　在练习、实践之前，要对成本会计工作的具体流程有清晰的认知，知道在哪个环节、哪个步骤都要做哪些工作。只有这样，在实际动手操作时才有章法、有规则、有秩序。在求知过程中，大学生要注意激发求知欲，提高对技能的探索欲，积极克服畏难心理，勇往直前。

项目小结

　　产品成本是反映企业生产经营管理工作的综合性指标。为了保证该指标的数据质量，产品成本核算时应遵循合法性原则、实际成本计价原则、权责发生制原则、成本分期核算原则、一致性原则和重要性原则。

　　产品成本核算是成本会计和生产经营管理的重要组成部分。产品成本核算除应遵循六个原则外，还应达到三个方面的基本要求：一是正确划分各种费用支出的界限，即正确划分收益性支出、资本性支出、营业外支出等各种支出的界限，正确划分产品成本与期间费用的界限，正确划分各期成本界限，正确划分不同产品成本的界限，正确划分期末在产品和本期产成品的界限；二是做好成本核算的基础工作，即建立和健全有关成本核算的原始记录和凭证并建立合理的凭证传递流程，建立消耗定额制度、加强标准化管理，建立和健全材料物资的计量、收发、领退和盘点制度，做好厂内计划价格的制订和修订工作，选择适当的成本计算方法；三是选择适当的会计政策，正确确定财产物资的计价和价值结转方法。

费用按经济内容或经济性质分为九个费用要素，即外购材料、外购燃料、外购动力、职工薪酬、折旧费用、修理费用、利息费用、税金和其他费用；按经济用途分为计入产品成本的三个成本项目和不计入产品成本中的期间费用。

根据成本核算的要求，明确成本核算的基本程序如下：确定成本计算对象、确定成本项目、确定成本计算期、审核生产费用、生产费用的归集和分配、计算完工产品成本和月末在产品成本。

产品成本核算是通过设置和运用账户来进行核算的。企业一般应设置"生产成本——基本生产成本""生产成本——辅助生产成本""制造费用"等账户，如有必要，还需要设置"销售费用""管理费用""自制半成品""废品损失""停工损失"等账户，这些账户的综合运用构成了产品成本核算的账务处理程序。

复习思考题

1．正确计算产品成本应该正确划分哪些费用界限？应防止哪些错误的做法？

2．为了正确计算产品成本，应该做好哪些基础工作？

3．产品成本核算应设置哪些主要账户？它们分别反映什么内容？

4．制造企业成本计算的一般程序有哪些？

5．成本核算的要求包括哪些？

项目三
企业要素费用的核算

任务目标

1. 理解要素费用核算的原则和方法。
2. 掌握材料费用的归集和分配。
3. 掌握外购动力费用的核算。
4. 掌握职工薪酬费用的计算与分配方法。
5. 了解其他要素费用的核算。

任务要求

1. 能根据实际情况，选择共同性费用分配的标准并加以比较运用。
2. 能根据具体情况，对各项要素费用的发生进行会计凭证的填制、账簿登记等相关会计核算。

案例导入

　　××工厂设有一个基本生产车间，生产A、B两种产品。2021年8月，该车间发生如下经济业务：

　　（1）共同领用甲材料54 000千克，每千克5元，共计270 000元。其中A产品本月生产6 000件，单位消耗定额8千克，B产品本月生产4 000件，单位消耗定额3千克。

　　（2）本月计提固定资产折旧费7 200元，其中车间负担4 000元，行政管理部门负担3 200元。

　　（3）用银行存款支付其他费用，如诉讼费等5 000元。

　　这些要素费用应如何在A、B产品成本核算账户中归集与分配呢？应如何计算A、B产品成本呢？

任务一　要素费用核算概述

一、要素费用核算的原则

各项要素费用应按其用途和发生地点进行归集和分配，一般应遵循以下三条原则。

（一）受益性原则

成本分配的受益性原则可以概括为谁受益、谁负担；负担多少，视受益程度而定。这一原则要求选用的分配标准能够反映受益者受益的程度。

（二）直接费用直接计入、间接费用分配计入原则

凡属于产品直接耗用的费用都应尽可能直接计入有关产品成本；凡不能直接计入产品成本费用的，应通过一定的分配方法分配计入产品成本。

对于基本生产车间发生的、直接用于产品生产而且专设成本项目的直接生产费用，如果是某种产品的直接计入费用，应直接计入这种产品成本明细账的有关成本项目；如果是几种产品的间接计入费用，应该采用适当的分配方法，分配计入这几种产品的成本明细账。

（三）重要性原则

凡在产品中占有较大比重的，应该以单独的成本项目列示；而对于那些比重小的费用，

即使是直接计入费用，为了简化成本核算，也可将其列入制造费用，与其他制造费用一起进行分配。

二、要素费用的归集

要素费用的归集是指按照费用要素的性质，根据费用发生的地点或受益对象进行归集。要素费用一般由财务部门根据凭证、账簿和报表资料进行归集，有的也由其他部门提供汇总资料（如由劳动工资部门提供的工资统计、由仓库提供的材料消耗统计等）进行归集。根据资料的来源不同，要素费用的归集方法也不同。

要素费用的归集过程中主要使用的是"生产成本——基本生产成本""生产成本——辅助生产成本""制造费用"等账户。当发生材料、动力和职工薪酬等各种要素费用支出时，要素费用的归集方法如下：

① 对于直接用于产品生产（指企业基本生产的产品），并且专设成本项目的费用，计入"生产成本——基本生产成本"账户。如果是生产单一成本核算对象发生的直接计入费用，可直接计入该成本核算对象基本生产成本明细账的成本项目中；如果是几个成本核算对象共同发生的间接计入费用，应根据一定的标准，在各成本核算对象之间进行适当的分配，然后分别计入各成本核算对象基本生产成本明细账的成本项目中。

② 对于间接用于产品生产的各项费用，应先在"生产成本——辅助生产成本"和"制造费用"等账户中归集，然后按一定的分配方法计入各成本核算对象的"生产成本——基本生产成本"明细账中。

三、要素费用的分配

只有间接计入的费用，即共同费用，才需要进行分配。间接计入费用的分配，应当选择适当的分配方法。所谓分配方法的"适当"，就是分配所依据的标准与所分配的费用多少有比较密切的联系，因而分配结果比较合理，分配标准的资料比较容易取得，计算比较简便。分配间接计入费用的标准主要有以下三类：

① 成果类，如产品的重量、体积、产量和产值等。

② 消耗类，如生产工时、生产工人工资、机器工时、原材料消耗量或原材料费用等。

③ 定额类，如定额消耗量、定额费用等。

分配间接计入费用的计算公式为：

$$费用分配率=\frac{待分配费用总额}{分配费用标准总量（总额）}$$

$$某分配对象应分配的费用=该对象的分配标准总量×费用分配率$$

各项要素费用分配后，直接或间接计入有关成本、费用账户。基本生产费用中专设成本项目的直接计入费用，直接计入"生产成本——基本生产成本"总账账户及所属明细账各有关成本项目中；间接计入费用和视同间接计入费用处理的部分直接生产费用，计入"制造费用"总账账户和所属基本生产车间制造费用明细账中。

对于直接用于辅助生产的费用、用于产品生产（基本生产和辅助生产）但没有专门设立成本项目的各项费用，应该分别计入"生产成本——辅助生产成本"和"制造费用"总账账户和所属明细账进行归集；然后通过一定的账务处理程序结转。

对于用于产品销售的费用、管理和组织生产经营活动的费用，以及筹集生产经营资金的费用，则不计入产品成本，而应分别计入"销售费用""管理费用"和"财务费用"总账账户和所属明细账进行归集，然后全部转入"本年利润"账户，冲减当期损益。

对于用于固定资产购置和建造等非生产经营管理费用，不计入产品成本和期间费用，应计入"在建工程"等科目，然后通过一定的账务程序转入"固定资产"等账户。

各项要素费用的分配，是通过编制各种费用分配表进行的。根据分配表编制会计分录，登记各种成本、费用总账及其所属明细账。

任务二 材料费用的核算

一、材料的内容与分类

材料是制造企业生产过程中的劳动对象，是生产过程中不可缺少的物资要素。在生产过程中直接取自于自然界的劳动对象，一般称为原料，如冶炼金属的矿砂、用以纺织的棉花、制造面粉的小麦等；以经过工业加工的产品作为劳动对象的，一般称为材料，如各种钢材。在实际工作过程中有时把两者合并起来，统称为原材料。

材料是产品成本的重要组成部分，它包括企业在生产经营过程中实际消耗的各种原料及主要材料、外购半成品、辅助材料、燃料、修理用备件及周转材料等。

（一）原料及主要材料

原料及主要材料是指经过加工后构成产品实体的各种原料和材料，如冶金企业炼铁耗用的矿石、纺织企业纺纱耗用的原棉等。对于购入企业来说，外购半成品同原料一样都是劳动对象，在继续加工中构成产品的主要实体，因此也列入此类，如机械制造企业使用的钢材、纺织企业织布耗用的棉纱等。但有些企业为了加强外购半成品专项管理和核算，将外购半成品作为材料的一个独立类别。

（二）辅助材料

辅助材料是指直接用于生产过程，有助于产品形成或便于生产进行，但不构成产品实体的各种材料。辅助材料在生产中发挥的作用不同，有的为劳动工具所耗费，如维护机器设备用的机油和防锈剂等；有的与主要材料相结合有助于产品形成，如漂白粉、催化剂、油漆、染料等；有的为正常劳动创造条件，如各种清洁用具和照明用具等。

（三）燃料

燃料是指在生产过程中用来燃烧发热的各种材料，包括固体燃料、气体燃料和液体燃料，如煤、天然气和汽油等。燃料在生产过程中的作用也不同，有的直接用于工艺技术过程，如铸造车间用的燃料；有的用于生产动力，如发电车间用的燃料；有的用于一般用途，如取暖用的燃料。燃料按其在生产中所起的作用来看，也属于辅助材料，但由于它在企业生产过程中的消耗量大，对现代化生产来说作用较大，故单列一类，以便于企业管理和核算。

（四）修理备用件

修理备用件是指为修理本企业机器设备和运输工具所专用的各种备品备件，如齿轮、轴承、阀门和轮胎等。在修理设备时用来更换磨损和老化零件的零件称为配件。为了缩短设备修理停歇时间，在备件库内经常保存一定数量的配件，称为备件。修理用的一般零件属于辅助材料。

（五）周转材料

周转材料是指企业能够多次重复使用，逐渐转移其价值但仍保持原有形态，不确认为固定资产的材料，包括包装物、低值易耗品及建筑企业的钢模板、木模板、脚手架等。低值易耗品是指单位价值或使用年限在规定限额以下，不能作为固定资产管理的各种物品，如工具、管理用具和劳动保护用品等。包装物是指为包装本企业产品，随同产品一同出售或在销售过程中租借给购货单位使用的各种包装物品，如箱、桶、瓶、袋等，但不包括包装用的一般零星材料，如纸张、绳子和铁丝等。

二、材料费用的归集

材料费用的归集，无论是外购还是自制，都应根据审核无误的收料单、领料单和退料单等，按照材料的具体用途进行归集。

（一）材料费用的原始记录

为了有效地控制生产成本，企业必须严格办理有关材料的领取和退库手续，做好相关的原始记录。一般来说，材料费用的原始记录包括领料单、限额领料单、领料登记表和退料单等。

1. 领料单

领料单（见表 3-1）是一种一次性使用的领发料凭证，一般是一式三联。领料部门在填制完成后，凭此向仓库领料，经收、发料双方签章，仓库据以发料，并留下一联作为发料的凭证，一联送交财务部门作为入账的依据，一联送还领料部门作为其领料的凭证。领料单多数情况下是一单一料，适用于未制订定额或不经常使用的材料的领发。

表 3-1　领料单

领料单位：　　　　　　　　　　　　年　　月　　日

用途：　　　　　　　　　　　　　　　　　　　　　　　　发料仓库：

材料编号	材料类别	名称	规格	计量单位	数量		单价（元）	金额（元）	备注
					请领	实领			

领料负责人：　　　　　　领料：　　　　　供应负责人：　　　　　保管员：

2. 限额领料单

限额领料单（见表 3-2）是一种在规定时期和规定限额内可多次使用的领发料累计凭证，适用于经常领用并已制订消耗定额的材料。限额领料单所规定的限额是用料部门当期可领用材料的最高限额。领料部门在规定的限额内，可以一次和分次领用。限额领料单可以一单一料，也可以一单多料，一般为一式三联：一联由领料单位留存；一联留存于发料仓库，用于登记仓库明细账；一联交会计部门据以记账。

表 3-2　限额领料单

领料单位：　　　　　　　　　　材料名称：　　　　　　　　　发料仓库：

计划产量：　　　　　　　　　　单位消耗定额：　　　　　　　编号：

材料编号	材料类别	名称	规格	计量单位	领用限额	实领总数量	计划单价（元）	金额（元）	备注

日期	请领		实发			退料			限额结余
	数量	领料单位签章	数量	收料人签章	发料人签章	数量	收料人签章	发料人签章	
合计									

供应部门负责人：　　　　　　生产部门负责人：　　　　　　保管员：

使用限额领料单既可以节约大量发料凭证，简化核算手续，也可以有效监督材料消耗定额的执行，及时有效地控制材料的领用。

3．领料登记表

领料登记表（见表3-3）也是一种多次使用有效的凭证。对于生产车间、班组常用的消耗材料，不便于采用领料单或限额领料单领料的，可采用"领料登记表"办理领料手续。一般采用一单一料制，在一个月内连续适用，月末汇总记账。

表3-3　领料登记表

领料单位：　　　　　　　　　　　　　　　　　　　　　发料仓库：

材料编号	材料类别	名称	规格	计量单位
日期	领用数量	累计领用数量	领料人	发料人
材料单价		合计金额		

4．退料单

退料单（见表3-4）是一种记录生产车间退回结存材料的凭证。车间或班组在领用材料较多或出于月末成本计算的需要，可将材料退回仓库，填写"退料单"。下月不再使用的材料，应填制"退料单"，连同材料退回仓库，下月继续使用的材料办理"假退料"手续。退料单一般一式三联，分别由发料部门、发料仓库和会计部门留存。

表3-4　退料单

退料单位：　　　　　　　　　　日期：　　　年　　月　　日

退料名称	料号	退料量	实收量	退料原因					
				溢领	省料	不适用	品质差	订单取消	其他

登账：　　　　　　点收：　　　　　　主管：　　　　　　退料人：

小贴士

在实际工作中，对于经常使用某种材料的车间和部门，当月领用的材料不一定等于当月消耗的数量。在月末，为了正确反映存货价值和计算产品成本，一般对那些领而未用的材料办理"假退料"手续，即填制本月份的"退料单"或红字领料单，冲减本月领料数量，同时填制下月"领料单"，转做下月领料数量，但材料仍在原车间、原部门，并不退回仓库。

会计部门应对领料单、领料登记表和限额领料单等发料凭证所列材料、数量单价和用途进行审核，检查所领材料是否符合规定。只有经过审核、签章的发料凭证，才能据以发料，并作为归集材料费用消耗的原始凭证。生产单位也应在健全材料收发计量制度的同时，建立各种领料凭证制度，以控制发出材料的数量，从而达到控制生产成本的目的。

（二）材料发出的计价

为了反映和监督材料物资的增减变动情况，正确地核算产品成本中的材料费用，原则上最终必须按实际成本对材料进行计价。但就每一种材料来说，在日常核算中，可以采用实际成本计价，也可以采用计划成本计价。

1. 按实际成本计价

在按实际成本进行材料日常核算的情况下，收料凭证和材料明细账的收入均按实际成本计价。明细账上发出材料的金额，应采用加权平均法、先进先出法、个别计价法和移动加权平均法等方法计算登记，并根据计算出的材料实际单位成本乘以发出材料数量填制领料凭证，并据以登记材料明细账的发出栏。

为了简化总账的登记工作，一般在月末根据全部发料凭证编制发料凭证汇总表，然后根据发料凭证汇总表编制凭证，并据以登记总账。实际成本计价法通常适用于规模小、材料品种少、采购业务不多的企业。

2. 按计划成本计价

在按计划成本进行材料日常核算的情况下，收料凭证、领料凭证都按计划单位成本计价，材料明细账中的收入栏和发出栏的金额也都按计划成本登记。计划成本计价法通常适用于规模较大、材料品种繁多、采购业务较多的企业。

采用计划成本计价，日常每一种材料的收发结存都采用计划成本进行简化核算，月末计算材料成本差异率（材料成本差异额与材料计划成本的比例），将发出材料的计划成本调整为实际成本。材料成本差异率的计算公式为：

$$材料成本差异率=\frac{月初结存材料成本差异+本月收入材料成本差异}{月初结存材料计划成本+本月收入材料计划成本}\times100\%$$

$$发出材料应分摊的成本差异=发出材料的计划成本\times材料成本差异率$$

$$发出材料的实际成本=消耗材料的计划成本\pm消耗材料应分摊的成本差异$$

上列各计算公式中的材料成本差异，如为超支差异则按正数计算，如为节约差异则按负数计算，然后将超支差异或节约差异结转，增加或减少当期的成本费用，以便将当期的成本费用调整为实际数。

三、材料费用的分配

材料费用的分配是指将企业一定时期内耗用的材料，按用途、部门和受益对象分配计入产品成品和期间费用的过程，即确定费用归属的过程。基本生产车间为生产产品而耗费的材料，应计入"基本生产成本"账户；辅助生产车间耗费的材料，应计入"辅助生产成本"账户；间接用于产品生产而发生的材料，应计入"制造费用"账户；销售部门耗用的材料，应计入"销售费用"账户；企业行政管理部门耗费的材料，应计入"管理费用"账户；在建工程耗费的材料，应计入"在建工程"账户。

（一）材料费用的分配方法

对于企业一定时期内耗用的材料，能够直接明确其归属对象的应直接记入成本对象；由多种产品共同耗费的材料，需要采用一定的方法，在各成本对象之间进行分配。材料费用的分配方法有很多，通常有定额耗用量比例分配法、定额费用比例分配法和产量（重量、体积）比例分配法等。

材料费用的分配方法

1. 定额耗用量比例分配法

定额耗用量比例分配法是以各种产品的材料消耗总定额为标准，来分配材料费用的方法。其计算公式为：

$$某种产品材料定额消耗量=该种产品实际产量×单位产品材料消耗定额$$

$$材料消耗量分配率=\frac{各种产品实际共同耗用材料总量}{各种产品材料定额耗用总量}$$

$$某种产品应分配的材料数量=该种产品的材料定额消耗量×材料消耗量分配率$$

$$某种产品应分配的材料费用=该种产品应分配的材料数量×材料单价$$

【例3-1】　2021年5月，江南公司一车间生产甲、乙两种产品，共同耗用M种材料1 200千克，单价为4元/千克。甲产品的实际产量为140件，单件产品材料消耗定额为4千克；乙产品的实际产量为80件，单件产品材料消耗定额为5.5千克。按定额耗用量比例分配法，计算分配甲、乙产品各自应负担的材料费用如下：

甲产品材料定额消耗量=140×4=560千克

乙产品材料定额消耗量=80×5.5=440千克

甲、乙产品材料消耗定额总量=560+440=1 000千克

材料消耗量分配率=1 200÷1 000=1.2

甲产品应分配的材料数量=560×1.2=672千克

乙产品应分配的材料数量=440×1.2=528千克

> 甲产品应分配的材料费用=672×4=2 688 元
>
> 乙产品应分配的材料费用=528×4=2 112 元

定额耗用量比例分配法适用于各种材料消耗定额比较健全且相对准确的材料费用的分配。按照这种方法，可以考核材料消耗定额的执行情况，有利于进行材料消耗定额的管理，但分配计算的工作量较大。

2. 定额费用比例分配法

按定额费用比例分配法分配材料费用时，除分配标准为定额材料费用之外，分配的步骤与材料定额耗用量比例相同。其计算公式为：

$$某种产品某种材料定额费用=该种产品实际产量×单位产品原材料费用定额$$

$$=该产品产量×单位产品消耗定额×$$

$$材料单位实际成本（或计划成本）$$

$$原材料费用分配率=\frac{各种产品实际共同耗用材料费用总额}{各种产品材料定额费用总额}$$

$$某种产品应分配的材料费用=该种产品原材料定额费用×原材料费用分配率$$

【例3-2】 江南公司二车间按定额费用比例分配法分配共同材料费用。2021年6月生产甲、乙两种产品，共同领用A、B两种主要材料，共计37 620元。本月投产甲产品150件，乙产品120件。甲产品材料消耗定额为：A材料6千克，B材料8千克；乙产品材料消耗定额为：A材料9千克，B材料5千克。A材料单位计划成本为10元，B材料单位计划成本为8元。按定额费用比例分配法，分配甲、乙产品各自应负担的材料费用计算如下：

（1）甲、乙产品材料定额费用。

甲产品：A材料定额费用=150×6×10=9 000 元

B材料定额费用=150×8×8=9 600 元

甲产品材料定额费用=9 000+9 600=18 600 元

乙产品：A材料定额费用=120×9×10=10 800 元

B材料定额费用=120×5×8=4 800 元

乙产品材料定额费用=10 800+4 800=15 600 元

（2）原材料费用分配率。

原材料费用分配率=37 620÷（18 600+15 600）=1.1

（3）甲、乙产品应分配材料的实际费用。

甲产品应分配材料的实际费用=18 600×1.1=20 460 元

乙产品应分配材料的实际费用=15 600×1.1=17 160 元

定额耗用量比例分配法和定额费用比例分配法适用于定额资料比较健全的企业或车间。采用这两种方法有利于分析和考核生产部门执行材料消耗定额的情况。

3. 产量（重量、体积）比例分配法

产量（重量、体积）比例分配法是以各种产品的产量（重量、体积）为标准来分配材料费用的方法。其计算公式为：

$$原材料费用分配率=\frac{各种产品实际共同耗用材料费用总额}{各种产品的产量（或重量、体积）之和}$$

$$某种产品应分配的材料费用=该产品产量（或重量、体积）×原材料费用分配率$$

【例3-3】　江南公司三车间按产品产量比例法分配共同材料费用。2021年6月生产甲、乙、丙三种产品，共同领用A材料30 000元。本月投产甲产品160件，乙产品140件，丙产品500件。按产量（重量、体积）比例分配法，分配甲、乙、丙产品应分担的材料费用计算如下：

$$原材料费用分配率=\frac{30\,000}{160+140+500}=37.5$$

甲产品应分担的材料费用=160×37.5=6 000 元

乙产品应分担的材料费用=140×37.5=5 250 元

丙产品应分担的材料费用=500×37.5=18 750 元

按产量（重量、体积）比例分配法分配材料费用，适用于直接材料耗用的材料数量与产品产量（重量、体积）有一定比例关系的产品。

（二）材料费用分配的账务处理

在实际工作中，材料费用的分配是根据当月审核、归类后的领料和退料及有关资料，按照材料费用发生的地点和用途，汇总编制"材料费用分配汇总表"后，再据以编制会计分录。

1. 实际成本计价法下材料费用分配的账务处理

材料采用实际成本计价，在编制材料费用分配表时，若有退料凭证的，则应将其金额从相关的领料凭证中扣除。

【例3-4】　假设江南公司一车间材料按实际成本计价。以【例3-1】的资料为基础，2021年5月，根据"发出材料汇总表"编制的"材料费用分配汇总表"如表3-5所示。

表 3-5　材料费用分配汇总表

材料名称：M 材料　　　　　　　　　2021 年 5 月　　　　　　　　　单位：元

领料单位及用途	产量（件）	共同耗用材料费用						直接材料费用	合计
		材料消耗定额（千克/件）	定额消耗量（千克）	分配率（元/千克）	分配量	材料单价	材料费用		
甲产品	140	4	560		672	4	2 688	7 200	9 888
乙产品	80	5.5	440		528	4	2 112	6 960	9 072
小计				1.2	1 200		4 800	14 160	18 960
一车间								5 300	5 300
二车间								4 200	4 200
修理车间								23 000	23 000
供电车间								15 000	15 000
管理部门								8 000	8 000
合计							4 800	69 660	74 460

根据材料费用分配汇总表编制如下会计分录：

借：生产成本——基本生产成本——甲产品　　　　　9 888

　　　　　　　　　　　　　　　——乙产品　　　　　9 072

　　　　——辅助生产成本——修理车间　　　　　23 000

　　　　　　　　　　　　　　——供电车间　　　　　15 000

　　制造费用——一车间　　　　　5 300

　　　　　　——二车间　　　　　4 200

　　管理费用　　　　　8 000

　　贷：原材料——M 材料　　　　　　　　　　74 460

2. 计划成本计价法下材料费用分配的账务处理

材料按计划成本计价时，材料费用分配表要增加"计划成本"栏、"差异率"栏、"差异额"栏。在编制材料费用分配表时，首先将发出材料汇总表上的计划成本加总后，直接填入或分配填入相关的"计划成本"栏内，然后根据本月各种材料的成本差异率，计算应负担的差异额填入"差异额"栏内。

思政之窗

　　计划成本法是一种重要的企业成本控制管理方法。采用计划成本法控制成本的企业，对员工的考核一般都有具体的考核指标，而且考核结果将直接影响员工的薪酬水平和职业发展。

　　在实际工作中，如何让计划成本法在管理活动中良好地运行并起到一定的效果呢？这就要求企业和员工之间相互信任，互为依靠。一方面，企业在制订计划成本和考核指标时，要以人为本，既要考虑企业的成本控制，又要考虑员工的个人发展，让员工有成长和发挥的空间。另一方面，员工在工作中也不能为了个人考核而弄虚作假，欺骗企业。在争取自己合法权益的同时，也要树立正确的职业道德观，做老实人，说老实话，办老实事，保守企业的商业机密，恪守本心，不为利益所诱惑。

　　【例 3-5】　假设江南公司二车间材料按计划成本计价。以【例 3-2】的资料为基础，2021 年 6 月，根据"发出材料汇总表"编制的"材料费用分配汇总表"如表 3-6 所示。

表 3-6　材料费用分配汇总表

2021 年 6 月　　　　　　　　　　　　　　　　　　单位：元

应借账户		耗用材料名称	直接计入	分配计入		计划成本合计	差异额（差异率+1%）	实际成本
				定额费用	分配金额			
基本生产成本	甲产品	A 材料	80 000	9 000	9 900	89 900	899.0	90 799.0
	甲产品	B 材料	180 000	9 600	10 560	190 560	1 905.6	192 465.6
	小计		260 000	18 600	20 460	280 460	2 804.6	283 264.6
	乙产品	A 材料	30 000	10 800	11 880	41 880	418.8	42 298.8
	乙产品	B 材料	120 000	4 800	5 280	125 280	1 252.8	126 532.8
	小计		150 000	15 600	17 160	167 160	1 671.6	168 831.6
辅助生产成本	修理车间	A 材料				3 650	36.5	3 686.5
	供电车间	A 材料				1 980	19.8	1 999.8
	小计					5 630	56.3	5 686.3

应借账户		耗用材料名称	应贷账户原材料					
			直接计入	分配计入		计划成本合计	差异额（差异率+1%）	实际成本
				定额费用	分配金额			
制造费用	一车间	周转材料				6 150	61.5	6 211.5
管理费用		周转材料				1 500	15	1 515
销售费用		周转材料				2 000	20	2 020
合计			410 000	34 200	37 620	462 900	4 629	467 529

根据材料费用分配汇总表编制如下会计分录：

（1）分配各部门耗用材料计划成本时，编制如下会计分录：

借：生产成本——基本生产成本——甲产品　　　　280 460

　　　　　　　　　　　　——乙产品　　　　167 160

　　　——辅助生产成本——修理车间　　　　3 650

　　　　　　　　　　　　——供电车间　　　　1 980

　　制造费用　　　　6 150

　　管理费用　　　　1 500

　　销售费用　　　　2 000

　　贷：原材料——A材料　　　　137 410

　　　　　　——B材料　　　　315 840

　　　周转材料　　　　9 650

（2）结转发出材料的超支差异，编制如下会计分录：

借：生产成本——基本生产成本——甲产品　　　　2 804.6

　　　　　　　　　　　　——乙产品　　　　1 671.6

　　　——辅助生产成本——修理车间　　　　36.5

　　　　　　　　　　　　——供电车间　　　　19.8

　　制造费用　　　　61.5

　　管理费用　　　　15

　　销售费用　　　　20

　　贷：材料成本差异　　　　4 629

四、燃料费用的归集与分配

燃料实际上也是材料，如果燃料费用在产品成本中所占比重较小，那么燃料费用的归集与分配及账务处理的方法与材料费用基本相同。如果燃料费用在产品成本中所占比重较大，可以与动力费用一起在"基本生产成本"账户下专设"燃料及动力"成本项目，同时在"原材料"账户外增设"燃料"账户进行核算，用以反映燃料的增减变动、分配和结存情况。

在分配燃料费用时，如果燃料直接用于产品生产，且只生产一种或是虽然生产多种产品但按照产品品种分别领用的，属于直接计入费用，可根据领料凭证直接计入该种产品基本生产成本明细账中的"直接材料"或"燃料及动力"成本项目；如果未按产品品种分别领用，而是几种产品共同领用的燃料，则应采用适当的分配标准和分配方法，在各种产品之间分配后计入各产品成本明细账中的"直接材料"或"燃料及动力"成本项目。对于直接用于辅助生产并有专设成本项目的燃料费用，应计入"辅助生产成本"账户和相应的专栏；如果用于基本生产和辅助生产耗用但没有专设成本项目的燃料费用，应计入"制造费用"账户；如果是企业管理部门、销售部门领用的燃料，应根据用途计入"管理费用""销售费用"账户。同时贷记"燃料"或"原材料"账户。

【例3-6】 假设江南公司生产过程中消耗的燃料动力费用比重较大，对购入的燃料单设"燃料"账户核算，并在成本明细账中专设"燃料及动力"成本项目。2021年5月，生产甲、乙产品共同耗用燃料费23 760元，按甲、乙产品所耗用的原材料费用比例分配，甲产品材料费用170 000元，乙产品材料费用94 000元。则燃料费用的分配计算如下：

燃料费用分配率=23 760÷（170 000+94 000）=0.09

甲产品应分担的燃料费=170 000×0.09=15 300元

乙产品应分担的燃料费=94 000×0.09=8 460元

假设管理部门消耗燃料费1 500元，修理车间耗用燃料费3 500元，供电车间耗用燃料费19 723元，则企业编制的"燃料动力费用分配表"如表3-7所示。

表3-7 燃料动力费用分配表

2021年5月   单位：元

应借账户		成本或费用项目	间接计入费用			直接计入费用	合计
总账账户	明细账户		材料费用	分配率	分配额		
基本生产成本	甲产品	燃料及动力	170 000		15 300		15 300
	乙产品	燃料及动力	94 000		8 460		8 460
	小计		264 000	0.09	23 760		23 760
辅助生产成本	修理车间	燃料及动力				3 500	3 500
	供电车间	燃料及动力				19 723	19 723
	小计					23 232	23 232
管理费用		其他				1 500	1 500
合计					23 760	24 732	48 492

根据燃料动力费用分配表编制如下会计分录：

借：生产成本——基本生产成本——甲产品   15 300

        ——乙产品   8 460

   ——辅助生产成本——修理车间   3 500

        ——供电车间   19 732

  管理费用   1 500

 贷：燃料   48 492

任务三　外购动力费用的核算

一、外购动力费用的归集

外购动力费用是指向外单位购买电力、蒸汽、煤气等动力所支付的费用。在实际工作中，企业所支付的外购动力款先计入"应付账款"账户，月末再将其分配计入各有关成本、费用账户。

如果每月支付的动力费用的日期基本固定，而且每月付款日到月末的应付动力费用相差不多，也可以不通过"应付账款"账户核算，而将每月支付的动力费用作为应付动力费，在付款时直接借记各成本费用账户，贷记"银行存款"账户，每月分配、登记一次动力费用。

思政之窗

当下全球变暖、极端天气频发，高耗能企业应积极落实国家的"碳中和"环保政策，提前布局以应对企业转型压力。

作为比较了解能源耗费情况的企业会计人员，除了要做好成本核算的本职工作，关注燃料及动力费用的变化之外，还要及时整理有关环保政策，并结合企业的实际情况，给企业的决策层提出建设性的意见。在实现个人价值的同时，助力企业转型发展，助力国家产业升级，为实现社会绿色发展、推动人类绿色生活贡献力量。

二、外购动力费用的分配

企业耗用的外购动力一般可以用仪器、仪表显示耗用的数量，来确定各部门、各产品的实际耗用量，然后根据各部门耗用的数量乘以外购动力单价就可以计算出各部门、各产品应负担的动力费用。在没有仪表记录的情况下，可按生产工时比例、机器功率时数比例或定额耗用量比例等，将耗用的动力费用分配到各种产品成本中去。

① 有计量仪器记录的情况下，动力（以电力为例）费用分配的计算公式为：

$$电力费用分配率 = \frac{各种产品共同耗用电力费用总额}{各种产品耗用电力数量之和}$$

$$车间、部门耗用电力费用 = 该车间、部门耗电数量 × 电力费用分配率$$

② 在没有计量仪器的情况下，动力（以电力为例）费用分配的计算公式为：

$$某车间动力用电力费用分配率 = \frac{各种产品共同耗用电力费用总额}{各种产品生产工时之和}$$

$$某产品分配动力用电力费用 = 该车间某产品生产工时 × 该车间动力用电力费用分配率$$

小贴士

在实际工作中，抄录电表（煤气表）的日期、支付款项的日期和成本计算的日期不一定相同，但这三项工作的各自间隔周期是基本一致的。例如，抄表时间可能是每月的 20 日，而付款时间可能在当月月末或下月月初，成本计算的时间一般在月末。也就是说，计量装置所确定的耗用量是从上月 20 日到本月 20 日的实际消耗量，而成本计算应计入的是从本月 1 日到本月月末的实际耗用量，两者往往不一致，不过这一差异对各月动力费用核算的正确性影响不大。如果每月支付外购动力费的日期基本固定，且每月付款日至月末应付动力费相差不多，为简化工作，也可将上月 20 日到本月 20 日的实际消耗量作为本月的动力费用。

直接用于产品生产的外购动力费用，如果该动力费用在产品成本构成中所占的比重较大，应计入"基本生产成本"账户下的"燃料及动力"成本项目；如果外购动力费用在产品成本构成中所占比重不大，可以计入"基本生产成本"账户下的"直接材料"成本项目，也可以计入"制造费用"项目。用于辅助生产车间、基本生产车间照明、在建工程、销售部门及行政管理部门的外购动力应分别计入"辅助生产成本""制造费用""在建工程""销售费用""管理费用"等账户核算。

在实际工作中，通常编制外购动力分配表进行外购动力费用的分配。

【例 3-7】 2021 年 6 月，江南公司共用电 32 500 千瓦时，每千瓦时电费 1 元，共发生费用 32 500 元。该企业各部门均安装有电表，电表显示各部门的用电情况如下：基本生产车间生产产品用电 24 000 千瓦时，照明用电 4 400 千瓦时，其中一车间用电 2 000 千瓦时，二车间用电 2 400 千瓦时。辅助生产车间有供电车间和修理车间，供电车间用电 1 500 千瓦时，修理车间用电 1 000 千瓦时，企业管理部门用电 1 600 千瓦时。基本生产车间生产 A、B 两种产品，本月 A 产品的生产工时 8 000 小时，B 产品的生产工时 4 000 小时。该企业采用生产工时比例分配法分配动力费用，计算过程如下：

$$动力费用分配率 = \frac{24\,000 \times 1}{8\,000 + 4\,000} = 2$$

A 产品应负担的动力费用 = 8 000×2 = 16 000 元

B 产品应负担的动力费用 = 4 000×2 = 8 000 元

根据上述资料编制的外购动力费用分配汇总表如表 3-8 所示。

表 3-8 外购动力费用分配汇总表

2021 年 6 月　　　　　　　　　　　　　单位：元

应借账户		成本或费用项目	间接计入费用			直接计入费用	合计
总账账户	明细账户		分配标准（工时）	分配率	分配额		
基本生产成本	A 产品	燃料及动力	8 000		16 000		16 000
	B 产品	燃料及动力	4 000		8 000		8 000
	小计		12 000	2	24 000		24 000
辅助生产成本	供电车间	燃料及动力				1 500	1 500
	修理车间	燃料及动力				1 000	1 000
	小计					2 500	2 500
制造费用	一车间	电费				2 000	2 000
	二车间	电费				2 400	2 400
	小计					4 400	
管理费用		电费				1 600	1 600
合计					24 000	8 500	32 500

根据外购动力费用分配汇总表编制如下会计分录：

借：生产成本——基本生产成本——A 产品　　　　　　　16 000

　　　　　　　　　　　　　　——B 产品　　　　　　　　8 000

　　　——辅助生产成本——供电车间　　　　　　　　　1 500

　　　　　　　　　　　　——修理车间　　　　　　　　1 000

制造费用——一车间	2 000
——二车间	2 400
管理费用	1 600
贷：应付账款	32 500

下月初支付供电局电费共计36 725元，其中电费32 500元，增值税4 225元，编制的会计分录为：

借：应付账款 32 500
　　应交税费——应交增值税（进项税额） 4 225
　　贷：银行存款 36 725

任务四　职工薪酬费用的核算

一、职工薪酬的构成

职工薪酬是指企业为获得职工提供的服务或解除劳动关系而给予的各种形式的报酬或补偿。职工薪酬包括短期薪酬、离职后福利、辞退福利和其他长期职工福利。企业提供给职工配偶、子女、受赡养人、已故员工遗属及其他受益人等的福利也属于职工薪酬。

职工薪酬

小贴士

所谓"职工"，是指与企业订立劳动合同的所有人员，含全职、兼职和临时职工，也包含虽未与企业订立劳动合同但由企业正式任命的人员，如董事会成员、监事会成员等。在企业计划和控制下，虽未与企业订立劳动合同或虽未由其正式任命，但向企业提供与职工所提供服务类似的人员，也属于职工的范畴，如劳务用工合同人员。

（一）短期薪酬

短期薪酬是指企业在职工提供相关服务的年度报告期间结束后十二个月内需要全部予以支付的职工薪酬，因解除与职工的劳动关系给予的补偿除外。

1. 职工工资、奖金、津贴和补贴

职工工资、奖金、津贴和补贴是指按照构成工资总额的计时工资、计件工资、支付给职工的超额劳动报酬、为补偿职工特殊或额外的劳动消耗和因其他特殊原因支付给职工的津贴，以及为了保证职工工资水平不受物价影响支付给职工的物价补贴等。其中，企业按照短期奖金计划向职工发放的奖金属于短期薪酬，按照长期奖金计划向职工发放的奖金属

于其他长期职工福利。

① 计时工资是指按照职工的工作时间来计算工资的一种方式。计时工资具体形式主要有月工资制、日工资制和小时工资制。有些企业的厂长、经理或高层管理人员也可采用年薪制。

② 计件工资是按照工人生产合格品的数量（或作业量）和预先规定的计件单价，来计算报酬的一种工资形式。计件工资可分个人计件工资和集体计件工资。

③ 加班加点工资是指按国家规定支付给职工在法定工作时间以外从事劳动的报酬。按照我国《劳动法》规定：职工每日工作不超过八小时；超过规定工作时间的，必须按规定支付加班工资；休息日和节假日加班的，必须按照规定支付加班工资。

小 贴 士

按照《中华人民共和国劳动法》规定，用人单位应当按照下列标准支付高于劳动者正常工作时间工资的报酬：

（1）安排劳动者延长工作时间的，支付不低于工资的150%的工资报酬。

（2）休息日安排劳动者工作又不能安排补休的，支付不低于工资的200%的工资报酬。

（3）法定休假日安排劳动者工作的，支付不低于工资的300%的工资报酬。

④ 奖金是为奖励职工在生产、工作中取得优异成绩，在标准工资之外支付给职工超额劳动报酬和增收节支的劳动报酬，包括生产奖、节约奖、劳动竞赛奖及其他经常性奖金。

⑤ 津贴和补贴是指为补偿职工特殊或额外的劳动消耗和因其他特殊原因支付给职工的津贴和补贴。津贴主要包括补偿职工因特殊或额外劳动消耗的津贴（如高空津贴、井下津贴、夜班津贴、野外津贴、高温津贴）、保健性津贴、技术性津贴（如工人技师津贴）。补贴主要是有些地区或单位发放给职工的伙食补贴、物价补贴、住房补贴和通讯补贴等。

小 贴 士

工资总额不应该包括以下内容：根据国家有关规定颁发的创造发明奖、科学技术进步奖、自然科学奖、技术改进奖等；有关离退休人员待遇的各项支出、劳保支出；职工出差伙食补助；随同工作支付的其他款项，如市内交通费、伙食补助费等；支付给承租人的风险补偿收入；购买本企业股票和债券所得到的股息收入和利息收入等。

2. 职工福利费

职工福利费是指企业为职工提供的除职工工资、奖金、津贴和补贴、职工教育经费、社会保险费及住房公积金等以外的福利待遇支出。它具体包括发放给职工或为职工支付的以下各项现金补贴和非现金补贴。

① 为职工卫生保健、生活等发放或支付的各项现金补贴和非货币性福利，包括职工因公外地就医费用、职工疗养费用、防暑降温费等。

② 企业尚未分离的内设集体福利部门所发生的设备、设施和人员费用。

③ 发放给在职职工的生活困难补助及按规定发生的其他职工福利支出，如丧葬补助费、抚恤费、职工异地安家费、独生子女费等。

3. 医疗保险费、工伤保险费和生育保险费等社会保险费

医疗保险费、工伤保险费和生育保险费等社会保险费是指企业按照国家规定的基准和比例计算，向社会保险经办机构缴纳的医疗保险费、工伤保险费和生育保险费。

小 | 贴 | 士

企业应为企业职工上缴"五险"。"五险"一般按工资总额（或工资基数）的一定比例计提，计缴比例按当地劳动部门规定的比例计算。"五险"采取企业和职工共同承担的方式，企业为职工承担的部分形成企业职工薪酬的一部分，职工个人承担的部分一般在发放工资时从职工工资中扣除。

企业按照年金计划规定的基准和比例计算，向企业年金管理人交纳的补充养老保险，以及企业以购买商业保险形式提供给职工的各种保险待遇属于企业提供的职工薪酬，应当按照职工薪酬的原则进行确认、计量和披露。

4. 住房公积金

住房公积金是指企业按照国家规定的基准和比例计算，向住房公积金管理机构缴存的住房公积金。

5. 工会经费和职工教育经费

工会经费和职工教育经费是指企业为了改善职工文化生活、为职工学习先进技术和提高文化水平和业务素质，用于开展工会活动和职工教育及职业技能培训等相关支出。工会经费和职工教育经费分别按职工工资总额的 2% 和 8% 比例提取，计入相关的成本费用中。

6. 短期带薪缺勤

短期带薪缺勤是指企业支付工资或提供补偿的职工缺勤，包括年休假、病假、短期伤残、婚假、产假、丧假、探亲假等。长期带薪缺勤属于其他长期职工福利。

7. 短期利润分享计划

短期利润分享计划是指因职工提供服务而与职工达成的基于利润或其他经营成果提供薪酬的协议。长期利润分享计划属于其他长期职工福利。

8. 非货币性福利

非货币性福利是指企业以自己生产的产品或外购商品发放给职工作为福利，企业提供

给职工无偿使用自己拥有的资产或租赁资产供职工无偿使用等。例如，提供给企业高级管理人员使用的住房、汽车等；免费为职工提供诸如医疗保健的服务或向职工提供企业支付了一定补贴的商品或服务等；以低于成本的价格向职工出售住房等。

9. 其他短期薪酬

其他短期薪酬是指除上述薪酬以外的其他为获得职工提供的服务而给予的短期薪酬。

（二）离职后福利

离职后福利是指企业为获得职工提供的服务而在职工退休或与企业解除劳动关系后，提供的各种形式的报酬和福利，短期薪酬和辞退福利除外。

（三）辞退福利

辞退福利是指企业在职工劳动合同到期之前解除与职工的劳动关系，或者为鼓励职工自愿接受裁减而给予职工的补偿。

（四）其他长期职工福利

其他长期职工福利是指除短期薪酬、离职后福利、辞退福利之外所有的职工薪酬，包括长期带薪缺勤、长期残疾福利、长期利润分享计划等。

二、职工薪酬的归集

（一）职工薪酬的原始记录

企业要进行职工薪酬的核算，必须要有正确、完整的原始记录作为依据。不同的职工薪酬制度所依据的原始记录不同。计算计时工资，应以考勤记录中的工作时间为依据；计算计件工资，应以产量记录中产品数量和质量记录为依据。因此，考勤记录和产量记录是计算职工薪酬的主要原始记录，也是归集和分配职工薪酬的基础。

1. 考勤记录

考勤记录是登记职工出勤和缺勤情况的记录。它是分析考核职工工作时间利用情况的原始记录，也是计算计时工资的重要依据。考勤的方法有考勤簿、考勤卡片（考勤钟打卡）和考勤磁卡（刷卡）等形式。

（1）考勤簿

考勤簿（见表3-9）一般按车间、生产班组和部门分别设置，由考勤人员根据职工出勤情况逐日登记。月末根据考勤记录统计出每个职工的出勤时间和各种原因的缺勤时间，经车间或财务部门审核后，据以计算出每个职工的计时工资，以及病、伤、产假工资等。

表 3-9　考勤簿

年　　月

编号	姓名	职务	工资等级	出勤情况统计					出勤分类						备注
				1	2	…	31	合计	加班	迟到	早退	公假	工伤	病假	

（2）考勤卡

考勤卡是按人设置的，员工上班时，将自己的考勤卡片从考勤卡的存放处取出交给专职考勤人员，考勤人员根据收到的考勤卡片确定工人的出勤和缺勤情况，并计入考勤卡内。如果职工调入调出，可根据有关部门通知，增设或注销考勤卡。月末财会部门根据考勤人员报送的职工出勤情况，计算每个职工的应付工资额。

2. 产量记录

产量记录也称产量工时记录，是登记工人或生产小组在出勤时间内完成产品的数量、质量和耗用工时的原始记录，如工作通知单、工序进程单、工作班产量记录和产量通知单等。产量记录是计算计件工资的依据，也是反映在产品在生产过程中转移情况、加强在产品实物管理的依据，还可以为在各种产品之间分配与工时有关的费用提供合理分配标准。

（1）工作通知单

工作通知单也称派工单或工票，是以每个工人或生产班组所从事的各项工作对象开设的，用以通知工人按单内指定的任务进行生产的记录。当生产任务完成后，将送检的产品数量和实用工时填入单内，连同产品一起交检验员验收，检验员将检验结果填入单内，送交有关部门，据以计算产品产量和工人应得的计件工资。

（2）工序进程单

工序进程单也称加工路线单，是以加工产品为对象而开设的记录加工进程的一种产量记录。由于加工对象往往要经过若干道工序连续加工，因此，当产品转入下一道工序时，要将工序进程单随实物一起移交，并要顺次登记各工序的实际产量、加工工时，以及各工序间加工物的交接数量。工序进程单具有较强的监督和控制作用，但是由于工序进程单是按照加工对象开设的，而计算工资和统计产量是按照班组和个人进行的，因此，它不能全面反映班组的产量，还应结合使用工作班产量记录。

（3）工作班产量记录

工作班产量记录（见表 3-10）也称工作班报，是按生产班组开设的反映一个生产班组在一个工作班内的生产产量和工时记录。工作班产量记录根据工人送检的产品数量，经工段长和检验员签名后，用以统计产量、工时和计算产品成本。工作班产量记录是计算计件工资的主要依据。

表 3-10　工作班产量记录

工人		工作任务				检验结果									工资			
工号	姓名	等级	加工进程单编号	产品型号	零件编号	工序	发给加工数量	工时定额	交验数量	合格数量	退修数量	工废数量	料废数量	短缺数量	未加工数量	定额工时	实际工时	计件单价	合格品工资	废品工资	工资合计

职工薪酬费用核算的原始记录，除了依据上述考勤记录和产量记录外，还需填制一些其他凭证，如废品通知单、停工单、各种奖金津贴发放通知单、代扣款项通知单等。这些原始记录都应在月末结算之前送交财会部门，以便在工资结算时一并加以考虑。

思政之窗

职工薪酬是成本核算三大项（料、工、费）中的一项，它不仅反映了企业人工成本的高低和职工薪酬的结构，也反映了职工待遇的好坏。企业的管理人员在制订成本控制方案时，既要考虑企业的用工成本，优化成本结构，达到成本管理效果，也要保证职工的个人利益不受损害，同时努力提升职工的成就感和幸福感。

总之，企业任何管理政策的制订和执行，都要坚持以人为本，促进社会和谐发展，为实现共同富裕保驾护航。而职工个人的职业规划也要和企业的发展相结合、要与时代机遇相结合，实现个人抱负的同时，树立服务人民、服务群众的理想信念。

（二）职工薪酬的计算

职工薪酬的计算是企业工资薪酬费用归集的基础，也是企业与职工之间进行工资结算的依据。企业可以根据具体情况采用不同的工资制度，其中最基本的工资制度是计时工资和计件工资。

1. 计时工资的计算

计时工资是根据每个职工工资卡片上确定的工资标准，按照考勤记录中登记的出勤或缺勤情况来计算每个职工的应得工资额。企业固定职工的计时工资一般按月薪计算；临时职工的计时工资大多数按日薪计算，也有按小时工资计算的。工资标准按其计算时间的不同，可分为月薪制、日薪制和小时工资制。

（1）月薪制

月薪制是指按职工固定的月标准工资扣除缺勤工资计算的一种方法。在月薪制下，不论各月日历天数多少，不论各月双休日和法定假日有多少，每月的标准工资相同。如果职工出现缺勤，就应按月工资标准扣除缺勤天数计算工资，计时工资的计算有以下两种方法。

① 按月标准工资扣除缺勤天数应扣工资额计算（扣缺勤法）：

$$\begin{array}{l}某职工本月\\应得工资\end{array}=\begin{array}{l}某职工月\\标准工资\end{array}-\left(\begin{array}{l}事假\\天数\end{array}\times\begin{array}{l}日标准\\工资\end{array}\right)-\left(\begin{array}{l}病假\\天数\end{array}\times\begin{array}{l}日标准\\工资\end{array}\times\begin{array}{l}病假\\扣款率\end{array}\right)$$

② 按出勤天数直接计算（出勤法）：

$$\begin{array}{l}某职工本月\\应得工资\end{array}=\begin{array}{l}某职工月\\出勤天数\end{array}\times\begin{array}{l}日标准\\工资\end{array}+\begin{array}{l}日标准\\工资\end{array}\times\left(1-\begin{array}{l}病假\\扣款率\end{array}\right)\times\begin{array}{l}病假\\天数\end{array}$$

日标准工资是指每位职工每日应得的平均工资额，有以下两种计算方法。

① 每月按 30 天计算日标准工资。每年总天数按国家口径 360 天计算，每月的日历天数为 30 天。日标准工资的计算公式为：

$$日标准工资=月标准工资\div30$$

② 每月按 20.83 天计算日标准工资。即按全年日历天数（365 天），减去法定假日（11 天），减去全年法定双休日（52×2=104 天），除以 12 得出。日标准工资的计算公式为：

$$日标准工资=月标准工资\div20.83$$

小贴士

在按 30 天计算日标准工资的企业中，由于双休日和法定节假日（简称节假日）也计算工资，因而出勤期间的节假日，按出勤日计算工资；事假、病假等缺勤期间的节假日，也按出勤日扣工资。在按 20.83 天计算日标准工资的企业中，由于日标准工资的计算已扣除了节假日，所以节假日不算工资，因而缺勤期间内的节假日也不扣工资。

病假扣款率应按国家劳动保险条例规定计算，病假在 6 个月以内的应按工龄长短分别计算，其支付标准如表 3-11 所示。职工因公受伤，在医疗期间内，其基本工资按 100% 发放。

表 3-11　病假工资支付标准

工龄	小于 2 年	2—4 年	4—6 年	6—8 年	8 年以上
病假工资占本人标准工资的百分比（%）	60	70	80	90	100

【例3-8】　江南公司职工张山的月工资标准为3 840元。2021年8月份31天，事假4天，病假2天，月双休假10天，出勤15天。根据该工人的工龄，其病假工资按工资标准的90%计算。该工人病假和事假期间没有节假日。采用上述方法计算张山8月份计时工资如下：

（1）按30天计算日标准工资。

日标准工资=3 840÷30=128 元

① 按月标准工资扣除缺勤天数应扣工资额计算（扣缺勤法）。

张山8月份计时工资=3 840−4×128−2×128×（1−90%）=3 302.4 元

② 按出勤天数直接计算（出勤法）。

张山8月份计时工资=128×（15+10）+2×128×90%=3 430.4 元

（2）按20.83天计算日标准工资。

日标准工资=3 840÷20.83=184.35 元

① 按月标准工资扣除缺勤天数应扣工资额计算（扣缺勤法）。

张山8月份计时工资=3 840−4×184.35−2×184.35×10%=3 065.73 元

② 按出勤天数直接计算（出勤法）。

张山8月份计时工资=15×184.35+2×184.35×90%=3 097.08 元

从以上计算结果可以看出，每种方法的计算结果都不一样，各有利弊。按20.83天计算日标准工资，节假日不计算工资，更能体现按劳分配原则。而在一般情况下，企业职工的出勤天数总比缺勤天数多，计算缺勤工资更容易，所以按20.83天计算日标准工资、采用月薪制扣缺勤法相对来说更合理一些。

（2）日薪制

日薪制是按职工实际出勤天数和日标准工资计算其应付计时工资的一种方法。在日薪制下，按出勤天数计算工资，每日工作时数为8小时；如果每日工作不满8小时，还应根据日标准工资计算小时工资率。

无论采用哪一种方法计算工资，都应由企业自行确定。计算方法一经确定，不应随意变动。

2. 计件工资的计算

计件工资是根据规定的计件单价和完成的合格品数量计算的工资。计件工资的计算分个人计件工资的计算和集体计件工资的计算两种。

（1）个人计件工资的计算

个人计件工资是根据产量记录中登记的每一个工人的产品产量乘以规定的计件单价计算。其计算公式为：

应付计件工资=∑（某工人本月生产每种产品产量×该种产品计件单价）

产品产量=合格品数量+料废品数量

其中，料废品是指由于材料质量不符合要求等客观原因、非工人本人过失造成的不合格产品。对于加工完成后发现的料废品，应同合格品一起计算计件工资；由于工人操作不当等原因造成的废品，属于工废品，不能支付工资，有的还应由工人赔偿损失。

某种产品计件单价=生产单位产品所需的工时定额×该级工人小时工资率

应付计件工资=某工人本月生产各种产品定额工时之和×该工人小时工资率

【例3-9】 江南公司一车间工人李四8月份加工甲零件600个，计件单价3元；加工乙零件500个，计价单价4元。经检验甲零件料废10个，工废5个；乙零件料废6个，工废7个，其余均为合格品，料废零件按40%计工资。试计算李四本月的计件工资。

应付李四的计件工资=（600-5-10×60%）×3+（500-7-6×60%）×4=3 724.6 元

在计算计件工资时，合格产品可完全按计件单价计算，但料废产品并不一定都是完工以后发现的，即料废产品并不一定都完成整个加工过程，当然也就不能按计件单价全额计算工资。此时，可按生产工人完成的定额工时计算计件工资。

（2）集体计件工资的计算

集体计件工资是根据某一集体完成工作量和计件单价计算并与集体进行结算的工资。按生产小组等集体计件工资的计算方法与个人计件工资的计算方法基本相同。集体计件工资还需在集体内部各工人之间按照贡献大小进行分配。由于工人级别或工资标准一般体现工人劳动的质量和技术水平，工作日一般体现劳动的数量，因而集体内部大多按每人的工资标准和工作日数（或工时数）的乘积为比例进行分配。

【例3-10】 某生产小组集体完成若干生产任务，按一般计件工资的计算方法算出并取得集体工资50 000元。该小组由3名不同等级的工人组成，每人的姓名、等级、日工资率和出勤天数资料如表3-12所示。

表3-12 工资费用表

工人姓名	等级	日标准工资（元）	出勤天数（天）	分配标准	分配率	分配额（元）
张强	6	20	25	—	—	—
李新	5	18	23	—	—	—
林毅	4	16	22	—	—	—
合计			70			50 000

根据表3-12资料计算并填制集体工资费用分配表，如表3-13所示。以日标准工资和出勤天数计算的工资额为分配标准计算每个工人应得的工资。

表 3-13　集体工资费用分配表

工人 姓名	等级	日标准 工资（元）①	出勤天数 （天）②	分配标准 ③＝①×②	分配率 ④	分配额（元） ⑤＝④×③
张强	6	20	25	500	—	19 745
李新	5	18	23	414	—	16 348.86
林毅	4	16	22	352	—	13 906.14
合计			70	1 266	39.49（50 000÷1 266）	50 000

奖金、津贴和补贴等计入职工薪酬总额，各企业按有关规定计算。

（三）职工薪酬的结算

职工薪酬包括应付工资、实发工资和代扣款项三个部分。应付工资是企业付给职工的劳动报酬，是扣除职工因病、因事缺勤后企业付给的全部工资；实发工资是根据应付工资减去代扣款项，实际发放到职工手中的工资额；代扣款项是在工资发放时从应付工资中扣除的由企业替职工垫付给有关单位的款项，如由职工个人负担的"五险一金"、职工应缴纳的个人所得税、房租、水电费等。因此，应付工资减去代扣款项便是实发工资。

此外，在发放工资时，有些福利费用或补贴也随工资一起发放，如职工困难补助、独生子女费等，因此有的单位实发工资中还包括代发款项。

应付工资和实发工资的计算公式为：

应付工资=计时工资（或计件工资）+奖金+津贴和补贴-缺勤应扣工资

实发工资=应付工资+代发款项-代扣款项

企业与职工进行工资结算，是通过编制"工资结算表"进行的。"工资结算表"通常按车间或部门分别编制，一式三份：一份交劳动部门存档；一份裁成工资条连同工资额一并发给职工；一份在发工资时由职工个人签名后，交财务部门作为工资核算的原始凭证。工资结算表的格式如表 3-14 所示。

表 3-14　工资结算表

单位：江南公司　　　　　　　　　2021 年 9 月 30 日　　　　　　　　　单位：元

姓名	应付工资										缺勤应扣			应付工资	代扣款项				实发工资
	标准工资		加班工资	奖金		津贴			工伤		病假	事假	小计		房租	个人所得税	五险一金	小计	
	计时工资	计件工资		综合奖	单项奖	副食补贴	夜班津贴	物价补贴	产假工资										
江月	1 850		20	130	50	100	15	80			30	15	45	2 200	200	10	180	390	1 810
胡红		950		150	50	100	20	80			15		15	1 335	100		180	280	1 055
……																			

为了总括反映企业的工资结算和支付情况，财会部门应根据各车间、部门的"工资结算表"编制"工资结算汇总表"，如表3-15所示。工资结算汇总表是企业进行工资费用分配的依据。

表3-15　工资结算汇总表

单位：江南公司　　　　　　　　　　　2021年9月30日　　　　　　　　　　单位：元

部门	应发工资				缺勤应扣			应发工资	代扣款项				实发工资
	计件工资	计时工资	奖金	津贴	病假	事假	小计		房租	个人所得税	五险一金	小计	
一车间工人		58 500	4 500	1 300	1 200	300	1 500	62 800	4 800	1 300	13 188	19 288	43 512
一车间管理人员		6 000	1 200	600	150	30	180	7 620	576		1 600.2	2 176.2	5 443.8
二车间工人	10 500		2 300	800	900		900	12 700	768		2 667	3 435	9 265
二车间管理人员		1 800	400	200	50	10	60	2 340	192		491.4	683.4	1 656.6
辅助生产车间		3 300	750	450	60	25	85	4 415	120	15	927.15	1 062.15	3 352.85
企业管理人员		25 000	3 500	4 000	350	50	400	32 100	2 000	850	6 741	9 591	22 509
销售机构人员		2 000	4 000	3 000				9 000	192	35	1 890	2 117	6 883
生病人员		1 500			600		600	900	96		189	285	615
合计	10 500	98 100	16 650	10 350	3 310	415	3 725	131 875	8 744	2 200	27 693.75	38 637.75	93 237.25

注：代扣个人五险一金27 693.75元，其中社会保险费14 506.25元，住房公积金13 187.5元

三、职工薪酬的分配

（一）工资薪酬费用的分配

工资薪酬费用的分配是指将"工资结算汇总表"中的应付工资按用途计入相关的成本费用中。直接生产产品的工人工资薪酬借记"生产成本"账户，提供劳务的工人工资薪酬借记"劳务成本"账户，车间管理人员的工资薪酬借记"制造费用"账户，从事基本建设工程的人员工资薪酬借记"在建工程"账户，自创无形资产人员的工资薪酬借记"研发支出"账户，行政管理人员工资薪酬借记"管理费用"账户，销售人员工资薪酬借记"销售费用"账户。

职工薪酬的分配

采用计件工资形式支付的产品生产工人工资，一般可以直接计入所生产产品的成本，不需要在各种产品（或成本计算对象）之间进行分配。采用计时工资形式支付工资，如果生产工人只生产一种产品，则可将工资费用直接计入该产品成本，不需要在各种产品之间

进行分配；如果生产多种产品，则需要选用合理方法在各种产品之间进行分配。

直接人工费用的分配方法有生产工时分配法、直接材料费用分配法和系数分配法等。生产工时分配法中的生产工时，可以是产品的实际工时，也可以是单位产品的定额工时和按实际生产量计算的定额总工时。其计算公式为：

$$生产工人工资薪酬分配率 = \frac{生产工人工资薪酬总额}{\sum 各产品实际（定额）工时}$$

各种产品应分配的工资薪酬额 = 各产品实际（定额）工时 × 分配率

在实际工作中，职工薪酬的分配一般是通过编制"工资分配汇总表"来进行的。"工资分配汇总表"可根据"工资结算表""工资结算汇总表"编制。

【例3-11】 江南公司一车间生产 A、B 两产品，二车间生产 C 产品。2021 年 9 月，发放工资情况如表 3-15 编制的工资结算汇总表所示。本月 A、B、C 产品实际工时分别为 8 000 小时、7 700 小时、9 600 小时，按工时比例分配生产工人工资费用。

（1）分配一车间生产工人工资费用。

$$一车间生产工人工资分配率 = \frac{62\ 800}{8\ 000 + 7\ 700} = 4（元/小时）$$

A 产品分配工资费用 = 8 000 × 4 = 32 000 元

B 产品分配工资费用 = 7 700 × 4 = 30 800 元

（2）根据上述计算结果和表 3-15 资料编制工资分配汇总表，如表 3-16 所示。

表 3-16 工资分配汇总表

单位：江南公司　　　　　　　　　　2021 年 9 月　　　　　　　　　　单位：元

应借账户		成本或费用项目	直接计入费用	间接计入费用			工资费用合计
总账账户	明细账户			生产工时（小时）	分配率（元/小时）	分配额	
基本生产成本	A产品	直接人工		8 000	4	32 000	32 000
	B产品	直接人工		7 700	4	30 800	30 800
	小计					62 800	62 800
	C产品	直接人工	12 700				12 700
辅助生产成本	修理车间		4 415				4 415
制造费用	一车间		7 620				7 620
	二车间		2 340				2 340
	小计		9 960				9 960

应借账户		成本或费用项目	直接计入费用	间接计入费用			工资费用合计
总账账户	明细账户			生产工时（小时）	分配率（元/小时）	分配额	
管理费用	管理部门		32 100				32 100
	其他		900				900
	小计		33 000				33 000
销售费用			9 000				9 000
合计			69 075			62 800	131 875

（3）根据工资分配汇总表编制如下会计分录：

借：生产成本——基本生产成本——A 产品　　　　32 000

　　　　　　　　　　　　　　——B 产品　　　　30 800

　　　　　　　　　　　　　　——C 产品　　　　12 700

　　　　　　——辅助生产成本——修理车间　　　4 415

　　制造费用——一车间　　　　　　　　　　　　7 620

　　　　　　——二车间　　　　　　　　　　　　2 340

　　管理费用　　　　　　　　　　　　　　　　33 000

　　销售费用　　　　　　　　　　　　　　　　9 000

　　贷：应付职工薪酬——工资　　　　　　　　131 875

（4）根据表 3-15 "工资结算汇总表"可知，江南公司 2021 年 9 月实发工资总额为 93 237.25 元。2021 年 10 月 10 日，开出转账支票支付 9 月工资。根据表 3-15 "工资结算汇总表"及有关凭证，编制如下会计分录：

借：应付职工薪酬——工资　　　　　　　　　131 875

　　贷：银行存款　　　　　　　　　　　　　93 237.25

　　　　其他应付款——房租　　　　　　　　　8 744

　　　　应交税费——应交个人所得税　　　　　2 200

　　　　应付职工薪酬——社会保险费　　　　14 506.25

　　　　　　　　　　——住房公积金　　　　13 187.5

（二）工资附加费用的分配

工资附加费用是以工资总额作为计提基础，按照国家和地方有关法律、法规规定的计提比例计算的职工薪酬费用，包括职工福利费、社会保险费、住房公积金、工会经费和职工教育经费等。

1. 职工福利费

新企业所得税法规定，职工福利费在工资总额14%内据实列支。在发生货币性福利费开支时，借记"应付职工薪酬——职工福利"账户，贷记"库存现金"等账户。同时按照福利费开支的对象计入相应的成本、费用账户中，按所属的部门或用途，借记"生产成本""管理费用""销售费用"等账户，贷记"应付职工薪酬——职工福利"账户。

【例 3-12】 本月以现金报销职工医药费 1 300 元，其中管理部门人员 800 元，一车间管理人员 500 元。账务处理如下：

（1）报销医药费时，编制如下会计分录：

借：应付职工薪酬——职工福利　　　　　　　　　　1 300

　　贷：库存现金　　　　　　　　　　　　　　　　　　　　1 300

（2）按用途增加成本费用时，编制如下会计分录：

借：管理费用　　　　　　　　　　　　　　　　　　800

　　制造费用——一车间　　　　　　　　　　　　　　500

　　贷：应付职工薪酬——职工福利　　　　　　　　　　　　1 300

---

2. 社会保险费

社会保险费一般采用企业与职工共同分担的原则，由企业承担的部分，采用按工资总额或国家、地区规定的计提基础和比例计提，分别按用途或受益部门计入企业当月的成本费用中。

【例 3-13】 2021 年 9 月，江南公司的工资总额为 131 875 元，工资汇总表情况如表 3-15 所示。根据公司所在地方政府的规定，公司分别按当月工资总额的 8%、20%、2%、1%和 0.5%计提医疗保险、养老保险、失业保险、工伤保险和生育保险费，另外个人应承担医疗保险、养老保险和失业保险的比例分别为 2%、8%和 1%。计提企业当月应承担的社会保险费如表 3-17 所示。

表 3-17　社会保险费提取表

2021 年 9 月

单位：元

车间或部门	工资总额	医疗保险 8%	养老保险 20%	失业保险 2%	工伤保险 1%	生育保险 0.5%	合计
一车间生产工人	62 800.00	5 024.00	12 560.00	1 256.00	628.00	314.00	19 782.00
一车间管理人员	7 620.00	609.60	1 524.00	152.40	76.20	38.10	2 400.30
二车间生产工人	12 700.00	1 016.00	2 540.00	254.00	127.00	63.50	4 000.50
二车间管理人员	2 340.00	187.20	468.00	46.80	23.40	11.70	737.10
辅助生产车间工人	4 415.00	353.20	883.00	88.30	44.15	22.08	1 390.73

车间或部门	工资总额	医疗保险 8%	养老保险 20%	失业保险 2%	工伤保险 1%	生育保险 0.5%	合计
企业管理人员	32 100.00	2 568.00	6 420.00	642.00	321.00	160.50	10 111.50
销售机构人员	9 000.00	720.00	1 800.00	180.00	90.00	45.00	2 835.00
生病人员	900.00	72.00	180.00	18.00	9.00	4.50	283.50
合计	131 875.00	10 550.00	26 375.00	2 637.50	1 318.75	659.38	41 540.63

3. 住房公积金、工会经费和职工教育经费

住房公积金一般采用由企业和职工共同分担的原则，由企业承担的部分，采用按工资总额或国家、地区规定的计提基础和比例计提；工会经费按工资总额的2%；职工教育经费按工资总额8%的比例由企业计提，分别按用途或受益部门计入企业当月的成本费用中。

【例3-14】 2021年9月，江南公司工资总额为131 875元，工资汇总表情况如表3-15所示。该企业住房公积金、工会经费、职工教育经费分别按工资总额的10%、2%、8%的比例计提，另外个人应承担缴纳的住房公积金比例为10%。计提企业当月应承担的住房公积金、工会经费和职工教育经费如表3-18所示。

表3-18 住房公积金、工会经费和职工教育经费计提表

2021年9月   单位：元

车间或部门	工资总额	住房公积金 10%	工会经费 2%	职工教育经费 8%	合计
一车间生产工人	62 800.00	6 280.00	1 256.00	5 024.00	12 560.00
一车间管理人员	7 620.00	762.00	152.40	609.60	1 524.00
二车间生产工人	12 700.00	1 270.00	254.00	1 016.00	2 540.00
二车间管理人员	2 340.00	234.00	46.80	187.20	468.00
辅助生产车间工人	4 415.00	441.50	88.30	353.20	883.00
企业管理人员	32 100.00	3 210.00	642.00	2 568.00	6 420.00
销售机构人员	9 000.00	900.00	180.00	720.00	1 800.00
生病人员	900.00	90.00	18.00	72.00	180.00
合计	131 875.00	13 187.50	2 637.50	10 550.00	26 375.00

可将当期提取的工资附加费编制工资附加费用分配表。

【例3-15】 承【例3-13】和【例3-14】，编制工资附加费用分配表，如表3-19所示。本月一车间生产工人生产A、B产品，实际工时分别为8 000小时和7 700小时。

表 3-19　工资附加费用分配汇总表

2021 年 9 月　　　　　　　　　　　　　　　　　单位：元

应借账户		社会保险费	住房公积金	工会经费	职工教育经费	合计
总账账户	明细账户					
基本生产成本	A 产品	10 080.00	3 200.00	640.00	2 560.00	16 480.00
	B 产品	9 702.00	3 080.00	616.00	2 464.00	15 862.00
	C 产品	4 000.50	1 270.00	254.00	1 016.00	6 540.50
辅助生产成本	修理车间	1 390.73	441.50	88.30	353.20	2 273.73
制造费用	一车间	2 400.30	762.00	152.40	609.60	3 924.30
	二车间	737.10	234.00	46.80	187.20	1 205.10
管理费用	管理部门	10 111.50	3 210.00	642.00	2 568.00	16 531.50
	生病人员	283.50	90.00	18.00	72.00	463.50
销售费用		2 835.00	900.00	180.00	720.00	4 635.00
合计		41 540.63	13 187.50	2 637.50	10 550.00	67 915.63

表 3-19 中相关数据的计算过程如下：

社会保险费分配率=19 782÷（8 000+7 700）=1.26

A 产品生产工人分配社会保险费=8 000×1.26=10 080 元

B 产品生产工人分配社会保险费=7 700×1.26=9 702 元

住房公积金分配率=6 280÷（8 000+7 700）=0.4

A 产品生产工人分配住房公积金=8 000×0.4=3 200 元

B 产品生产工人分配住房公积金=7 700×0.4=3 080 元

工会经费分配率=1 256÷（8 000+7 700）=0.08

A 产品生产工人分配工会经费=8 000×0.08=640 元

B 产品生产工人分配工会经费=7 700×0.08=616 元

职工教育经费分配率=5 024÷（8 000+7 700）=0.32

A 产品生产工人分配职工教育经费=8 000×0.32=2 560 元

B 产品生产工人分配职工教育经费=7 700×0.32=2 464 元

（1）根据工资附加费用分配汇总表编制如下会计分录：

借：生产成本——基本生产成本——A 产品　　　　　　16 480

　　　　　　　　　　　　　　——B 产品　　　　　　15 862

　　　　　　　　　　　　　　——C 产品　　　　　　6 540.5

　　　　　　　　　——辅助生产成本——修理车间　　2 273.73

　　　制造费用——一车间　　　　　　　　　　　　　3 924.3

　　　　　　　——二车间　　　　　　　　　　　　　1 205.1

管理费用	16 995
销售费用	4 635
贷：应付职工薪酬——社会保险费	41 540.63
——住房公积金	13 187.5
——工会经费	2 637.5
——职工教育经费	10 550

（2）2021年10月10日，将社保费56 046.88元（包括个人承担的14 506.25元）和住房公积金26 375元（包括个人承担的13 187.5元）分别划入市社保局和公积金中心指定的账户。编制如下会计分录：

借：应付职工薪酬——社会保险费   56 046.88
      ——住房公积金   26 375
 贷：银行存款   82 421.88

（三）非货币性福利费用的分配

企业以非货币性资产作为福利发放给职工的，应根据非货币性资产的不同性质进行相应的账务处理：

① 企业以自产产品作为非货币性福利发放给职工的，应当根据受益对象，按照该产品的公允价值，计入相关成本、费用中，并确认应付职工薪酬，借记"生产成本——基本生产成本""生产成本——辅助生产成本""制造费用""管理费用"等账户，贷记"应付职工薪酬——职工福利"账户。

② 企业将拥有的房屋等资产无偿提供给职工使用的，应当根据受益对象，将该住房每期计提的折旧计入相关的成本、费用，并确认应付职工薪酬。借记"生产成本——基本生产成本""生产成本——辅助生产成本""制造费用""管理费用"等账户，贷记"应付职工薪酬——职工福利"账户。

③ 租赁住房等资产供职工无偿使用的，应根据受益对象，将每期应付的租金计入相关的成本费用中，并确认应付职工薪酬。

【例3-16】 江南公司将本厂生产的A产品作为福利发放给职工，A产品生产成本120元/件，市场售价180元/件，增值税率13%，企业共有职工100人，70人为生产人员，30人为管理人员。账务处理如下：

（1）发放产品时，编制如下会计分录：

借：应付职工薪酬——非货币性福利   20 340
 贷：主营业务收入   18 000
   应交税费——应交增值税（销项税额） 2 340

同时结转商品成本，编制如下会计分录：

借：主营业务成本　　　　　　　　　　　　　　　12 000
　　贷：库存商品　　　　　　　　　　　　　　　　　　12 000
（2）分配工资成本时，编制如下会计分录：
借：生产成本　　　　　　　　　　　　　　　　　14 238
　　管理费用　　　　　　　　　　　　　　　　　 6 102
　　贷：应付职工薪酬——非货币性福利　　　　　　　　20 340

任务五　折旧费用和其他费用的核算

一、折旧费用的核算

　　企业在生产中使用的固定资产提取的折旧费用，是产品成本的重要组成部分，并且在生产中是直接作用于产品生产的费用。但由于一种机器设备可能生产多种产品，一种产品的生产往往又需要使用多种机器设备，分配的工作往往比较复杂。为了简化成本的计算，企业一般将用于产品生产的固定资产折旧费用计入制造费用。在实际工作中，固定资产折旧费用是按照固定资产的使用车间、部门进行归集，然后与各车间、部门发生的其他间接费用一起进行分配，计入产品成本或期间费用中的。

　　固定资产折旧费用的归集和分配一般是依据按月编制的"固定资产折旧费用分配表"来进行的。

思政之窗

　　固定资产、无形资产是企业的长期资产之一，也是企业能否长期保持竞争力的核心因素之一。企业的核心竞争力关系到企业的存亡，也可能影响国家之间的博弈。

　　华为、海康威视、大华科技等一系列中国企业投入了大量的研发资金，踏踏实实搞研发，自主研发能力强。在中美贸易战中，这些企业被美国商务部列入出口管制"实体清单"。难得的是，这些企业在被列入"实体清单"之前就做好了极限生存的假设，提前布局，在被"卡脖子"之后还能继续为客户提供优质的产品和服务。这种自主创新、自力更生的经营理念，不仅让企业在危机中得以生存，还维护了国家的利益，维护了民族的尊严。

　　企业如是，个人也如是，在求知治学的过程中，要有勇攀高峰、敢为人先的创新精神，更要有胸怀祖国、服务人民的爱国精神。

【例 3-17】　2021 年 9 月，江南公司计提折旧情况如表 3-20 所示。

表 3-20　固定资产折旧费用分配表

2021 年 9 月　　　　　　　　　　　　　　　　　　　单位：元

车间、部门	固定资产类别	月初应提折旧固定资产原值	月折旧率（%）	月应提折旧额
一车间	房屋及建筑物	224 000	0.4	896
	机器设备	82 600	0.8	660.8
	小计	306 600		1 556.8
二车间	房屋及建筑物	450 000	0.4	1 800
	机器设备	225 800	0.8	1 806.4
	小计	675 800		3 606.4
修理车间	房屋及建筑物	152 000	0.4	608
	机器设备	220 000	0.8	1 760
	小计	372 000		2 368
管理部门	房屋及建筑物	285 000	0.4	1 140
	运输工具	100 000	0.9	900
	电子设备	17 400	0.9	156.6
	小计	402 400		2 196.6
销售部门	运输工具	83 034		747.3
合计		1 839 834		10 475.1

根据固定资产折旧费用分配表编制如下会计分录：

借：制造费用——一车间　　　　　　　　　　　1 556.8
　　　　　　——二车间　　　　　　　　　　　3 606.4
　　生产成本——辅助生产成本——修理车间　　2 368
　　管理费用　　　　　　　　　　　　　　　　2 196.6
　　销售费用　　　　　　　　　　　　　　　　747.3
　　贷：累计折旧　　　　　　　　　　　　　　10 475.1

二、固定资产修理费用的核算

固定资产修理费用是为了使固定资产经常处于良好状态，对其进行维护和修理而发生的各项支出。固定资产修理费用发生时，直接计入当期损益，如管理费用或销售费用。

【例 3-18】　江南公司本月发生固定资产修理费 10 000 元，其中一生产车间 5 500 元，辅助生产车间 2 000 元，行政管理部门 2 500 元，均以存款支付。根据有关单据编制如下会计分录：

　　借：管理费用——修理费　　　　　　　　　　　　10 000
　　　　贷：银行存款　　　　　　　　　　　　　　　　　　10 000

三、利息费用的核算

　　要素费用中的利息费用不是产品成本的组成部分，而是作为期间费用的财务费用。短期借款的利息一般是按季结算支付，按照权责发生制的原则，季内各月对应付的利息进行预提，季末实际支付时再重建季末实际支付的利息费用与预提利息费用之间的差额，调整计入季末月份的财务费用。每月预提利息费用时，借记"财务费用"账户，贷记"应付利息"账户；季末实际支付利息时，借记"应付利息"账户，贷记"银行存款"账户。

　　长期借款利息费用一般是每年计算一次应付利息，到期一次还本付息。每年结转应付利息时，按照长期借款费用化和资本化的原则，借记"财务费用"或"在建工程"账户，贷记"长期借款"账户；到期还本付息时，借记"长期借款"账户，贷记"银行存款"账户。

四、税金的核算

　　要素费用中的税金不是产品的组成部分，而是费用的组成部分，房产税、车船使用税、土地使用税和印花税等通过"税金及附加"账户核算。

　　① 房产税、车船使用税、土地使用税需要预先计算应交税金然后缴纳，因此应通过"应交税费"账户及其明细账核算。计算税金时，借记"税金及附加"账户，贷记"应交税费——应交房产税等"账户；上缴税金时，借记"应交税费——应交房产税等"账户，贷记"银行存款"等账户。

　　② 印花税可以直接计算并缴纳，不通过"应交税费"账户核算。缴纳时，借记"税金及附加"账户，贷记"银行存款"或"库存现金"等账户。

思政之窗

　　税收是人类社会经济发展到一定历史阶段的产物，也是政府收入的来源之一。在我国，税收取之于民、用之于民。

　　近几年，我国的税收立法越来越重视纳税人之间实际税负的公平，使得实质公平的理念成为我国税收制度的特征之一。企业作为重要纳税主体，应诚实纳税、主动纳税，这对促进社会公平和国家经济发展都有重要作用；会计人员在帮助企业做好税收筹划的同时，要承担起维护税收公平的公民职责，为推动税收制度的不断发展和完善贡献个人力量。

五、其他费用的核算

要素费用中的其他费用，是指除了上述各项要素以外的费用，包括水电费、电话费、报刊费、办公用品费、差旅费、租赁费、保险费、广告费和业务招待费等。这些费用的金额往往不大，都没有专门设立成本项目，一般属于间接费用或期间费用，应在费用发生时，按照发生的车间、部门和用途，分别计入"制造费用""生产成本——辅助生产成本""管理费用""销售费用"等账户。其他费用的归集与分配通常要编制"其他费用分配汇总表"来进行。

【例3-19】　2021年9月，江南公司"其他费用分配汇总表"如表3-21所示。

表3-21　其他费用分配汇总表

2021年9月　　　　　　　　　　　　　　　　　　　单位：元

应借账户		成本或费用项目					
总账账户	明细账户	办公费	水电费	差旅费	招待费	广告费	合计
制造费用	一车间	5 600	3 600				9 200
	二车间	2 300	1 400				3 700
	小计	7 900	5 000				12 900
辅助生产成本	修理车间	600	1 200				1 800
	供电车间	400	1 300				1 700
	小计	1 000	2 500				3 500
管理费用		3 500	1 050	6 000	4 500		15 050
销售费用		605	680			6 000	7 285
合计		13 005	9 230	6 000	4 500	6 000	38 735

根据其他费用分配汇总表编制如下会计分录：

借：制造费用——一车间　　　　　　　　　　　　　9 200
　　　　　　——二车间　　　　　　　　　　　　　3 700
　　生产成本——辅助生产成本——修理车间　　　　1 800
　　　　　　　　　　　　　　——供电车间　　　　1 700
　　管理费用　　　　　　　　　　　　　　　　　 15 050
　　销售费用　　　　　　　　　　　　　　　　　　7 285
　　贷：银行存款　　　　　　　　　　　　　　　 38 735

项目小结

本项目主要描述生产要素费用核算的基本原则和方法。生产费用按计入产品成本的方法分为直接计入费用和间接计入费用。直接计入费用在发生时一般可直接计入各有关成本明细账中，而间接计入费用则必须按"受益原则"分配计入各有关成本明细账中。

通常可作为间接计入费用分配标准的有成果类、消耗类和定额类三大类，其中以各种定额资料作为共同性费用分配标准是学习时应掌握的主要方法。

在各要素费用的分配中，材料费用一般可按产品质量、重量、体积、定额耗用量、定额费用比例等标准来进行分配；燃料费用也可按照材料费进行分配；外购动力费用一般可按仪表记录、生产工时、机器功率、定额耗用量等进行分配；职工薪酬费用若采用计时工资制一般需按照工时比例在不同产品之间进行分配，若采用计件工资制，则一般可直接计入相关产品成本明细账中；折旧费用等其他要素费用一般按其使用部门、用途的不同分别计入各有关成本、费用账户。

复习思考题

1. 间接计入费用分配的标准有哪些？
2. 分配材料费用的各种方法在何种情况下采用？
3. 为何核算外购动力费用时，要使用"应付账款"账户？
4. 职工薪酬包括哪些？应如何计算？
5. 在计算计时工资的几种方法中，你认为哪种方法最合理？为什么？

项目四

综合费用的核算

任务目标

1. 了解辅助生产费用的归集程序。
2. 掌握辅助生产费用的分配方法。
3. 掌握制造费用的归集程序与分配方法。
4. 掌握废品损失和停工损失的核算。

任务要求

1. 能够识记不同辅助生产费用分配方法的特点。
2. 能够采用不同的分配方法进行辅助生产费用的分配。
3. 能够运用不同的分配方法进行制造费用的分配。
4. 能够正确进行停工损失和废品损失的核算。

2021 年 7 月，张强从某学院会计专业毕业，在招聘会上被楚天设备制造公司录用为成本会计员。该公司新增加了一个辅助生产车间，即供汽车间。该车间主要生产蒸汽，用的燃料是原煤，生产的蒸汽主要供机械加工、冲压、供电、修理等车间使用，其他部门使用得较少。公司过去辅助生产车间主要是供电车间和修理车间，如果企业采用直接分配法分配辅助生产费用，这种分配方法是否合适？新增了一个辅助生产车间后，是否需要对辅助生产费用分配方法进行改变？

任务一　辅助生产费用的核算

一、辅助生产费用的归集

（一）辅助生产费用核算的内容

生产企业的生产车间按其生产性质可分为基本生产车间和辅助生产车间两类。辅助生产车间从事辅助生产，是为企业基本生产、行政管理等部门提供产品或劳务的车间。例如，为基本生产车间提供工具、模具、修理用备件等产品的车间；为基本生产车间和行政管理等部门提供水、电、气、运输及修理等产品或劳务的车间。

辅助生产车间为基本生产、行政管理等部门提供产品或劳务所耗费的各项费用称为辅助生产费用，其实质就是辅助生产车间生产的产品或提供劳务发生的成本。显然，这些产品或劳务成本最终转化为基本生产的产品成本。所以，正确及时地计算辅助生产产品和劳务的成本，合理分配辅助生产费用，对于降低产品成本、节约费用，以及正确计算产品成本和期间费用有着重要的意义。

（二）辅助生产费用归集的方法

为了归集辅助生产费用，企业应设置"生产成本——辅助生产成本"账户，并按辅助生产车间或产品、劳务的种类设置明细账户，账内按成本项目设置专栏，进行明细核算。日常发生的各种辅助生产费用，在"生产成本——辅助生产成本"账户的借方进行归集，月末再分配到各受益产品或部门中去；在辅助生产费用分配后，该账户一般无余额。辅助生产成本明细账的格式如表 4-1 所示。辅助生产费用归集有两种方法：单独归集"制造费用"法和"制造费用"并入法。

1. 单独归集"制造费用"法

单独归集"制造费用"法是将辅助生产的制造费用与基本生产的制造费用一样，先通过"制造费用——辅助生产车间"明细账单独归集，月末按一定的方法再分配转入"辅助生产成本"账户，计算辅助生产的产品或劳务的成本。这种方法适用于生产两种以上产品或提供多种劳务的辅助生产车间，如机修车间和生产自制工具、模型、修理用备品备件的辅助生产车间。

2. "制造费用"并入法

"制造费用"并入法是将辅助生产车间发生的制造费用直接或分配计入"辅助生产成本"账户，计算辅助生产产品或劳务的成本。这种方法不单独设置辅助生产车间的"制造费用"账户，简化了核算，适用于规模较小、产品或劳务单一、制造费用很少且辅助生产不对外提供产品或劳务的辅助生产车间，如供水、供电、供气车间和运输车间。

二、辅助生产费用的分配

（一）辅助生产费用分配的特点

辅助生产费用的分配，就是将归集在"辅助生产成本"账户及其明细账的辅助生产费用，通过一定的程序和方法在各受益部门之间进行分配。由于辅助生产车间提供的产品和劳务的种类不同，其费用分配结转的程序和方法也不一样。

生产工具、模具和修理用备件等产品的辅助生产，其发生的费用，应计入工具、模具和修理用备件等产品的成本，在产品完工时，从"辅助生产成本"账户的贷方分别转入"低值易耗品"和"原材料"账户；有关部门、单位领用时，再从"低值易耗品""原材料"账户的贷方转入"制造费用""管理费用"等账户的借方。提供水、电、修理、运输等产品或劳务的辅助生产，其发生的费用应在各受益部门之间依据受益程度按比例分配。

辅助生产费用分配的一般原则如下：对能确认为某一基本生产车间或为某一产品、批别所耗用的辅助生产费用，应将其直接计入该车间的制造费用中；其他辅助生产费用，应按一定的分配标准分配给各受益单位，即谁受益谁分担。辅助生产费用的分配是通过编制辅助生产费用分配表进行的。

（二）辅助生产费用的分配方法

辅助生产费用分配的方法主要有直接分配法、交互分配法、顺序分配法、计划成本分配法和代数分配法。

1. 直接分配法

直接分配法是指不考虑辅助生产车间之间相互提供的产品或劳务，而将辅助生产车间发生的费用全部直接向辅助生产车间以外的各受益对象进行分配的方法。这种方法的特点是辅助生产车间之间不分配辅助生产费用，也就是说既不转出，也不转入。其计算公式为：

辅助生产费用的
分配方法

$$\text{某辅助生产车间费用分配率（单位成本）} = \frac{\text{该辅助生产车间待分配费用}}{\text{该辅助生产车间对外提供的产品或劳务的数量}}$$

$$\text{某受益对象应分配某辅助生产费用} = \text{该受益对象耗用该辅助生产车间产品或劳务数量} \times \text{该辅助生产车间费用分配率（单位成本）}$$

【例 4-1】 中兴工厂设有供电和机修两个辅助生产车间。2021 年 10 月，供电车间和机修车间的辅助生产成本明细账分别如表 4-1 和表 4-2 所示，供电车间和机修车间发生的辅助生产费用分别是 60 000 元和 36 000 元。该厂本月向各受益部门提供产品和劳务的资料如表 4-3 所示。

表 4-1　辅助生产成本明细账

车间名称：供电车间　　　　　　　　　　　　　　　　　　　　　　　单位：元

2021 年		摘要	直接材料	燃料及动力	工资及附加费	折旧费	保险费	修理费	其他	合计
月	日									
10	31	材料费用分配表	20 000							20 000
	31	燃料费用分配表		2 200						2 200
	31	动力费用分配表		8 000						8 000
	31	职工薪酬分配表			16 872					16 872
	31	折旧费用分配表				5 400				5 400
	31	待摊费用分配表					1 800	1 200		1 902
	31	其他费用分配表							4 528	4 528
	31	合计	20 000	10 200	16 872	5 400	1 800	1 200	4 528	60 000
	31	结转本月辅助生产费用	20 000	10 200	16 872	5 400	1 800	1 200	4 528	60 000

表 4-2　辅助生产成本明细账

车间名称：机修车间　　　　　　　　　　　　　　　　　　　　　　　单位：元

2021 年		摘要	直接材料	燃料及动力	工资及附加费	折旧费	保险费	修理费	其他	合计
月	日									
10	31	材料费用分配表	12 000							12 000
	31	燃料费用分配表		800						800
	31	动力费用分配表		4 000						4 000
	31	职工薪酬分配表			9 348					9 348
	31	折旧费用分配表				3 600				3 600
	31	待摊费用分配表					1 500	900		2 400
	31	其他费用分配表							3 852	3 852
	31	合计	12 000	4 800	9 348	3 600	1 500	900	3 852	36 000
	31	结转本月辅助生产费用	12 000	4 800	9 548	3 600	1 500	900	3 852	36 000

表 4-3 辅助生产车间提供产品或劳务汇总表

2021 年 10 月

受益对象		供电量（度）	机修工时（工时）
辅助生产车间	供电车间	—	800
	机修车间	8 000	—
基本生产车间	甲产品	14 000	—
	乙产品	10 000	—
	一般耗用	3 000	3 000
销售部门		2 000	400
行政管理部门		3 000	600
合计		40 000	4 800

（1）根据上述资料，采用直接分配法计算辅助生产费用分配率。

供电车间费用分配率=60 000÷（40 000－8 000）=1.875（元/度）

机修车间费用分配率=36 000÷（4 800－800）=9（元/工时）

（2）根据各辅助生产车间的费用分配率和各受益对象的耗用数量，采用直接分配法编制辅助生产费用分配表，如表 4-4 所示。

表 4-4 辅助生产费用分配表（直接分配法）

2021 年 10 月 单位：元

项目		供电车间		机修车间		金额合计
		供电量（度）	金额	机修工时（工时）	金额	
待分配费用			60 000		36 000	96 000
对外提供的劳务数量		32 000		4 000		—
费用分配率（单位成本）		1.875		9		
基本生产成本	甲产品	14 000	26 250	—	—	26 250
	乙产品	10 000	18 750	—	—	18 750
制造费用		3 000	5 625	3 000	27 000	32 625
销售费用		2 000	3 750	400	3 600	7 350
管理费用		3 000	5 625	600	5 400	11 025
合计		32 000	60 000	4 000	36 000	96 000

（3）根据辅助生产费用分配表编制如下会计分录：

借：生产成本——基本生产成本——甲产品 26 250

　　　　　　　　　　　　　　——乙产品 18 750

　　制造费用 32 625

　　销售费用 7 350

管理费用	11 025
贷：生产成本——辅助生产成本——供电车间	60 000
——机修车间	36 000

采用直接分配法，虽然简化了计算工作，但当辅助生产车间之间的费用差额较大时，会影响分配结果的准确性。因此，直接分配法一般适用于辅助生产车间不相互提供产品、劳务或提供产品、劳务较少的情况。

2. 交互分配法

交互分配法，也称一次交互分配法，是先将归集的辅助生产费用在各辅助生产单位之间进行交互分配，然后计算出交互分配后的费用，再对辅助生产单位以外的受益部门进行分配的一种方法。交互分配法分配辅助生产费用的步骤如下：

交互分配法

（1）第一次分配

第一次分配，也称交互分配或对内分配，根据各辅助生产车间发生的原始辅助生产费用和其提供的产品或劳务的总量计算出费用分配率，在辅助生产车间之间进行一次交互分配，从而计算出各辅助生产车间的实际费用（即交互分配前的费用，加上分配转入的费用，减去分配转出的费用）。相关计算公式为：

$$\text{某辅助生产车间交互分配费用分配率} = \frac{\text{该辅助生产车间交互分配前辅助生产费用总额}}{\text{该辅助生产车间提供的产品或劳务的总量}}$$

$$\text{某辅助生产车间应分配其他辅助生产车间费用} = \text{该辅助生产车间耗用其他辅助生产车间产品或劳务数量} \times \text{其他辅助生产车间交互分配费用分配率}$$

$$\text{某辅助生产车间实际费用} = \text{该辅助生产车间直接费用总额} + \text{该辅助生产车间应分配其他辅助生产车间费用} - \text{其他辅助生产车间应分配该辅助生产车间费用}$$

（2）第二次分配

第二次分配，也称对外分配，根据各辅助生产车间的实际费用和其向辅助生产车间以外的受益对象提供的产品或劳务的数量计算出的费用分配率，在辅助生产车间以外的各受益对象之间进行分配。相关计算公式为：

$$\text{某辅助生产车间对外分配费用分配率} = \frac{\text{该辅助生产车间交互分配后实际费用}}{\text{该辅助生产车间对外提供的产品或劳务的总量}}$$

$$\text{某受益对象应分配某辅助生产费用} = \text{该受益对象耗用该辅助生产车间产品或劳务数量} \times \text{某辅助生产车间对外分配费用分配率}$$

【例 4-2】　仍以【例 4-1】资料为例，按交互分配法分配辅助生产费用，有关计算过程如下：

（1）交互分配。

供电车间交互分配费用分配率=60 000÷40 000=1.5（元/度）

机修车间应分配供电费用=8 000×1.5=12 000 元

机修车间交互分配费用分配率=36 000÷4 800=7.5（元/工时）

供电车间应分配机修费用=800×7.5=6 000 元

供电车间对外分配费用=60 000+6 000-12 000=54 000 元

机修车间对外分配费用=36 000+12 000-6 000=42 000 元

（2）对外分配。

供电车间对外分配费用分配率=54 000÷（40 000-8 000）=1.687 5（元/度）

机修车间对外分配费用分配率=42 000÷（4 800-800）=10.5（元/度）

（3）采用交互分配法分配辅助生产费用，编制辅助生产费用分配表，如表 4-5 所示。

表 4-5　辅助生产费用分配表（交互分配法）

2021 年 10 月　　　　　　　　　　　　　　　　　　单位：元

项目		供电车间		机修车间		金额合计
		供电量（度）	金额	机修工时（工时）	金额	
交互分配	待分配费用		60 000		36 000	96 000
	提供产品或劳务数量	40 000		4 800		—
	交互分配费用分配率	1.5		7.5		
	辅助生产成本　供电车间	—	—	800	6 000	6 000
	辅助生产成本　机修车间	8 000	12 000			12 000
对外分配	交互分配后应对外分配的费用		54 000		42 000	96 000
	对外提供的劳务数量	32 000		4 000		—
	对外分配费用分配率	1.687 5		10.5		
	基本生产成本　甲产品	14 000	23 625	—	—	23 625
	基本生产成本　乙产品	10 000	16 875	—	—	16 875
	制造费用	3 000	5 062.5	3 000	31 500	36 562.5
	销售费用	2 000	3 375	400	4 200	7 575
	管理费用	3 000	5 062.5	600	6 300	11 362.5
	合计	32 000	54 000	4 000	42 000	96 000

（4）根据辅助生产费用分配表编制如下会计分录：

① 交互分配时编制的会计分录为：

借：生产成本——辅助生产成本——供电车间　　　　6 000

　　　　　　　　　　　　　——机修车间　　　　12 000

　　贷：生产成本——辅助生产成本——供电车间　　　　12 000

　　　　　　　　　　　　　——机修车间　　　　6 000

② 对外分配时编制的会计分录为：

借：生产成本——基本生产成本——甲产品　　　　23 625

　　　　　　　　　　　　　——乙产品　　　　16 875

　　制造费用　　　　　　　　　　　　36 562.5

　　销售费用　　　　　　　　　　　　7 575

　　管理费用　　　　　　　　　　　　11 362.5

　　贷：生产成本——辅助生产成本——供电车间　　　　54 000

　　　　　　　　　　　　　——机修车间　　　　42 000

由于对辅助生产车间之间提供的产品或劳务的费用进行了交互分配，交互分配法提高了分配结果的客观性和准确性，同时，这种方法也易于理解和计算。但是由于在交互分配中分配率是根据各辅助生产车间的直接费用进行计算的，不是各辅助生产车间的实际单位成本，所以分配结果也不是很精确。因此，交互分配法适用于各辅助生产车间之间相互提供产品或劳务较多的企业。

3．顺序分配法

顺序分配法，又称梯形分配法，是指按照各辅助生产单位相互提供产品或劳务数量多少的顺序，依次分配辅助生产费用的一种方法。

首先，将各辅助生产单位按相互间受益多少依次排序，受益少的排在前，受益多的排在后；其次，将排在前的辅助生产费用先分配出去，分配时向排在后的辅助生产单位分配费用，排在后的辅助生产单位的费用后分配（排在后的辅助生产单位的费用包括本车间的辅助生产费用和前面辅助生产单位分配来的费用），即排在后面的辅助生产单位不能向排在其前面的辅助生产单位分配费用。

【例4-3】　仍以【例4-1】资料为例，按顺序分配法分配辅助生产费用。从资料可以看出，供电车间受益少，要先分配；机修车间受益多，后分配。计算过程如下：

供电车间待分配金额=60 000 元

供电车间费用分配率=60 000÷40 000=1.5（元/度）

机修车间应负担的电费=8 000×1.5=12 000 元

机修车间待分配金额=36 000+12 000=48 000 元

机修车间费用分配率=48 000÷（4 800-800）=12（元/工时）

根据计算结果编制辅助生产费用分配表，如表4-6所示。

表4-6 辅助生产费用分配表（顺序分配法）

2021 年 10 月　　　　　　　　　　　　　　　　　单位：元

项目		供电车间（先分配）		机修车间（后分配）		金额合计
		供电量（度）	金额	机修工时（工时）	金额	
待分配费用			60 000		48 000	108 000
对外提供的劳务数量		40 000		4 000		—
费用分配率		1.5		12		—
机修车间		8 000	12 000	—	—	12 000
基本生产成本	甲产品	14 000	21 000	—	—	21 000
	乙产品	10 000	15 000	—	—	15 000
制造费用		3 000	4 500	3 000	36 000	40 500
销售费用		2 000	3 000	400	4 800	7 800
管理费用		3 000	4 500	600	7 200	11 700
合计		40 000	60 000	4 000	48 000	108 000

根据辅助生产费用分配表编制如下会计分录：

借：生产成本——辅助生产成本——机修车间　　　　　12 000
　　　　　　　——基本生产成本——甲产品　　　　　21 000
　　　　　　　　　　　　　　——乙产品　　　　　15 000
　　制造费用　　　　　　　　　　　　　　　　　40 500
　　销售费用　　　　　　　　　　　　　　　　　　7 800
　　管理费用　　　　　　　　　　　　　　　　　11 700
　　贷：辅助生产成本——供电车间　　　　　　　　60 000
　　　　　　　　　　——机修车间　　　　　　　　48 000

采用顺序分配法，各辅助生产车间之间不进行交互分配，各辅助生产费用只分配一次，计算简单。但由于排在前面的辅助生产单位不负担后面的辅助生产费用，因而分配结果的正确性受到一定的影响。因此，这种方法只适用于在各辅助生产单位之间相互受益程度存在明显差异，可进行排序的情况下采用。

4. 计划成本分配法

计划成本分配法是根据辅助生产车间的产品或劳务的单位计划成本和各受益对象所耗用的产品或劳务数量进行辅助生产费用分配，然后再将计划成本分配额与实际费用之间的差额（辅助生产成本差异）进行调整分配。一般来讲，如果制订的单位计划成本较为准确，辅助生产成本差异就不会很大，为简化计划，差异可全部调整计入管理费用。计算公式为：

① 先按计划成本分配：

$$某受益对象应分配某辅助生产费用 = 该受益对象耗用该辅助生产车间产品或劳务数量 \times 该辅助生产车间计划单位成本$$

$$某辅助生产车间实际生产费用 = 该辅助生产车间提供产品或劳务总量 \times 该辅助生产车间计划单位成本 + 该辅助生产车间应分配其他辅助生产车间费用$$

② 计算成本差异，将成本差异计入管理费用：

$$成本差额 = 某辅助生产车间实际生产费用 - 某辅助生产车间按计划成本计算的生产费用$$

【例 4-4】 仍以【例 4-1】资料为例，假设供电车间和机修车间的单位计划成本为 1.72 元/度、10.2 元/工时。按计划成本分配法分配辅助生产费用，编制的辅助生产费用分配表如表 4-7 所示。

表 4-7　辅助生产费用分配表（计划成本分配法）

2021 年 10 月　　　　　　　　　　　　　　　　单位：元

项目		供电车间		机修车间		金额合计
		供电量（度）	金额	机修工时（工时）	金额	
待分配费用			60 000		36 000	96 000
对外提供的劳务数量		32 000		4 000		—
费用分配率（计划单位成本）		1.72		10.2		
辅助生产成本	供电车间	—	—	800	8 160	8 160
	机修车间	8 000	13 760			13 760
基本生产成本	甲产品	14 000	24 080	—	—	24 080
	乙产品	10 000	17 200	—	—	17 200
制造费用		3 000	5 160	3 000	30 600	35 760
销售费用		2 000	3 440	400	4 080	7 520
管理费用		3 000	5 160	600	6 120	11 280
合计		40 000	68 800	4 800	48 960	117 760
辅助生产费用借方金额		—	68 160	—	49 760	117 920
成本差异调整		—	−640	—	800	160

表中，辅助生产单位产品或劳务的实际成本与计划成本差异额的计算过程如下：

供电车间辅助生产费用借方金额=60 000+8 160=68 160 元

机修车间辅助生产费用借方金额=36 000+13 760=49 760 元

供电车间成本差异额=68 160-68 800=-640 元

机修车间成本差异额=49 760-48 960=800 元

根据辅助生产费用分配表编制如下会计分录：

借：生产成本——辅助生产成本——供电车间		8 160
——机修车间		13 760
——基本生产成本——甲产品		24 080
——乙产品		17 200
制造费用		35 760
销售费用		7 520
管理费用		11 280
贷：生产成本——辅助生产成本——供电车间		68 800
——机修车间		48 960

调整成本差异，将差额计入管理费用，编制如下会计分录：

借：管理费用		160
贷：生产成本——辅助生产成本——供电车间		640
——机修车间		800

采用计划成本分配法，由于是按照事先确定的计划单位成本进行分配，不必单独计算费用分配率，而且各辅助生产费用只分配一次，从而简化和加速了成本计算工作。这种分配方法不仅能反映和考核辅助生产车间的成本计划执行情况，而且还便于分析和考核各受益对象的成本，便于分清企业内部各部门的经济责任。但是计划单位成本的制订要求较高，不能与实际误差太大，否则会影响分配结果的准确性。所以，计划成本分配法一般适用于定额管理较好、计划成本资料比较准确的企业。

5. 代数分配法

代数分配法是根据代数中解多元一次方程的原理，先计算出各辅助生产车间产品劳务的单位成本（分配率），然后根据该单位成本和各受益对象耗用辅助生产车间产品或劳务数量进行辅助生产费用分配的一种方法。计算步骤如下：

① 为每个辅助生产车间提供的产品或劳务的单位成本设立一个未知数，有几个辅助生产车间设几个未知数，建立多元一次方程组。

② 解多元一次方程组，计算出各辅助生产车间产品或劳务的单位成本。

③ 根据单位成本和各受益对象耗用辅助生产车间产品或劳务数量计算出各受益对象应分配的辅助生产费用。

【例4-5】 仍以【例4-1】资料为例，采用代数分配法分配辅助生产费用。有关计算过程如下：

设供电车间的单位成本为 x 元/度，机修车间的单位成本为 y 元/工时。据此编制如下多元一次方程组：

$$\begin{cases} 60\,000 + 800y = 40\,000x \\ 36\,000 + 8000x = 4\,800y \end{cases}$$

解方程组得：

$$\begin{cases} x = 1.707 \\ y = 10.345 \end{cases}$$

根据计算获得的单位成本，编制辅助生产费用分配表，如表4-8所示。

表4-8　辅助生产费用分配表（代数分配法）

2021年10月　　　　　　　　　　　　　　　　单位：元

项目		供电车间		机修车间		金额合计
		供电量（度）	金额	机修工时（工时）	金额	
待分配费用			60 000		36 000	96 000
对外提供的劳务数量		32 000		4 000		—
费用分配率（单位成本）		1.707		10.345		—
辅助生产成本	供电车间	—	—	800	8 276	8 276
	机修车间	8 000	13 656	—	—	13 656
基本生产成本	甲产品	14 000	23 898			23 898
	乙产品	10 000	17 070			17 070
制造费用		3 000	5 121	3 000	31 035	36 156
销售费用		2 000	3 414	400	4 138	7 552
管理费用		3 000	5 121	600	6 207	11 328
合计		40 000	68 280	4 800	49 656	117 936
辅助生产费用借方金额		—	68 276	—	49 656	117 932
差额调整		—	-4	—	0	-4

供电车间辅助生产费用借方金额=60 000+8 276=68 276元

机修车间辅助生产费用借方金额=36 000+13 656=49 656元

根据辅助生产费用分配表编制如下会计分录：

借：生产成本——辅助生产成本——供电车间　　　　　　　8 276

　　　　　　　　　　　　　　——机修车间　　　　　　　13 656

——基本生产成本——甲产品	23 898
——乙产品	17 070
制造费用	36 156
销售费用	7 552
管理费用	11 328
贷：生产成本——辅助生产成本——供电车间	68 280
——机修车间	49 656
调整差额，将差额计入管理费用：	
借：管理费用	4
贷：生产成本——辅助生产成本——供电车间	4

采用代数分配法分配辅助生产费用，分配结果最准确。但在分配前要先解联立方程，如果辅助生产车间较多，未知数也较多，计算工作量就会大大增加，计算也比较复杂，因此，这种方法一般适用于已实行电算化的企业。

🎖 思政之窗

　　成本核算有两类重要工具，一类是专业财务软件，如用友、金蝶、SAP（System Applications and Products）等，一类是办公必备软件，如 Microsoft Office Excel、WPS 等。

　　会计人员从学习到熟练运用这些软件需要付出大量的时间和精力，踏踏实实地潜心钻研。因此，会计人员在求知时要有"青山座座皆巍峨，壮心上下勇求索"的决心，更要有"宝剑锋从磨砺出，梅花香自苦寒来"的信念。

任务二　制造费用的核算

一、制造费用的内容

　　制造费用是指企业为生产产品或提供劳务而发生的、应计入产品成本或劳务成本，但没有专设成本项目的各种生产费用。虽然制造费用不直接计入产品成本，但通过归集和分配后最终会转入产品或劳务的成本。

　　制造费用的内容比较复杂，包括职工薪酬、折旧费、租赁费、机物料消耗、低值易耗品摊销、水电费、办公费和劳动保护费等，它是一个由多种成分组成的综合性费用，具体包括以下内容：

① 间接用于产品或劳务的生产费用，如机物料消耗，车间辅助人员的工资及福利费，车间厂房的折旧费、租赁费和保险费，车间生产用的照明费、取暖费、运输费、劳动保护费，以及季节性停产和生产设备修理期间的停工损失等。这部分费用在制造费用中占较大比重。

② 直接用于产品或劳务的生产费用，但管理上不要求或不便于单独核算，因而未设成本项目的费用，如生产用机器设备的折旧费、租赁费和保险费，设计制图费，试验检验费等。

③ 车间用于组织和管理生产的费用。例如，车间管理人员工资及福利费，车间管理用房和设备折旧费、租赁费和保险费，车间管理用具摊销，车间照明费、水费、差旅费、办公费、取暖费和劳务保护费，在产品季节性停工损失和生产用固定资产修理期间的停工损失等。

二、制造费用的归集

为了归集和分配制造费用，企业应设置"制造费用"账户。该账户应按车间或部门设置明细账，一般选用多栏式账户登记，明细账内按不同的费用项目设专栏，如职工薪酬、折旧费、机物料消耗、水电费、劳动保护费、差旅费、办公费、保险费及其他，进行明细核算。制造费用明细账的格式如表4-9所示。日常发生的各种制造费用，在"制造费用"账户的借方进行归集；在制造费用分配后，该账户一般无余额。

制造费用的归集

【例4-6】中兴工厂设有一个基本生产车间，生产甲、乙两种产品。2021年10月，该车间发生如下经济业务：

（1）10月5号，领用原材料共计16 000元。其中甲产品领用8 000元，乙产品领用6 000元，车间一般消耗2 000元。

（2）10月25号，结算本月应付工资12 000元。其中生产甲产品工人工资6 000元，生产乙产品工人工资4 000元，车间管理人员工资2 000元。

（3）10月25号，计提车间固定资产折旧费4 000元。

（4）10月26号，用银行存款支付车间水电费2 000元。

（5）10月27号，用银行存款支付车间其他费用5 000元。

根据上述经济业务编制如下会计分录:

（1）分配材料费用:

借: 生产成本——基本生产成本——甲产品　　　　8 000

　　　　　　　　　　　　　　——乙产品　　　　6 000

　　制造费用　　　　　　　　　　　　　　　　2 000

　　贷: 原材料　　　　　　　　　　　　　　　　　　16 000

（2）分配工资费用:

借: 生产成本——基本生产成本——甲产品　　　　6 000

　　　　　　　　　　　　　　——乙产品　　　　4 000

　　制造费用　　　　　　　　　　　　　　　　2 000

　　贷: 应付职工薪酬　　　　　　　　　　　　　　　12 000

（3）计提折旧费:

借: 制造费用　　　　　　　　　　　　　　　　4 000

　　贷: 累计折旧　　　　　　　　　　　　　　　　　4 000

（4）支付水电费:

借: 制造费用　　　　　　　　　　　　　　　　2 000

　　贷: 银行存款　　　　　　　　　　　　　　　　　2 000

（5）支付其他费用:

借: 制造费用　　　　　　　　　　　　　　　　5 000

　　贷: 银行存款　　　　　　　　　　　　　　　　　5 000

根据所编制的会计分录,登记制造费用明细账,如表4-9所示。

表4-9　制造费用明细账

车间名称: 一车间　　　　　　　　　　　　　　　　　　　　　　　　　　单位: 元

2021年		凭证		摘要	机物料消耗	工资及附加费	折旧费	水电费	其他	合计
月	日	字	号							
10	5			分配材料费用	2 000					2 000
	25			分配工资费用		2 000				2 000
	25			计提折旧费			4 000			4 000
	26			支付水电费				2 000		2 000
	27			支付其他费用					5 000	5 000
	31			合计	2 000	2 000	4 000	2 000	5 000	15 000
	31			结转本月制造费用	2 000	2 000	4 000	2 000	5 000	15 000

通过上述明细账可以看出,本月该车间制造费用总额为 15 000 元。需要按照一定的分配方法,将制造费用分配到甲、乙产品成本中去,并及时登记制造费用分配表。

三、制造费用的分配

（一）制造费用的分配原则

企业归集的制造费用，期末必须采用一定的分配标准和方法，分配转入有关产品成本或劳务成本。分配转入的原则为，只生产一种产品或提供一种劳务的车间，制造费用直接计入该车间产品或劳务的成本；生产多种产品或提供多种劳务的车间，制造费用应分配计入各种产品或劳务的成本。

企业的组织结构为车间、分厂和总厂的情况下，分厂发生的制造费用比照车间发生的制造费用在分厂各产品或劳务之间分配，总厂发生的制造费用在全厂各产品或劳务之间分配。

（二）制造费用的分配方法

制造费用的分配方法主要有生产工人工时比例法、机器工时比例法、生产工人工资比例法和年度计划分配率分配法等。企业应根据自己的实际情况，选择合理的分配方法；分配方法一经确定，不能随意变动，以保证产品成本的客观性和可比性。不论采用哪种分配方法，都应根据分配计算的结果编制制造费用分配表，据此进行制造费用分配的总分类核算和明细核算。

制造费用的分配方法

1. 生产工人工时比例法

生产工人工时比例法，是按照生产各种产品所用生产工人实际工时的比例分配制造费用的方法。其计算公式为：

$$制造费用分配率=\frac{制造费用总额}{各产品生产工时总额}$$

$$某种产品应分配的制造费用=该种产品生产工时×制造费用分配率$$

【例4-7】 以【例4-6】资料为例，中兴工厂一车间生产甲、乙两种产品，本月制造费用按生产工人工时比例法分配，甲产品实际生产工人工时为800小时，乙产品实际生产工人工时为700小时。按生产工人工时比例法分配制造费用的计算过程如下：

制造费用分配率=15 000÷（800+700）=10

甲产品应分配制造费用=800×10=8 000元

乙产品应分配制造费用=700×10=7 000元

按生产工人工时比例法编制制造费用分配表，如表4-10所示。

表4-10 制造费用分配表（生产工时比例法）

车间名称：一车间　　　　　　　　　2021年10月　　　　　　　　　单位：元

项目	生产工时（工时）	分配率	分配额
甲产品	800	10	8 000
乙产品	700	10	7 000
合计	1 500		15 000

根据制造费用分配表编制如下会计分录：

借：生产成本——基本生产成本——甲产品　　　　　　8 000

　　　　　　　　　　　　　　　——乙产品　　　　　　7 000

　　贷：制造费用——一车间　　　　　　　　　　　　　　　15 000

按生产工人工时比例法分配制造费用，其优点是能将劳动生产率和产品负担的费用水平联系起来。如果劳动生产率提高，则产品耗用的生产工时减少，所负担的制造费用也就降低，因而分配结果较为合理。但采用这种方法必须做好生产工时的记录与核算工作。因此，生产工人工时比例法适用于机械化程度较低或各种产品工艺机械化程度大致相同的企业。

2. 机器工时比例法

机器工时比例法，是按照各产品生产机器设备运转时间的比例分配制造费用的方法。其计算公式为：

$$制造费用分配率 = \frac{制造费用总额}{各产品机器工时之和}$$

某种产品应分配的制造费用＝该种产品机器工时×制造费用分配率

机器工时比例法的分配方法与生产工人工时比例法方法基本相同。由于机械化程度较高的车间发生的制造费用，机器设备折旧费、修理费的比重较大，而人工费用较小，因此，在机械化程度高的车间使用机器工时比例法分配制造费用比较合理。采用这种方法时，必须做好各种产品机器工时的记录工作，以保证工时的准确性。

3. 生产工人工资比例法

生产工人工资比例法是指按照各种产品或劳务工人工资的比例分配制造费用的方法。其计算公式为：

$$制造费用分配率 = \frac{制造费用总额}{各产品生产工人工资总额}$$

某种产品应分配的制造费用＝该种产品生产工人工资×制造费用分配率

【例4-8】 仍以【例4-6】资料为例，中兴工厂一车间生产甲、乙两种产品，本月制造费用按生产工人工资比例分配，假定甲产品的生产工人工资为6 000元，乙产品的生产工人工资为 4 000 元。按生产工人工资比例法分配制造费用的计算过程如下：

制造费用分配率=15 000÷（6 000+4 000）=1.5

甲产品应分配的制造费用=6 000×1.5=9 000 元

乙产品应分配的制造费用=4 000×1.5=6 000 元

按生产工人工资比例法编制制造费用分配表，如表 4-11 所示。

表 4-11　制造费用分配表（生产工人工资比例法）

车间名称：一车间　　　　　　　　　　2021 年 10 月　　　　　　　　　　单位：元

项目	生产工人工资	分配率	分配额
甲产品	6 000	1.5	9 000
乙产品	4 000	1.5	6 000
合计	10 000		15 000

根据制造费用分配表编制如下会计分录：

借：生产成本——基本生产成本——甲产品　　　　　　9 000

　　　　　　　　　　　　　——乙产品　　　　　　6 000

　　贷：制造费用——一车间　　　　　　　　　　　　　　15 000

由于生产工人工资的资料可以在工资费用分配表中得到，因此按照生产工人工资比例法分配制造费用，核算过程比较简便。但由于生产各种产品的机械化程度不同，其所负担的制造费用会很不合理，所以这种分配方法适用于各种产品的机械化程度或需要工人的操作技能大致相同的情况。

4. 年度计划分配率分配法

年度计划分配率分配法，是按照确定的年度计划分配率分配制造费用的方法。采用这种分配方法，无论各月实际发生的制造费用是多少，每月各种产品中的制造费用都按照年度计划分配率分配。但在年度内如果全年实际发生的制造费用与计划数额发生较大差额时，应及时调整年度计划分配率。其计算公式为：

$$年度计划分配率=\frac{年度制造费用计划总额}{年度各产品计划产量的定额工时总数}$$

某月某种产品应分配的制造费用=该月该产品实际产量的定额工时数×年度计划分配率

【例 4-9】　中兴工厂一车间基本生产车间生产甲、乙两种产品，全年制造费用计划 180 000 元，甲、乙产品的计划产量分别为 2 000 件、1 500 件，甲、乙产品单件产品的工时定额分别为 5 小时、4 小时。2021 年 10 月，该车间甲、乙产品的实际产量为 200 件、100 件。假设该车间该月实际发生制造费用为 15 000 元。按年度计划分配率分配法分配甲、乙产品应负担的制造费用计算过程如下：

（1）计算年度计划分配率。

甲产品年度计划产量的定额工时=2 000×5=10 000 小时

乙产品年度计划产量的定额工时=1 500×4=6 000 小时

年度计划分配率=180 000÷（6 000+4 000）=11.25

（2）计算甲、乙产品应分配的制造费用。

甲产品本月实际产量的定额工时=200×5=1 000 小时

乙产品本月实际产量的定额工时=100×4=400 小时

本月甲产品应分配的制造费用=1 000×11.25=11 250 元

本月乙产品应分配的制造费用=400×11.25=4 500 元

（3）根据计算结果，编制如下会计分录：

借：生产成本——基本生产成本——甲产品　　　　　　11 250

　　　　　　　　　　　　　　——乙产品　　　　　　 4 500

　　贷：制造费用——一车间　　　　　　　　　　　　　　　　15 750

例 4-9 中，该基本生产车间 10 月份实际发生的制造费用数额为 15 000 元，该数额小于按照该月实际产量和年度计划分配率分配转出的制造费用 15 750 元。因此，采用年度计划分配率分配方法时，制造费用明细账及总账账户可能有月末余额，可能是借方余额，也可能是贷方余额；各月余额不必处理，累积到年底。

"制造费用"账户如果有年末余额，就是全年制造费用实际发生额与计划分配额的差额，一般在年末按一定的方法分配计入 12 月份的产品成本中，借记"生产成本——基本生产成本"账户，贷记"制造费用"账户。实际发生额大于计划分配额时，用蓝字补记；实际发生额小于计划分配额时，用红字冲减。计算公式为：

$$差异额分配率=\frac{差异额}{按年度计划分配率分配的制造费用}$$

$$某产品应分配的差异额=该产品按计划分配率分配的制造费用×差异额分配率$$

【例 4-10】　以【例 4-9】资料为例，假设年末制造费用账户贷方余额为 1 900 元（说明计划分配额大于实际发生数），按照计划分配率甲产品已分配制造费用 100 000 元，乙产品已分配制造费用 90 000 元，调整差异如下：

差异额分配率=-1 900÷（100 000+9 000）=-0.01

甲产品应分配的差异额=-0.01×100 000=-1 000 元

乙产品应分配的差异额=-0.01×90 000=-900 元

根据上述计算结果编制如下会计分录：

借：制造费用　　　　　　　　　　　　　　　　　　　1 900

　　贷：生产成本——基本生产成本——甲产品　　　　　　 1 000

　　　　　　　　　　　　　　　——乙产品　　　　　　　 900

按年度计划分配率分配法分配制造费用，适用于季节性生产企业，可以使企业旺季与淡季的制造费用均衡地计入产品生产成本。采用这种分配方法时，制订的计划成本应尽可能接近实际；如果年度制造费用的计划数脱离实际过大，就会影响成本计算的准确性。

任务三　损失费用的核算

一、损失费用

企业在生产过程中难免会发生这样或那样的损失，产生的各种耗费就叫作损失费用。企业发生的各种损失，按能否计入产品成本分为生产损失和非生产损失。

（一）生产损失

生产损失是指在生产过程中发生的不能正常产出的各种耗费，包括废品损失、停工损失及生产损耗、生产废料等。其中，废品损失和停工损失为成本核算中的生产损失。生产损失与产品的生产有直接关系，应该由生产的产品承担，作为产品成本的组成部分。

（二）非生产损失

非生产损失是指由企业经营管理或其他非生产原因造成的损失，如库存材料的盘亏、毁损、投资损失、坏账损失等。非生产损失与产品生产没有直接关系，因此不计入产品的成本。

企业的生产损失会提高完工产品的生产成本，因此，企业必须控制生产损失，同时在会计核算上及时反映各种生产损失，以便分析原因，促使企业采取有效措施将损失控制在合理范围内。如果生产损失的数额较小，为了简化成本核算的工作量，可予以简化处理；如果生产损失的数额较大，企业就必须进行生产损失的核算。

二、废品损失的核算

（一）废品和废品损失

1. 废品

废品是指企业在生产过程中由于不符合规定的技术标准，不能按照原定的用途或需要经过加工修理就能使用的在产品、半成品和产成品，包括在生产过程中发现及入库后发现的废品。

废品按其是否具有可修复性，分为可修复废品和不可修复废品。可修复废品是指技术上可以修复，且所花费的修复费用在经济上合算的废品；不可修复废品是指技术上不能修复，或者支付修复费用在经济上不合算的废品。

废品按产生的原因，分为工废品和料废品。工废品是由于工人操作过失而产生的废品，属于操作工人的责任；料废品是由于材料的质量不符合规定要求而产生的废品，一般由同种产品的合格产品负担其损失。

2. 废品损失

废品损失是指在生产过程中发生的各种废品所形成的报废损失和修复费用。报废损失即为不可修复废品的生产成本（扣除回收的残料价值和应收赔偿款之后的损失）；修复费用是指可修复废品在返修过程中所发生的修理费用。在核算中应注意，下列各项不作为废品损失处理：

废品损失

① 经过质量检验部门鉴定不需要返修、可以降价出售的不合格品，其降价损失不作为废品损失，在计算损益时，不应作为废品损失处理。

② 产成品入库后，由于保管不善等原因而损坏变质的损失，属于管理上的问题，应作为管理费用处理而不作为废品损失处理。

③ 实行包退、包修、包换（三包）的企业，在产品出售后发现的废品所发生的一切损失，作为管理费用处理，而不作为废品损失处理。

在生产过程中产生废品时，应填写废品通知单。废品通知单是进行废品损失核算的原始凭证，具体内容包括废品的名称和数量、产生废品的原因和责任人等，其格式如表 4-12 所示。

表 4-12　废品通知单

××车间××组　　　　机床号：　　　　　　开工日期：　　　　　　　编号：

产品名称		批次数量		来料批次	
工作单号		废品数量		废品单号	
产生原因		责任人		质检员	
处理情况					
备注					

（二）废品损失的核算账户

为了单独核算废品损失，企业应在"生产成本"账户下设置"废品损失"明细账户，在产品成本明细账中设"废品损失"成本项目。

"废品损失"账户借方登记不可修复废品生产成本和可修复废品的修复费用；贷方登记废品残料回收的价值、应收的赔偿款，以及计入当期产品成本的净损失；该账户月末一般无余额。"废品损失"账户应按车间设立明细账，账内按产品品种分设专户，并按成本项目分设专栏或专行，进行明细核算。

不单独核算废品损失的企业，不设"废品损失"账户，产品生产明细账中也不设"废品损失"成本项目。发生不可修复废品时，只从全部产量中扣除废品数量，不单独归集废品生产成本；废品的残料价值直接冲减"基本生产成本"账户及明细账的"直接材料"成本项目的费用；发生可修复废品的修复费用时，直接计入"基本生产成本"账户及明细账的有关成本项目。辅助生产一般不单独核算废品损失。

（三）不可修复废品损失的核算

不可修复的废品损失即报废损失，是指不可修复废品的实际成本扣除残料和废料价值及过失人赔偿款后的净损失。核算思路是先将不可修复废品负担的实际成本计算出来，转入"废品损失"账户，通过"废品损失"账户核算出不可修复废品的净损失后，再将其转回到"基本生产成本"账户由合格品负担。

由于不可修复废品的成本与合格品的成本是同时发生并归集在一起的，因此，要将废品报废前与合格产品计算在一起的各项费用，采用适当的分配方法，在合格品和废品之间进行分配。废品生产成本的确定方法一般有按废品所耗实际成本计算和按废品所耗定额成本计算两种。

1. 按废品所耗实际成本计算

按废品所耗实际成本计算是指在废品报废时，根据废品和合格品实际发生的全部费用，按一定的分配方法，在合格品和废品之间进行分配，计算出废品的实际成本，从"基本生产成本"账户的产品明细账转入"废品损失"明细账。

【例 4-11】 2021 年 11 月，丰盛公司基本生产车间生产甲产品 500 件，其中有 50 件是不可修复废品。全部生产工时为 6 000 小时，合格品和废品的生产工时分别为 5 600 小时和 400 小时。甲产品生产明细账所列合格品和废品的全部生产成本为：原材料 4 800 元、燃料及动力 660 元、工资及附加费 720 元、制造费用 2 400 元，共计 8 580 元。废品残料回收价值为 50 元，原材料是生产开始时一次投入，故原材料费用按合格品数量与废品数量比例分配；其他费用按生产工时比例分配。根据以上资料编制不可修复废品损失计算表，如表 4-13 所示。

表 4-13　不可修复废品损失计算表（按实际成本计算）

生产车间：基本生产车间　　　　　　　　　　　　　　　　　　产品名称：甲产品

废品数量：50 件　　　　　　　　　　　　2021 年 11 月　　　　　　　　　　单位：元

项目	数量（件）	原材料	生产工时（工时）	燃料及动力	工资及附加费	制造费用	合计
费用总额	500	4 800	6 000	660	720	2 400	8 580
费用分配率		9.6		0.11	0.12	0.4	

续表

项目	数量（件）	原材料	生产工时（工时）	燃料及动力	工资及附加费	制造费用	合计
废品成本	50	480	400	44	48	160	732
减：回收残料价值		50					50
废品净损失		430		44	48	160	682

根据不可修复废品损失计算表，编制如下会计分录：

（1）结转不可修复废品的生产成本：

借：废品损失——甲产品　　　　　　　　　　　　　　　732

　　贷：生产成本——基本生产成本——甲产品　　　　　　732

（2）回收残料价值：

借：原材料　　　　　　　　　　　　　　　　　　　　50

　　贷：废品损失——甲产品　　　　　　　　　　　　　　50

（3）将废品净损失转入合格品成本：

借：生产成本——基本生产成本——甲产品——废品损失　682

　　贷：废品损失——甲产品　　　　　　　　　　　　　682

根据上述会计分录登记废品损失明细账和生产成本明细账，分别如表 4-14 和表 4-15
所示。

表 4-14　废品损失明细账

产品名称：甲产品　　　　　　　　　　　　　　　　　　　　　　　　单位：元

2021年 月	日	摘要	直接材料	燃料及动力	直接人工	制造费用	合计
11	30	转入不可修复废品（表4-13）	480	44	48	160	732
	30	回收残料	50				50
	30	合计	430	44	48	160	682
	30	结转废品净损失	430	44	48	160	682

表 4-15　生产成本明细账

生产车间：基本生产车间　　　　　　　　　　　　　　　　　产品名称：甲产品

单位：元

2021年 月	日	摘要	直接材料	燃料及动力	直接人工	制造费用	废品损失	合计
11	30	根据材料分配汇总表	150 000					150 000
	30	根据工资费用分配表			50 000			50 000

续表

2021年		摘要	直接材料	燃料及动力	直接人工	制造费用	废品损失	合计
月	日							
	30	根据燃料及动力费用分配表		12 000				12 000
	30	根据制造费用分配表				60 000		60 000
	30	转出不可修复废品损失	480	44	48	160		732
	30	转入不可修复废品净损失					682	682
	30	本月生产费用合计	149 520	11 956	49 952	59 840	682	271 950

在完工以后发现的废品，其单位废品负担的各项生产费用与单位合格品完全相同，可按合格品和废品的数量比例分配各项生产费用，计算废品的实际生产成本。按废品的实际生产成本计算废品损失，虽然符合实际，但核算工作量较大。

2. 按废品所耗定额成本计算

按废品所耗定额成本计算是指按废品数量和废品的各项费用定额计算废品的定额成本，再将废品的定额成本扣除废品残料的回收价值，即为废品损失，而不考虑废品实际发生的费用。

【例4-12】 2021年11月，丰盛公司基本生产车间产品完工验收入库时发现乙产品有10件为不可修复废品。每件乙产品的费用定额为：直接材料40元，燃料及动力90元，工资及附加费50元，制造费用80元。残料回收价值180元，按定额成本计算废品成本和废品损失。根据以上资料编制废品损失计算表，如表4-16所示。

表4-16 不可修复废品损失计算表（按定额成本计算）

生产车间：基本生产车间　　　　　　　　　　　　　　　　　产品名称：乙产品

废品数量：10件　　　　　　　　　2021年11月　　　　　　　　单位：元

项目	直接材料	燃料及动力	工资及附加费	制造费用	合计
费用定额	40	90	50	80	260
废品定额成本	400	900	500	800	2 600
减：回收残料价值	180				180
废品损失	220	900	500	800	2 420

根据不可修复废品损失计算表，编制如下会计分录：

（1）结转不可修复废品的生产成本（定额成本）：

借：废品损失——乙产品　　　　　　　　　　　　　2 600

　　贷：生产成本——基本生产成本——直接材料　　　　400

　　　　　　　　　　　　　　　　——燃料及动力　　　　900

——直接人工	500
——制造费用	800

（2）回收残料价值：

借：原材料　　　　　　　　　　　　　　　　　180

　　贷：废品损失——乙产品　　　　　　　　　　　　180

（3）结转废品净损失：

借：生产成本——基本生产成本——乙产品——废品损失　2 420

　　贷：废品损失——乙产品　　　　　　　　　　　　2 420

（四）可修复废品损失的核算

可修复废品损失是指废品在修复过程中发生的各项修复费用。可修复废品返修以前发生的生产费用已归集在"基本生产成本"账户，因为它不是废品损失，所以不必转出。返修时发生的修复费用为废品损失，应根据各种费用分配表计入"废品损失"明细账，如有残料价值和赔偿款，应冲减废品损失。

修复完毕，将废品损失（修复费用减去残值和赔款）从"废品损失"账户的贷方转入"生产成本——基本生产成本"账户的借方及其有关成本明细账的"废品损失"成本项目。

【例4-13】　2021年11月，丰盛公司基本生产车间产品完工验收入库时发现乙产品有20件为可修复废品。在修复过程中，耗用材料520元，生产工时30小时，本月人工费分配率2元/小时，制造费用分配率3元/小时，应收过失人赔偿款200元。账务处理如下：

（1）发生修复费用时，编制的会计分录为：

借：废品损失——乙产品　　　　　　　　　　　　670

　　贷：原材料　　　　　　　　　　　　　　　　　520

　　　　应付职工薪酬　　　　　　　　　　　　　　　60

　　　　制造费用　　　　　　　　　　　　　　　　　90

（2）应收过失人赔偿款时，编制的会计分录为：

借：其他应收款——过失人　　　　　　　　　　　200

　　贷：废品损失——乙产品　　　　　　　　　　　　200

（3）结转废品净损失时，编制的会计分录为：

可修复废品的净损失=520+30×（2+3）-200=470元

借：生产成本——基本生产成本——乙产品　　　　470

　　贷：废品损失——乙产品　　　　　　　　　　　　470

思政之窗

　　想要降低废品损失，实现有效的成本管理，企业管理者就应重视成本控制的每个环节。不管是对物的管理、对流程的管理，还是对人的管理，都要科学合理。企业管理者应对具体问题进行具体分析，在管理过程中应兼顾成本和效率。

　　例如，在生产经营过程中，企业可以通过改良生产设备、优化生产流程、提高生产工艺、培养职工的操作技能等手段来达到降低废品损失的目的。

三、停工损失的核算

（一）停工与停工损失

1. 停工

停工是指企业因为各种原因而停止产品生产。在确认停工时，应考虑以下因素：

① 停工时间。从停工时间方面看，有长期停工（如因季节停工）和临时停工（如因停水、停电等停工）。

② 停工范围。从停工范围方面看，有全面停工（如因自然灾害、停业整顿而停工）和局部停工（如因某一条生产线检修而停工）。

③ 停工原因。从停工原因方面看，有季节性生产停工、固定资产大修理期间停工、停电、停工待料、机械故障停工、自然灾害等。

④ 从管理的角度看，可以把停工分为正常停工（计划内停工）和非正常停工（计划外停工）。

2. 停工损失

停工损失是指企业分厂、车间或车间内班组等生产单位在停工期间发生的各项费用，包括停工期间发生的燃料及动力费、支付的生产工人工资和提取的福利费、应负担的制造费等。

在发生停工损失时，应由停工车间填制"停工报告单"，并在考勤记录中登记。在"停工报告单"内，应详细列明停工的范围、时间、原因及过失等事项。"停工报告单"经有关部门审批后，作为停工损失核算的原始凭证。

为了简化核算，停工不满一个工作日的，一般不计算停工损失。季节性生产企业在停工期间发生的费用，应计入生产成本，不作为停工损失。

（二）停工损失的归集

单独核算停工损失的企业，应当增设"停工损失"总分类账，用于归集和分配停工损失。该账户按车间设置明细账，也可在"产品成本"总分类账下设置"停工损失"明细账，并相应地在"生产成本"明细账内增设"停工损失"成本项目。"停工损失"的借方归集当期发生的停工损失，贷方分配结转停工损失，月末一般无余额。

不单独核算停工损失的企业，不在"产品成本"账户下设置"停工损失"明细账。停工期间发生的属于停工损失的各项费用，直接计入"制造费用"或"营业外支出"等账户。

（三）停工损失的分配

停工损失的分配就是将企业归集在"停工损失"账户内的费用，根据发生停工的原因进行分配和结转。发生停工损失时，借记"停工损失"账户，贷记"原材料""应付职工薪酬""制造费用"等账户。由于产生停工损失的原因不同，其分配结转的方法也不同。

① 由非常灾害等原因造成的停工损失，应计入营业外支出。可以获得赔偿的停工损失，应积极索赔，冲减停工损失，借记"营业外支出""其他应收款"账户，贷记"停工损失"账户。

② 停工待料、电力中断、机械故障等原因造成的停工损失，应计入产品成本。如果停工车间只生产一种产品，直接计入该产品明细账的"停工损失"成本项目；如果停工车间生产多种产品，则采用分配制造费用的方法，分配计入该车间各种产品明细账的"停工损失"成本项目。编制会计分录时，借记"生产成本"账户，贷记"停工损失"账户。

③ 季节性停产、修理期间停产的停工损失，应计入制造费用，借记"制造费用"账户，贷记"停工损失"账户。

【例 4-14】 某生产企业基本生产车间由于设备大修理，停工 20 天，停工期间支付工人工资 90 000 元，领用材料 7 000 元，应负担制造费用 6 000 元，损失全部计入甲产品。账务处理如下：

（1）发生停工损失时，编制的会计分录为：

借：停工损失   103 000

  贷：应付职工薪酬   90 000

    原材料   7 000

    制造费用   6 000

（2）分配结转时，编制的会计分录为：

借：生产成本——基本生产成本——甲产品 103 000

  贷：停工损失——甲产品   103 000

（3）如果停工是由于自然灾害造成的，则结转停工净损失时，编制的会计分录为：

借：营业外支出   103 000

  贷：停工损失——甲产品   103 000

项目小结

本项目主要讲述了辅助生产车间和基本生产车间的间接费用的归集与分配方法。

辅助生产车间提供劳务或生产产品所耗费的各种生产费用之和，构成这些劳务或产品的成本，称为辅助生产成本。辅助生产费用的分配通常采用的方法有直接分配法、交互分配法、顺序分配法、计划成本分配法和代数分配法。

制造费用的内容主要包括三个方面：生产车间发生的间接用于产品或劳务的生产费用；直接用于产品或劳务的生产费用，但管理上不要求或不便于单独核算，因而未设成本项目的费用；车间用于组织和管理生产的费用。制造费用的分配方法主要有生产工人工时比例法、机器工时比例法、生产工人工资比例法和年度计划分配率分配法。

在企业的生产过程中，不可避免地会产生一些损失。企业生产过程中发生的各种损失，称为生产损失，一般包括废品损失和停工损失两类。废品损失是指在生产过程中发生的各种废品所形成的报废损失和修复费用；停工损失是指企业分厂、车间或车间内班组等生产单位在停工期间发生的各项费用。

复习思考题

1．什么是辅助生产费用？辅助生产费用应如何归集？

2．辅助生产费用有哪些分配方法？

3．制造费用包括哪些内容？如何进行制造费用的归集和分配？

4．什么是废品损失？废品损失是如何进行计算和账务处理的？

项目五
生产费用在完工产品
与在产品之间分配的核算

任务目标

1. 理解在产品与完工产品的概念。
2. 理解在产品数量与产品成本计算的关系。
3. 掌握在产品数量的确定方法及盘盈盘亏的账务处理方法。
4. 熟练掌握在产品成本计算方法的选择及不同的在产品成本计算方法的适用范围。
5. 重点掌握各种在产品成本的计算方法及其特点。

任务要求

1. 能够正确进行在产品收发存的核算及在产品台账的填制。
2. 能够正确进行生产费用的归集，并将相关数据填入产品成本计算单。
3. 能够识记各种分配方法的特点、适用范围及优缺点。
4. 能够根据企业的实际情况选择合适的在产品成本计算方法。

案例导入

泰康公司生产的甲产品经过两道工序加工完成。2021年8月末，第一道工序和第二道工序的在产品数量分别为100件和150件，其中第二道工序在产品中有正在返修的废品20件。另外，在企业的半成品明细账中，有本月加工完成入库的第一道工序产品100件；第二道工序本月加工完成的产品有800件，其中有200件虽然完工，但尚未来得及办理入库手续。月初及本月生产费用合计原材料387 000元，人工254 000元，制造费用243 600元。

在月末分配生产费用确定在产品数量时，财务部小李和小王产生了分歧。小李认为月末在产品数量应为250件，即第一道工序的100件+第二道工序的150件，可以采用约当产量比例法进行分配；小王认为月末在产品应为550件，即第一道工序的100件+第二道工序的150件+第一道工序入库的100件+第二道工序已完工但尚未办理入库手续的200件，可以采用按所耗原材料费用计算。

你认为他们俩产生分歧的原因是什么？从分配完工产品和月末在产品应负担生产费用的角度看，你认为月末在产品应该为多少件？本月生产费用应该采用哪种方法进行分配？

任务一　在产品的核算

一、在产品与完工产品

（一）在产品

在产品

在产品也称在制品，是指企业已经投入生产，但尚未最后完工、不能作为商品销售的产品。在产品有广义和狭义之分。广义的在产品是就整个企业来说的，是指产品生产从投料开始到最终制成产成品交付验收入库前的一切未完工产品，主要包括：

① 正在加工或装配中的零件、部件和半成品。

② 已经完成一个或几个生产步骤但还需要继续加工的存放在仓库的半成品。

③ 尚未验收入库的产成品。

④ 正在返修和等待返修的废品等。

对外销售的自制半成品属于商品产品，不属于在产品；不可修复废品也不属于在产品。

狭义的在产品是就某一生产单位或某一生产步骤来说的，仅指正在加工或装配中的那部分在产品及处在修复过程中的废品，不包括车间或生产步骤完工的半成品。本项目讨论的在产品指的是狭义的在产品。

（二）完工产品

完工产品也有广义和狭义之分。狭义的完工产品是指已经完成全部生产过程并验收合格入库、随时可供销售的产品，即产成品。广义的完工产品不仅包括产成品，还包括完成部分生产过程、已由生产车间交半成品仓库验收，但是尚未完成全部生产过程、有待进一步加工的自制半成品。制造企业的本期完工产品，一般只指最终完工的产成品。

（三）期末在产品与本期完工产品的关系

期末在产品与本期完工产品的关系，是指期末在产品与本期完工产品在承担费用（划分产品成本）方面的关系。

月初在产品费用、本月费用、本月完工产品费用和月末在产品费用之间的关系，可从两个方面表示如下：

从数量上看，用公式表示为：

月初在产品数量+本月投入数量=本月完工产品数量+月末在产品数量

在月初在产品数量和本月投产数量一定的情况下，本月完工数量越大，则月末在产品数量就越小，反之亦然。

从价值上看，用公式表示为：

月初在产品成本+本月生产费用=本月完工产品成本+月末在产品成本

月初在产品成本和本月生产费用需要在本月完工产品和月末在产品之间进行分配，以最终得出完工产品成本。在完工产品和月末在产品之间分配费用的方法通常有两种：一种是先确定月末在产品费用，再计算完工产品费用；另一种是将前两项之和在后两项之间按照一定的分配比例进行分配，同时算出完工产品费用和月末在产品费用。无论采用哪一种分配方法，都必须正确组织在产品数量核算，取得在产品收入、发出和结存数量的资料。在产品的数量核算资料应同时具备账面核算和实际盘点的资料，因此，企业一方面要做好在产品收入、发出和结存的日常核算工作，另一方面要做好在产品的定期清查工作。

二、在产品数量的核算

企业在产品品种规格多，又处于不断流动之中，因此，在产品数量的核算是一个比较复杂的问题。要正确核算在产品成本，就必须加强在产品的实物管理，组织好在产品数量的核算。

在实务工作中，为了进行在产品收、发、存的日常核算，企业一般以在产品的品名设置"在产品台账"，以此来反映在产品的收入、转出和结存情况，其基本格式如表 5-1 所示。

表 5-1　在产品台账

生产单位：一车间　　　　　　　　　在产品名称：甲在产品　　　　　　　　　单位：件

2019		摘要	收入		转出			结存			备注
月	日		凭证号	数量	凭证号	合格品	废品	已完工	未完工	废品	
8	1	上月结转							30		
	1	生产投入	5001	60					90		
	1	完工转出			5002	70	1		19		
	2	生产投入	5003	80					99		
	2	完工转出			5004	65	0		34		
…	…	…	…	…	…	…	…	…	…	…	…
	31	合计		2 000		1 980	10		40		

　　"在产品台账"分车间、工序，按产品品种和在产品的名称设置，由车间核算人员根据有关领料凭证、在产品内部转移凭证、产品检验凭证和产品缴库单等原始凭证逐笔登记。生产单位的核算人员应对"在产品台账"的登记情况进行审核和汇总。

　　"在产品台账"的设置，使企业可以从账面上随时掌握在产品动态；在账面结存数与实际结存数核对以后，又可以为计算月末在产品成本提供资料。由于在产品品种多、数量大，当每月组织在产品数量的盘点核对有困难时，可以直接根据"在产品台账"提供的月末在产品结存数量来计算月末在产品成本。完善在产品收发存日常核算的原始凭证，健全在产品流转过程中的交接手续，对于正确计算产品成本、加强生产管理、有效控制在产品流转和保护在产品安全完整具有重要意义。

🔔 **小 | 贴 | 士**

　　台账是在作业过程中由作业人员从机台记录中直接记录的数据，一般是在工作台上完成的，顾名思义叫台账。台账一般在物资盘存记录中使用，是保管账、作业（业务）流水账、产品工序交接表等的统称。与会计明细账相比，台账记录了每种物资及其流转的每一个细节，可以直接反映出每种物资的收发存情况，是仓库保管员、生产统计员等进行记录、核算与管理的主要手段。台账可以根据实际需要设计，没有固定格式，可分车间按产品设置或按照加工工序设置。

三、在产品清查的核算

在产品的管理与固定资产及其他存货一样，应该定期或不定期地进行清查盘点，以做到在产品账实相符，保护在产品实物的安全完整。在产品清查一般在月末结账前进行，并采用实地盘点法，盘点结果应填制"在产品盘点表"（见表 5-2），并与在产品台账进行核对。如有不符，还应填制"在产品盘盈盘亏报告表"（见表 5-3），列明在产品的账面数、实有数、盘盈盘亏数，以及盘亏的原因和处理意见等，对于报废和毁损的在产品还要登记残值。企业会计人员应对在产品盘存表进行认真审核，并报经有关部门审批后，对清查的结果进行相应的会计处理。

表 5-2　在产品盘点表

车间：加工车间　　　　　　　　　2021 年 9 月 28 日　　　　　　　　　第 1 联

在产品名称	型号规格	单位	盘点数量	下单数量	单位成本（元）	总成本	在产品完工率（%）	备注
通用件		件	860	850	400		50	收发计量错误所致

主管：李华　　　　　审核：赵中　　　　　　保管：王鲁　　　　　　盘点：张齐

表 5-3　在产品盘盈盘亏报告表

车间：加工车间　　　　　　　　　2021 年 9 月 28 日　　　　　　　　　第 1 联

在产品名称	型号规格	单位	盘点数量	下单数量	单位成本（元）	总成本	盘点结果	处理意见	备注
通用件		件	860	850	400		盘盈 10 件	计入成本	

主管：李华　　　　　审核：赵中　　　　　　保管：王鲁　　　　　　盘点：张齐

为了反映在产品盘盈、盘亏和毁损的处理过程，应设置"待处理财产损溢"账户。盘亏和毁损在产品价值登记在借方，盘盈在产品价值登记在贷方，盘盈、盘亏和毁损在产品经批准转销后，该账户无余额。

在产品发生盘盈时，按计划成本或定额成本借记"生产成本——基本生产成本"账户，贷记"待处理财产损溢——待处理流动资产损溢"账户；按管理权限报经批准后冲减管理费用，借记"待处理财产损溢——待处理流动资产损溢"账户，贷记"管理费用"账户。

在产品发生盘亏和毁损时，借记"待处理财产损溢——待处理流动资产损溢"账户，贷记"生产成本——基本生产成本"账户，冲减在产品的账面价值。毁损在产品的残值，借记"原材料""银行存款"等账户，贷记"待处理财产损溢——待处理流动资产损溢"账户，冲减其损失。

按管理权限报经批准后,根据造成在产品盘亏或毁损的原因,分别按以下情况进行处理:

(1)属于正常生产净损耗、计量收发差错和管理不善等原因造成的存货短缺,应先扣除残料价值、可以收回的保险赔偿和过失人赔偿,将准予计入成本的净损失计入制造费用、将经营性净损失计入管理费用,即从"待处理财产损溢——待处理流动资产损溢"账户的贷方转入"制造费用""管理费用"账户的借方。

(2)属于自然灾害等非常原因造成的存货毁损,应先扣除处置收入(如残料价值)、可以收回的保险赔偿和过失人赔偿,将净损失计入营业外支出,即从"待处理财产损溢——待处理流动资产损溢"账户的贷方转入"营业外支出"账户的借方。

【例5-1】 某制造企业基本生产车间在产品清查结果为:甲产品在产品盘盈4件,单位定额成本30元;乙产品在产品盘亏8件,单位定额成本40元,过失人赔偿100元;丙产品在产品毁损300件,系自然灾害损失,单位定额成本10元,材料入库价值200元,应由保险公司赔偿2 500元,其余损失经批准计入制造费用。根据上述情况,该企业账务处理如下:

(1)甲产品盘盈的核算。

① 盘盈甲产品时,编制的会计分录为:

借:生产成本——基本生产成本——甲产品　　　　　120
　　贷:待处理财产损溢——待处理流动资产损溢　　　　　120

② 经批准,冲减管理费用时,编制的会计分录为:

借:待处理财产损溢——待处理流动资产损溢　　　120
　　贷:管理费用　　　　　　　　　　　　　　　　　　120

(2)乙产品盘亏的核算。

① 盘亏乙产品时,编制的会计分录为:

借:待处理财产损溢——待处理流动资产损溢　　　320
　　贷:生产成本——基本生产成本——乙产品　　　　　320

② 经批准,处理时编制的会计分录为:

借:其他应收款　　　　　　　　　　　　　　　　100
　　制造费用　　　　　　　　　　　　　　　　　220
　　贷:待处理财产损溢——待处理流动资产损溢　　　　320

(3)丙产品毁损的核算。

① 丙产品发生毁损时,编制的会计分录为:

借:待处理财产损溢——待处理流动资产损溢　　　3 000
　　贷:生产成本——基本生产成本——丙产品　　　　　3 000

② 残料入库时，编制的会计分录为：

借：原材料　　　　　　　　　　　　　　　　　　　200

　　贷：待处理财产损溢——待处理流动资产损溢　　　　　200

③ 经批准，处理时编制的会计分录为：

借：其他应收款——保险公司　　　　　　　　　　　2 500

　　制造费用　　　　　　　　　　　　　　　　　　300

　　贷：待处理财产损溢——待处理流动资产损溢　　　2 800

任务二　在产品成本的计算

在产品成本的计算，即生产费用在完工产品和月末在产品之间的分配，是成本核算工作中一项重要而又复杂的内容。企业应根据生产过程的特点、在产品数量、各月在产品数量变化及产品成本中各成本费用的比重等条件来选择适当的分配方法，正确计算完工产品成本与在产品成本。在实务中常用的方法有不计算在产品成本法、固定在产品成本法、在产品按所耗原材料费用计价法、约当产量比例法、在产品按定额成本计价法、定额比例法和在产品按完工产品成本计算法。

一、不计算在产品成本法

不计算在产品成本法，简称"不计成本法"，是指月末在产品不计算成本，本期归集的生产费用全部由本期完工产品承担的方法。这种方法适用于月末在产品数量很少、成本价值很低、是否计算成本对完工产品成本影响很小且管理上不要求计算在产品成本的产品。因此，为简化产品成本核算工作，根据重要性原则，某些生产企业可以不计算月末在产品成本。例如，自来水生产企业、发电企业、采掘企业等，由于在产品数量很少、价值又较低，月末在产品就可以不计算成本。

在这种方法下，本月完工产品的总成本等于当月该种产品发生的（应负担的）全部生产费用，并且账面上没有期末在产品成本。用公式表示为：

本月完工产品成本=本月发生生产费用

$$该完工产品单位成本=\frac{本期该产品总成本}{本期该产品完工数量}$$

【例 5-2】　2021 年 9 月，××工厂大量生产 206 产品。因为 206 产品生产周期较短，月末在产品数量很少，计算成本时采用不计算在产品成本法。本月 206 产品成本计算单登记的生产费用总额为 840 000 元，其中，直接材料 420 000 元，直接人工 240 000 元，制造费用 180 000 元。本月 206 产品完工入库 6 000 件。完工产品实际总成本和单位成本的计算如表 5-4 所示。

表 5-4　产品成本计算单

2021 年 9 月

产品名称：206 产品　　　　　　　　产量：6 000 件　　　　　　　　单位：元

摘要	直接材料	直接人工	制造费用	合计
月初在产品成本	0	0	0	0
本月发生生产费用	420 000	240 000	180 000	840 000
本月生产费用合计	420 000	240 000	180 000	840 000
本月完工产品总成本	420 000	240 000	180 000	840 000
本月完工产品单位成本	70	40	30	140
月末在产品成本	0	0	0	0

根据成本计算结果，编制结转本月完工入库产品成本的会计分录为：

借：库存商品——206 产品　　　　　　　　　　　840 000

　　贷：生产成本——基本生产成本——206 产品　　　　840 000

二、固定在产品成本法

固定在产品成本法，简称"固定成本法"，是指年内各月都固定以上年末计算确定的在产品成本作为各月的月末在产品成本，并以此确定当月完工产品成本的方法。

某些企业生产的产品，如炼铁厂、化工厂等有固定容器装置的在产品，数量都比较稳定，或者虽然在产品结存数量较多，但各月月末在产品数量稳定、起伏不大，是否算各月在产品成本的差额对完工产品成本的影响不大。为了简化核算工作，各月月末在产品成本可以按年初固定数计算。

采用这种方法，每年 1 至 11 月，不论在产品的数量是否发生变化，都固定地以年初的在产品成本作为各月在产品成本，只有在年末计算 12 月末的在产品成本，作为次年在产品计价的依据。这样，本月发生的生产费用就是该月完工产品的成本，但账面上有期末在产品成本。计算公式为：

$$\text{本月完工产品成本} = \text{月初在产品成本（固定年初数额）} + \text{本月发生生产费用} - \text{月末在产品成本（固定年初数额）} = \text{本月发生生产费用}$$

【例 5-3】　2021 年 9 月，××工厂生产的甲产品月末在产品数量比较稳定，采用固定在产品成本法计算成本。该产品年初在产品成本为 60 000 元，其中，直接材料 38 000 元，直接人工 12 000 元，制造费用 10 000 元。本月发生生产费用 1 200 000 元，其中，直接材料 556 000 元，直接人工 350 000 元，制造费用 294 000 元。本月甲产品完工入库 10 000 千克。完工产品实际总成本和单位成本的计算如表 5-5 所示。

表 5-5　产品成本计算单

2021 年 9 月

产品名称：甲产品 　　　　　　　　产量：10 000 千克 　　　　　　　　单位：元

摘要	直接材料	直接人工	制造费用	合计
月初在产品成本	38 000	12 000	10 000	60 000
本月发生生产费用	556 000	350 000	294 000	1 200 000
本月生产费用合计	594 000	362 000	304 000	1 260 000
本月完工产品总成本	556 000	350 000	294 000	1 200 000
本月完工产品单位成本	55.6	35	29.4	120
月末在产品成本	38 000	12 000	10 000	60 000

根据成本计算结果，编制结转完工入库产品成本的会计分录为：

借：库存商品——甲产品 　　　　　　　　　　　　　　1 200 000

　　贷：生产成本——基本生产成本——甲产品 　　　　　　　1 200 000

固定在产品成本法计算简单，采用这种方法，1—11 月各月末在产品成本是固定的，大大简化了成本核算工作。而从全年来看，每年年初和年末的在产品都经过实地盘点，重新计算在产品成本，因此，全年完工产品总成本的计算也是准确的。

三、在产品按所耗材料费用计价法

在产品按所耗材料费用计价法，简称"只计材料法"，是指在确定月末在产品成本时，只计算在产品所消耗的材料费用，将人工费用与制造费用全部由当期完工产品负担的方法。

某些企业所生产的产品，直接材料费用在成本总额中所占比重较大，各月末在产品数量较大且变化也较大，如造纸、酿酒等行业的产品，原材料费用占产品成本 70%以上。为了简化核算，月末在产品可以按所耗原材料费用进行计价。

不同企业在投料方式、投料时间上的不一致，导致在计算月末在产品所消耗的材料费用的方法也不同，可以比照约当产量法进行处理。当材料在生产开始时一次性投入，在产品按所耗原材料费用计价法的计算公式为：

$$单位产品原材料成本 = \frac{原材料费用总额}{完工产品数量 + 月末在产品数量}$$

$$月末在产品材料成本 = 月末在产品数量 \times 单位产品原材料成本$$

本月完工产品成本=月初在产品材料成本+本月发生生产费用-月末在产品材料成本

或　　　　　　　=本月完工产品数量×单位产品直接材料成本+本月全部加工费用

如果原材料是按生产进度投入的，则公式中的"月末在产品数量"应换成月末在产品约当产量进行计算。

【例 5-4】　2021 年 9 月，××工厂生产甲产品，该产品直接材料费用在产品成本中所占比重较大，完工产品与在产品之间分配费用采用在产品按所耗材料费用计价法计算。甲产品月初在产品成本（即在产品直接材料费用）为 89 000 元，本月发生生产费用为 356 000 元，其中直接材料 336 000 元，直接人工 8 000 元，制造费用 12 000 元。本月完工产品 800 件，月末在产品 200 件。该产品的原材料是在生产开始时一次投入的，直接材料费用按完工产品和在产品的数量比例分配。分配计算过程如下：

$$单位产品直接材料成本=\frac{89\,000+336\,000}{800+200}=425（元/件）$$

月末在产品成本=200×425=85 000 元

完工产品成本=89 000+356 000-85 000=360 000 元

或=800×425+8 000+12 000=360 000 元

根据上述计算结果编制产品成本计算单，如表 5-6 所示。

表 5-6　产品成本计算单

2021 年 9 月

产品：甲产品　　　　　　　　　　产成品：800 件　　　　　　　　　　单位：元

摘要	直接材料	直接人工	制造费用	合计
月初在产品成本	89 000	—	—	89 000
本月发生生产费用	336 000	8 000	12 000	356 000
本月生产费用合计	425 000	8 000	12 000	445 000
费用分配率（单位成本）	425	10	15	450
本月完工产品成本	340 000	8 000	12 000	360 000
月末在产品成本	85 000	—	—	85 000

根据成本计算结果，编制结转完工入库产品成本的会计分录为：

借：库存商品——甲产品　　　　　　　　　　　　360 000

　　贷：生产成本——基本生产成本——甲产品　　　　　　360 000

四、约当产量比例法

约当产量比例法是指按完工产品数量和月末在产品约当产量的比例来分配生产费用，以确定完工产品成本和月末在产品实际成本的一种方法。其中，约当产量是指在产品相当于完工产品的数量，即将月末在产品的实际数量按照其完工程度折合为完工产品的数量。这种方法适用于月末在产品数量较大、在产品数量变化也较大、各项费用比例相差不多的产品。

约当产量比例法

采用约当产量法计算完工产品成本和月末在产品成本的步骤及运用的计算公式为：

① 计算在产品约当产量：

在产品约当产量=月末在产品数量×月末在产品完工程度（或投料比例）

② 计算约当总产量：

约当总产量=本月完工产品数量+月末在产品约当产量

③ 计算费用分配率：

$$某项费用分配率=\frac{该项费用总额}{约当总产量}$$

④ 计算月末在产品应负担的生产费用：

月末在产品应负担某项费用=在产品约当产量×该项费用分配率

⑤ 计算本期完工产品应负担的生产费用：

$$\begin{matrix}本期完工产品应\\负担的某项生产费用\end{matrix}=\begin{matrix}该项费\\用总额\end{matrix}-\begin{matrix}月末在产品应\\负担的该项费用额\end{matrix}$$

⑥ 计算本期完工产品总成本：

本期完工产品总成本=$\sum$（本期完工产品应负担的各项生产费用）

⑦ 计算本期完工产品单位成本：

$$本期完工某产品单位成本=\frac{本期完工的该产品总成本}{本期完工的该产品产量}$$

由此可以看出，采用约当产量比例法分配生产费用时，关键是要正确计算月末在产品的约当产量。其中，在产品的完工程度应按成本项目分别确定，由于直接材料的投入与直接人工和制造费用的发生并不一致，因此不同成本项目在产品的完工程度是不一样的，即分配不同成本项目时确定的在产品约当产量不同。

（一）按在产品投料程度计算约当产量，分配材料费用

由于月末在产品成本中的材料费用与在产品按生产工时计算的完工程度没有多大关系，而与在产品的投料程度密切相关，因此，用以分配材料费用的在产品约当产量一般是按投料程度计算的。

在产品的投料程度是指产品已投材料占完工产品应投材料的百分比。在生产过程中，原材料的投料方式通常有三种：在生产开始时一次投入；在生产过程中按生产进度陆续投

入；在生产过程中按工序分阶段投入，并且是在每道工序一开始就投入。投料方式不同，在产品的投料程度不同，在产品约当产量的计算也就不同。

① 原材料在产品生产开始时，一次投入生产该产品所需的全部材料使月末在产品应负担的材料费用与完工产品所耗材料费用相同，即一件月末在产品所耗材料与一件完工产品所耗材料相同。在产品的投料程度是 100%，这样在产品的约当产量就等于在产品的实际产量，在分配原材料费用时，直接按完工产品和在产品的实际数量比例进行分配。

【例 5-5】 兴华工厂本月生产甲产品，月末完工产品为 2 000 件，在产品 1 000 件，待分配的直接材料费用为 60 000 元。假设原材料在生产开始时一次投入，月末在产品直接材料成本的计算过程如下：

月末在产品直接材料投料率=100%

月末在产品约当产量=月末在产品数量×投料率=1 000 件

直接材料费用分配率=60 000÷（1 000+2 000）=20（元/件）

月末在产品直接材料费用=1 000×20=20 000 元

月末完工产品直接材料费用=60 000−20 000=40 000 元

② 如果原材料是分工序投入，且在每道工序开始时一次投入，则月末在产品投料程度的计算公式为：

$$\text{某工序在产品的投料程度（\%）} = \frac{\text{前面各工序累计材料消耗定额} + \text{本工序材料消耗定额}}{\text{完工产品材料消耗定额}} \times 100\%$$

$$\text{某工序月末在产品约当产量} = \text{该工序在产品数量} \times \text{该工序在产品投料率}$$

【例 5-6】 ××工厂生产甲产品需经过三道工序加工完成，单位产品直接材料消耗定额为 100 元，各道工序投料定额分别为 50 元、30 元、20 元，原材料在每道工序开始时一次性投入。月末完工产品 2 000 件，在产品 1 000 件，其中第一道工序 200 件，第二道工序 300 件，第三道工序 500 件。待分配的直接材料费用为 59 640 元。根据上述资料，编制在产品约当产量计算表，如表 5-7 所示。

表 5-7 在产品约当产量计算表

工序	原材料消耗定额（千克）	月末在产品数量（件）	在产品投料程度	在产品约当产量（件）
1	50	200	$\frac{50}{100} \times 100\% = 50\%$	200×50%=100
2	30	300	$\frac{50+30}{100} \times 100\% = 80\%$	300×80%=240

工序	原材料消耗定额（千克）	月末在产品数量（件）	在产品投料程度	在产品约当产量（件）
3	20	500	$\dfrac{50+30+20}{100}\times100\%=100\%$	$500\times100\%=500$
合计	100	1 000	—	840

直接材料费用分配率=59 640÷（840+2 000）=21

月末在产品直接材料成本=840×21=17 640 元

完工产品直接材料费用=59 640−17 640=42 000 元

③ 原材料在生产过程中按生产进度陆续投入，需要区分以下两种情况：

a．单步骤生产的产品，即产品生产过程没有明显的工序，或各工序的原材料费用定额资料不完善。这种情况下，原材料的投料程度和生产工时的投入进度基本一致，在产品的约当产量可以按在产品完工程度进行折算。

b．多步骤生产的产品。虽然在产品生产过程中均衡投入所需材料，但各道工序的材料消耗量是不同的，因此各工序在产品的材料耗用比例，均由前面各工序累计材料消耗比例加本道工序材料消耗比例的 50%构成，并据以计算各工序月末在产品的约当产量。

投料程度可以按已完成各工序累计原材料费用定额占完工产品原材料费用定额的比例计算。具体计算公式为：

$$\text{某工序在产品投料程度}=\dfrac{\text{前面各工序累计原材料费用定额}+\text{本工序原材料费用定额}\times50\%}{\text{完工产品原材料费用定额}}\times100\%$$

上式中本工序原材料费用定额乘以 50%，是因为该工序中各件在产品的投料程度不同，为简化计算，在本工序一律按投料 50%计算。而在产品从上一道工序转入下一道工序，前面的工序是已经完成了的，因此前面工序的投料程度按 100%计算。

【例 5-7】　××工厂生产乙产品需经过三道工序制成，单位产品的直接材料消耗定额为 1 000 千克，各道工序直接材料消耗定额分别为 320 千克、480 千克、200 千克，原材料在每道工序陆续投入。当月完工产品为 636 件，月末在产品 600 件，其中第一道工序 100 件，第二道工序 300 件，第三道工序 200 件。月初在产品的原材料费用为 2 400 元，本月发生的原材料费用为 30 000 元。根据上述资料，编制在产品约定产量计算表，如表 5-8 所示。

表 5-8　在产品约当产量计算表

工序	原材料消耗定额（千克）	月末在产品数量（件）	在产品投料程度	在产品约当产量（件）
1	320	100	$\dfrac{320 \times 50\%}{1\,000} \times 100\% = 16\%$	$100 \times 16\% = 16$
2	480	300	$\dfrac{320 + 480 \times 50\%}{1\,000} \times 100\% = 56\%$	$300 \times 56\% = 168$
3	200	200	$\dfrac{320 + 480 + 200 \times 50\%}{1\,000} \times 100\% = 90\%$	$200 \times 90\% = 180$
合计	1 000	600	—	364

原材料费用分配率 $= \dfrac{2\,400 + 30\,000}{636 + 364} = 32.4$

完工产品原材料费用 $= 636 \times 32.4 = 20\,606.4$ 元

月末在产品原材料费用 $= 364 \times 32.4 = 11\,793.6$ 元

或　月末在产品原材料费用 $= 2\,400 + 30\,000 - 20\,606.4 = 11\,793.6$ 元

根据各工序的月末在产品数量和各工序投料程度，计算出月末各工序在产品的约当产量总数，据以分配原材料费用。

【例 5-8】　兴华工厂一车间生产 A、B 两种产品，均需经过三道工序。A 产品所需材料在投产时一次投入，本月共投入材料 255 000 元；B 产品所需材料在每道工序中均衡投入，其中第一工序 60%、第二工序 30%、第三工序 10%，本月共投入材料 76 000 元。2021 年 9 月，该车间生产完工 A 产品和 B 产品分别为 450 件和 742 件。月末在产品情况如表 5-9 所示。

表 5-9　月末在产品情况表

生产车间：一车间　　　　　　　　　　　2021 年 9 月 30 日

产品名称	单位	第一工序	第二工序	第三工序	合计
A 产品的月末在产品	件	20	15	15	50
B 产品的月末在产品	件	30	40	20	90

运用约当产量比例法计算在产品成本法，分配材料费用的计算过程如下：

（1）计算月末在产品的约当产量。

由于 A 产品所需材料是在投产时一次投入的，则 A 产品的材料消耗比例为 100%。而 B 产品所需材料在每道工序中均衡投入，则 B 产品材料消耗比例为：

第一道工序 $=$（76 000×60%×50%）÷76 000 $=$ 30%

第二道工序=（76 000×60%+76 000×30%×50%）÷76 000=75%

第三道工序=（76 000×60%+76 000×30%+76 000×10%×50%）÷76 000=95%

根据计算结果编制月末在产品约当产量计算表，如表5-10所示。

表5-10　月末在产品约当产量计算表

生产车间：一车间　　　　　　　　　　2021年9月30日

项目	A产品				B产品			
	一工序	二工序	三工序	合计	一工序	二工序	三工序	合计
投料比例	100%	—	—	100%	60%	30%	10%	100%
在产品数量	20	15	15	50	30	40	20	90
材料消耗比例	100%	100%	100%	100%	30%	75%	95%	—
约当产量	20	15	15	50	9	30	19	58

会计主管：徐志新　　　　　　复核：陈明　　　　　　　　制单：张帆

（2）计算约当总产量。

A产品约当总产量=450+50=500 件

B产品约当总产量=742+58=800 件

（3）计算分配材料费用。

A产品材料费用分配率=255 000÷500=510

A产品月末在产品应负担的材料费用=50×510=25 500 元

A产品完工产品应负担的材料费用=255 000−25 500=229 500 元

B产品材料费用分配率=76 000÷800=95

B产品月末在产品应负担的材料费用=58×95=5 510 元

B产品完工产品应负担的材料费用=76 000−5 510=70 490 元

（二）按在产品完工程度计算约当产量，分配人工费用和制造费用

对于材料费用以外的其他费用，如燃料与动力、直接人工、制造费用等加工费用，在分配时在产品约当产量通常按在产品的完工程度进行计算。因为这些费用的发生与完工程度关系密切，它们随生产进程而逐渐投入耗费，产品的完工程度越高，在产品应负担的这类费用也应越多。测定在产品完工程度的方法一般有以下两种。

1.分工序计算在产品完工程度

分工序计算在产品完工程度是根据各工序累计的实耗工时或定额工时占完工产品的实耗工时或定额工时比例来确定各工序在产品的完工程度，如多步骤连续生产的产品，由于各工序所耗工时不一定相同，各道工序的月末在产品的完工程度也不同。具体计算公式为：

$$某工序在产品的加工程度（\%）=\frac{前面各工序累计工时定额+本工序工时定额\times50\%}{完工产品定额工时之和}\times100\%$$

公式中本工序工时定额乘以50%，是因为该工序中各件在产品的完工程度不同，为简化计算，在本工序一律按完工率50%计算。而在产品从上一道工序转入下一道工序，前面的工序是已经完成了的，因此前面工序的完工程度按100%计算。

计算出各工序的在产品完工程度后，再根据各工序的月末在产品数量和各工序完工程度，计算出月末各工序在产品的约当总产量，据以分配各项费用。

【例5-9】　××工厂生产丙产品需经过三道工序制成，单位产品的工时定额为50工时，其中每道工序工时定额分别为25工时、10工时、15工时。月末在产品数量600件，其中第一道工序100件，第二道工序300件，第三道工序200件。当月完工产品为625件，月初在产品的工资及附加费为6 400元，制造费用为3 000元，本月发生的工资及附加费为23 600元，制造费用为15 000元。根据上述资料，编制在产品约当产量计算表，如表5-11所示。

表5-11　在产品约当产量计算表

工序	工时定额（小时）	月末在产品数量（件）	在产品加工程度	在产品约当产量（件）
1	25	100	$\frac{25\times50\%}{50}\times100\%=25\%$	100×25%=25
2	10	300	$\frac{25+10\times50\%}{50}\times100\%=60\%$	300×60%=180
3	15	200	$\frac{25+10+15\times50\%}{50}\times100\%=85\%$	200×85%=170
合计	50	600	—	375

$$直接人工分配率=\frac{6\,400+23\,600}{625+375}=30$$

完工产品直接人工=625×30=18 750元

月末在产品直接人工=375×30=11 250元

或　月末在产品直接人工=6 400+23 600−18 750=11 250元

$$制造费用分配率=\frac{3\,000+15\,000}{625+375}=18$$

完工产品制造费用=625×18=11 250元

月末在产品制造费用=375×18=6 750元

或　月末在产品制造费用=3 000+15 000−11 250=6 750元

假设本例中，该产品原材料是生产开始时一次投入的，月初在产品数量为125件，月初在产品原材料费用为13 000元，本月投产1 100件，发生原材料费用116 850元。原材料费用直接按完工产品和在产品数量比例进行分配，则原材料费用分配计算如下：

$$直接材料分配率 = \frac{13\,000 + 116\,850}{625 + 600} = 106$$

完工产品直接材料=625×106=66 250元

月末在产品直接材料=600×106=63 600元

或　月末在产品直接材料=13 000+116 850−66 250=63 600元

则本月丙产品完工产品成本与月末在产品成本为：

完工产品成本=66 250+18 750+11 250=96 250元

月末在产品成本=63 600+11 250+6 750=81 600元

根据上述计算结果，编制产品成本计算单，如表5-12所示。

表5-12　产品成本计算单（约当产量比例法）

产品名称：丙产品　　　　　　　　　　产成品：625件　　　　　　　　　　单位：元

摘要	直接材料	直接人工	制造费用	合计
月初在产品成本	13 000	6 400	3 000	22 400
本月发生生产费用	116 850	23 600	15 000	155 450
本月生产费用合计	129 850	30 000	18 000	177 850
完工产品数量（件）	625	625	625	
月末在产品约当产量（件）	600	375	375	
约当总产量	1 225	1 000	1 000	
费用分配率（单位成本）	106	30	18	154
本月完工产品总成本	66 250	18 750	11 250	96 250
本月完工产品单位成本	106	30	18	154
月末在产品成本	63 600	11 250	6 750	81 600

2. 不分工序平均计算在产品完工程度，完工率为50%

不分工序平均计算在产品完工程度，完工率为50%，是企业对各工序在产品确定一个平均完工程度（一般是50%）作为各工序在产品的完工程度。这种方法适用于各工序在产品数量和单位产品在各工序的加工量都相差不多的情况，如单步骤均衡生产的产品，月末在产品会均衡地分布在生产线上，因此月末在产品的平均完工程度通常为50%。在这种情况下，后面各工序在产品多加工的程度可以抵补前面各工序少加工的程度，为了简化计算，全部在产品完工程度都按50%平均计算。

仍以上例资料，各工序在产品完工程度均按50%计算，则月末各工序在产品约当产量为 100×50%+300×50%+200×50%=300 件或（100+300+200）×50%=300 件，最终以 625 件和 300 件的比例在完工产品和在产品之间分配费用。

需要注意的是，这种方法不能用于各工序在产品数量和单位产品在各工序加工量相差很大的产品，否则，计算出来的约当产量与实际情况相差很大。

五、在产品按定额成本计价法

在产品按定额成本计价法，简称"定额计算法"，是指根据月末在产品数量和单位定额成本计算月末在产品成本，确定本期完工产品成本的方法。其特点是在产品只按定额成本计算，月末在产品的实际成本与定额成本之间的差额由本期完工产品负担。

定额计算法适用于企业生产稳定，各类消耗定额比较准确，而且各月末在产品数量变化不大的产品。因为产品各项定额准确，月初和月末在产品实际费用脱离定额的差异就不会大，又由于各月末在产品数量变化不大，因而月初在产品成本总额脱离月末在产品定额费用的总额差异也就不会大，所以，月末在产品成本不计算成本差异，对完工产品成本影响不大。但是，如果消耗定额不稳定，也就无法用定额成本来计算在产品成本，同时也不利于完工产品成本的分析和考核。

由此可以看出，采用这种方法来计算产品成本，关键在于确定月末在产品的定额成本，月末在产品的定额成本一般是分"成本项目"进行计算的。其计算公式为：

月末在产品直接材料定额成本=在产品数量×单位在产品材料消耗定额×材料计划单价

或 =月末在产品实际数量×单位在产品材料定额成本

月末在产品直接人工定额成本=在产品数量×单位在产品工时定额×计划小时工资率

或 =月末在产品实际数量×单位在产品定额工资

月末在产品制造费用定额成本=在产品数量×单位在产品工时定额×计划小时制造费用率

或 =月末在产品实际数量×单位在产品定额制造费用

月末在产品定额成本 = 月末在产品直接材料定额成本 + 月末在产品直接人工定额成本 + 月末在产品制造费用定额成本

完工产品成本=月初在产品定额成本+本月生产费用−月末在产品定额成本

【例 5-10】 2021 年 9 月，××工厂生产乙产品，原材料在生产开始时一次投入。月末在产品 300 件，平均完工程度为 50%，完工产品 500 件，单位完工产品材料消耗定额为 40 千克，加工工时定额为 8 小时。各项费用定额为：直接材料计划单价 1.2 元，计划小时工资为 2 元，计划小时制造费用为 2.5 元。月初在产品和本月生产费用累计数为：直接材料 42 000 元，直接人工 18 000 元，制造费用 24 000 元。月末在产品按定额成本

计价。则月末在产品成本和本月完工产品成本计算过程如下:

月末在产品直接材料定额成本=300×40×1.2=14 400 元

月末在产品直接人工定额成本=300×50%×8×2=2 400 元

月末在产品制造费用定额成本=300×50%×8×2.5=3 000 元

月末在产品定额成本=14 400+2 400+3 000=19 800 元

完工产品成本=42 000+18 000+24 000−19 800=64 200 元

根据上述计算结果编制产品成本计算单,如表 5-13 所示。

表 5-13　产品成本计算单

2021 年 9 月

产品名称:乙产品　　　　　　　　产成品:500 件　　　　　　　　单位:元

摘要	直接材料	直接人工	制造费用	合计
本月生产费用合计	42 000	18 000	24 000	84 000
月末在产品定额成本	14 400	2 400	3 000	19 800
本月完工产品成本	27 600	15 600	21 000	64 200
本月完工产品单位成本	55.2	31.2	42	128.4

六、定额比例法

定额比例法是产品的生产费用按照完工产品和月末在产品的定额消耗量或定额费用的比例分配计算完工产品成本和月末在产品成本的方法。采用这种方法是分成本项目计算的,其中,材料费用按照材料定额消耗量或材料定额费用比例分配,直接人工、制造费用等其他费用按定额工时的比例分配。定额比例法的具体计算公式如下:

定额比例法

① 公式一。

$$消耗量分配率=\frac{月初在产品实际消耗量＋本月实际消耗量}{完工产品定额消耗量＋月末在产品定额消耗量}$$

完工产品实际消耗量=完工产品定额消耗量×消耗量分配率

完工产品成本=完工产品实际消耗量×原材料单价(或工时工资、费用)

月末在产品实际消耗量=完工产品定额消耗量×消耗量分配率

月末在产品成本=月末在产品实际消耗量×原材料单价(或工时工资、费用)

② 公式二。

a．材料费用的分配：

$$原材料费用分配率=\frac{月初在产品原材料费用+本月发生的原材料费用}{完工产品原材料定额消耗量（费用）+月末在产品原材料定额消耗量（费用）}$$

完工产品应分配的原材料费用=完工产品原材料定额消耗量（费用）×原材料费用分配率

月末在产品应分配的原材料费用=月末在产品原材料定额消耗量（费用）×
原材料费用分配率

或　月末在产品应分配的原材料费用=月初在产品原材料费用+本月发生的原材料费用−
完工产品分配的原材料费用

b．直接人工的分配：

$$直接人工费用分配率=\frac{月初在产品直接人工费用+本月实际发生直接人工费用}{完工产品定额工时+月末在产品定额工时}$$

完工产品实际直接人工=完工产品定额工时×直接人工费用分配率

月末在产品实际直接人工=月末在产品定额工时×直接人工费用分配率

或　月末在产品应分配的其他费用=月初在产品其他费用+本月发生的直接人工费用−
完工产品分配的直接人工费用

c．制造费用的分配：

$$制造费用分配率=\frac{月初在产品制造费用+本月实际发生制造费用}{完工产品定额工时+月末在产品定额工时}$$

完工产品实际制造费用=完工产品定额工时×制造费用分配率

月末在产品实际制造费用=月末在产品定额工时×制造费用分配率

或　月末在产品应分配的制造费用=月初在产品制造费用+本月发生的制造费用−
完工产品分配的制造费用

【例5-11】　2021年9月，××工厂生产丁产品。生产费用资料如下：月初在产品成本96 000元，其中直接材料56 000元，直接人工14 000元，制造费26 000元；本月发生生产费用806 400元，其中直接材料448 000元，直接人工168 400元，制造费190 000元。本月完工产品500件，月末在产品200件。单位完工产品材料消耗定额为60千克，工时定额为40小时。丁产品生产用材料是生产开始时一次投入，月末在产品加工程度按50%计算。采用定额比例法，本月完工产品成本和月末在产品成本计算过程如下：

（1）直接材料的分配。

完工产品直接材料定额消耗量=500×60=30 000千克

月末在产品直接材料定额消耗量=200×60=12 000 千克

$$直接材料费用分配率=\frac{56\,000+448\,000}{30\,000+12\,000}=12$$

完工产品应分配直接材料费用=30 000×12=360 000 元

月末在产品应分配直接材料费用=12 000×12=144 000 元

（2）直接人工的分配。

完工产品定额工时=500×40=20 000 小时

月末在产品定额工时=200×50%×40=4 000 小时

$$直接人工费用分配率=\frac{14\,000+168\,400}{20\,000+4\,000}=7.6$$

完工产品应分配直接人工费用=20 000×7.6=152 000 元

月末在产品应分配直接人工费用=4 000×7.6=30 400 元

（3）制造费用的分配。

$$制造费用分配率=\frac{26\,000+190\,000}{20\,000+4\,000}=9$$

完工产品应分配制造费用=20 000×9=180 000 元

月末在产品应分配制造费用=4 000×9=36 000 元

完工产品总成本=360 000+152 000+180 000=692 000 元

月末在产品总成本=144 000+30 400+36 000=210 400 元

根据上述计算结果编制产品成本计算单，如表 5-14 所示。

表 5-14　产品成本计算单

2021 年 9 月

产品名称：丁产品　　　　　　　　产成品：500 件　　　　　　　　单位：元

摘要	直接材料	直接人工	制造费用	合计
月初在产品成本	56 000	14 000	26 000	96 000
本月发生生产费用	448 000	168 400	190 000	806 400
本月生产费用合计	504 000	182 400	216 000	902 400
总定额（消耗量/工时）	42 000	24 000	24 000	—
费用分配率	12	7.6	9	—
本月完工产品成本	360 000	152 000	180 000	692 000
本月完工产品单位成本	720	304	360	1 384
月末在产品成本	144 000	30 400	36 000	210 400

定额比例法适用于各项消耗定额准确、稳定，且各月末在产品数量变化较大的产品。采用定额比例法分配生产费用，可将实际费用与定额费用进行比较，便于考核分析定额的

执行情况。对于实际费用脱离定额费用的差异，由完工产品和月末在产品共同负担，有利于减少月初和月末在产品数量波动对成本计算准确性的不利影响。

七、在产品按完工产品成本计算法

在产品按完工产品成本计算法，简称"完工产品法"，是指将月末在产品视同完工产品计算、分配生产费用，特点是一件在产品与一件完工产品承担相同的生产费用。其计算公式为：

$$某成本项目费用分配率 = \frac{该成本项目费用总额}{完工产品数量 + 月末在产品数量}$$

$$月末在产品某成本项目费用 = 月末在产品数量 \times 该成本项目费用分配率$$

$$完工产品某成本项目费用 = 完工产品数量 \times 该成本项目费用分配率$$

或

$$= 该成本项目费用总额 - 月末在产品该成本项目费用$$

【例5-12】 2021年9月，××工厂生产的丁产品，本月完工入库2 000件；月末在产品300件，其中有100件已经接近完工，有200件已经完工但尚未验收入库。月末在产品300件均按完工产品计算成本。丁产品生产费用发生情况和有关计算分配结果如表5-15所示。

表5-15 产品生产成本明细账

2021年9月

产品名称：丁产品　　　　　　　　　　产成品：2 000件　　　　　　　　　　单位：元

摘要	直接材料	直接人工	制造费用	合计
月初在产品成本	70 000	28 000	34 000	132 000
本月发生生产费用	426 600	178 190	195 100	799 890
本月生产费用合计	496 600	206 190	229 100	931 890
完工产品数量（件）	2 000	2 000	2 000	2 000
月末在产品数量（件）	300	300	300	300
生产量合计	2 300	2 300	2 300	2 300
费用分配率（单位成本）	215.91	89.65	99.61	405.17
本月完工产品成本	431 820	179 300	199 220	810 340
月末在产品成本	64 780	26 890	29 880	121 550

在产品按完工产品成本计算法适用于月末在产品已接近完工，或产品已经加工完成但尚未包装或未验收入库的产品。因为在这种情况下，在产品已基本加工完成或已加工完成，在产品成本也就接近或等同于完工产品成本。为简化产品成本计算工作，可以将

在产品视同为完工产品，按两者的数量比例分配各项费用；否则，会影响本月完工产品成本计算的正确性。

思政之窗

　　企业在计算产品成本时要实事求是，选择合适的计算方法，不得弄虚作假。不同的计算方法可能造成在产品成本和产成品成本之间差异较大，这会影响企业的销售成本，从而影响企业的账面利润和企业所得税。企业只有选择符合自己实际生产情况的计算方法，才能在财务报表中真实反映企业的资产状况和经营状况。同时，企业的成本会计人员也要坚定自己的专业判断和立场，保持会计人的独立性，坚持职业操守。

小｜贴｜士

　　《中华人民共和国增值税暂行条例实施细则》规定：必须按规定时限开具增值税专用发票。开具时限规定如下：采用预收货款、托收承付、委托银行收款结算方式的，为货物发出的当天；采用交款提货结算方式的，为收到货款的当天；采用赊销、分期付款结算方式的，为合同约定收款日期的当天；将货物交付他人代销，为收到受托人送交代销清单的当天；设有两个以上机构并实际统一核算的纳税人，将货物从一个机构移送其他机构用于销售，按规定应当征收增值税的，为货物移送的当天；将货物作为投资提供给其他单位或个体经营者，为货物移送的当天；将货物分配给股东，为货物移送的当天。一般纳税人必须按规定时限开具专用发票，不得提前或滞后。

任务三　完工产品成本的结转

　　通过以上各项目所述，企业生产产品发生的各项生产费用，已在各种产品之间及每种产品的完工产品和月末在产品之间进行了分配，最终计算出各种完工产品的实际生产成本，为分析和考核产品成本计划的执行情况提供了依据。

　　企业的完工产品包括产成品及自制材料、工具和模具等。产品完工验收入库后，其成本应从"基本生产成本""辅助生产成本"账户及所属明细账贷方转出，记入"库存商品""原材料"及"周转材料"账户的借方。"基本生产成本"账户月末的借方余额，是基本生产中在产品的成本，即占用在基本生产过程中的生产资金，应与所属各种产品成本明细账中月末在产品成本之和核对相符。

月末对各种产成品的成本数据进行统计归集，汇总编制产成品成本汇总表，并据以填制结转完工入库产品成本的记账凭证。完工产品验收入库并结转成本的操作程序如图 5-1 所示。

图 5-1　完工产品验收入库并结转成本程序图

生产费用在各种产品之间及在完工产品与月末在产品之间，进行横向、纵向分配和归集以后，就可以计算出各种完工产品的成本。生产费用结转的账务处理如下：

结转完工产品的成本时，借记"库存商品——产成品"账户，贷记"基本生产成本"账户；结转完工自制材料、工具、模具的成本时，借记"原材料""低值易耗品"等账户，贷记"基本生产成本"账户。

【例 5-13】　2021 年 9 月，××工厂完工产品成本汇总表如表 5-16 所示。

表 5-16　完工产品成本汇总表

2021 年 9 月　　　　　　　　　　　　　　　　　　单位：元

产品名称	产量（件）	成本	直接材料	直接人工	制造费用	合计
甲产品	800	总成本	340 000	8 000	12 000	360 000
		单位成本	425	10	15	450
乙产品	500	总成本	27 600	15 600	21 000	64 200
		单位成本	55.2	31.2	42	128.4
丙产品	625	总成本	66 250	18 750	11 250	96 250
		单位成本	106	30	18	154
丁产品	500	总成本	360 000	152 000	180 000	692 000
		单位成本	720	304	360	1 384

根据完工产品成本汇总表，结转完工产品入库，编制如下会计分录：

借：库存商品——甲产品　　　　　　　　　　　　　　360 000

　　　　　　——乙产品　　　　　　　　　　　　　　64 200

　　　　　　——丙产品　　　　　　　　　　　　　　96 250

　　　　　　——丁产品　　　　　　　　　　　　　　692 000

　　贷：生产成本——基本生产成本——甲产品　　　　360 000

　　　　　　　　　　　　　　　　——乙产品　　　　64 200

　　　　　　　　　　　　　　　　——丙产品　　　　96 250

　　　　　　　　　　　　　　　　——丁产品　　　　692 000

小 贴 士

　　"背、冷、残、次"产品：背，指滞销产品；冷，相对于热销而言，指不热门的产品；残，指残品，不能使用的；次，指次品，有缺陷的成品。冷和背一般没有特别的界限，可以替换使用。了解产品的"背、冷、残、次"主要是为了保障产品资产的安全性、完整性、准确性，以便及时、真实地反映产品的结存、结构及利用状况，及时进行清理，加速资金周转，为下阶段的销售、生产计划及财务成本核算提供依据。

项目小结

　　在产品是指尚未最终完工的产品，包括广义在产品与狭义在产品。狭义在产品仅指正在加工中的产品，广义在产品还包括正在修复的废品和入库的半成品等。本项目讨论的是狭义在产品。有在产品的企业，完工产品成本与在产品之间存在这样一种关系：

　　　　本月完工产品成本=月初在产品成本+本月生产费用-月末在产品成本

　　确定月末在产品数量的方法有两种：一是设置"在产品收、付、存账簿"，进行台账记录，反映在产品的理论结存数量；二是通过实地盘点方式确定月末在产品数量。

　　计算月末在产品成本的方法比较多，目前用于计算在产品成本的方法包括：不计在产品成本法、固定在产品成本法、在产品按所耗原材料费用计价法、约当产量比例法、在产品按定额成本计价法、定额比例法和在产品按完工产品成本计算法。

复习思考题

　　1．什么是在产品？广义在产品和狭义在产品各自的含义是什么？

　　2．月末在产品成本的确定方式有哪几种？各适用于什么情况？确定分配方法时，应考虑哪些因素？

　　3．采用不同的投料方式时，企业如何确定在产品的投料率？

　　4．在多步骤生产过程中，如何确定在产品的完工程度？

　　5．简述约当产量法的特点及适用范围。

　　6．简述在产品按所耗原材料费用计价法的特点及适用范围。

　　7．在产品按定额成本计价法与定额比例法有何异同？

　　8．如何对入库的完工产品成本进行核算？

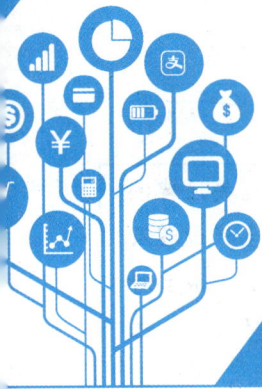

项目六

产品成本计算的基本方法

任务目标

1. 了解制造企业的生产类型。
2. 理解生产类型和管理要求对产品成本计算方法的影响。
3. 熟悉各种成本计算方法的特点及适用范围。
4. 掌握品种法、分步法、分批法的核算程序。
5. 掌握各种成本计算方法的应用。

任务要求

1. 能够根据企业生产特点和管理要求合理选择不同的产品成本计算方法。
2. 能够正确运用各种成本计算方法核算产品成本，并能编制成本计算单。
3. 在运用逐步综合结转分步法核算成本时，能够对综合成本进行成本还原。

小陈和小王到某啤酒厂实习，该啤酒厂生产规模较大，为此他们特别关注啤酒厂的成本核算工作。通过一段时间的实习，他们了解了该啤酒厂的整体生产过程及制麦工序、糖化工序、发酵工序、包装工序等具体工序。制麦工序的一部分半成品对外销售，一部分转入下一道工序继续加工；其余工序生产的半成品直接转入下一工序使用，不经过半成品仓库，也不需要计算各工序半成品成本。

根据掌握的资料，小陈认为该啤酒厂是典型的多步骤生产，因此将其成本核算方法设计为分步法；而小王认为小陈说的有一定道理，但也不完全正确，他认为应结合该企业的实际情况，搭配使用品种法和分步法。他们的分析设计是否科学合理？是否还有其他方法可供选择？在实际核算工作中应怎样去实施呢？

任务一 产品成本计算方法概述

众所周知，产品的生产过程也是产品成本的形成过程。成本计算是按一定的成本计算对象归集和分配生产费用，并计算其总成本和单位成本的一种核算方法。在实际工作中，工业企业计算产品成本有多种方法。根据国家统一会计准则及制度的规定，每个企业都要根据自己的生产特点和管理要求来确定具体的成本计算方法。

一、制造企业生产的主要类型

制造企业按生产工艺过程和生产组织方式的不同划分为不同的生产类型。

（一）按生产工艺过程的特点分类

生产工艺过程是指产品从投产到完工的全部过程。按照生产工艺过程的特点分类，制造企业的生产可以分为单步骤生产和多步骤生产。

1. 单步骤生产

单步骤生产也称简单生产，是指生产过程在工艺技术上不能间断，或生产地点不便分散，通常只能由一个企业整体进行的产品生产，如发电、供水、采掘等生产。这种生产类型的特点是产品的生产周期一般都比较短，产品品种单一，通常没有在产品、半成品或其他中间产品。

2. 多步骤生产

多步骤生产也称复杂生产，是指生产过程在工艺技术上可以间断，可以由一个企业单独进行，也可以由几个企业协作进行生产，如纺织品、机械、服装等生产。这种生产类型的特点是产品的生产周期一般较长，产品品种也较多，有在产品、半成品或中间产品。

多步骤生产按加工方式不同，又可划分为连续加工式多步骤生产和装配加工式多步骤生产两类。

（1）连续加工式多步骤生产

连续加工式多步骤生产是指原材料投入生产到产品完工，要经过若干步骤的连续加工、顺序转移，直至最后一个步骤制成产成品的生产。连续加工式多步骤生产除了在最后步骤生产出产成品外，其余步骤完工的产品都是自制半成品，它们往往又是后续步骤的加工对象，如纺织、冶金、水泥、造纸等生产。连续加工式多步骤生产的流程示意图如图6-1所示。

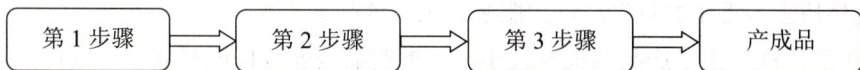

图 6-1　连续加工式多步骤生产流程示意图

（2）装配加工式多步骤生产

装配加工式多步骤生产也称平行加工式多步骤生产，是指各种原材料投入后分别加工制成各种零部件，再将零部件装配成产成品的生产。这类生产的各个生产步骤具有相对独立性，不存在前后顺序，如仪表、造船、汽车、自行车、家用电器等生产。装配加工式多步骤生产的流程示意图如图6-2所示。

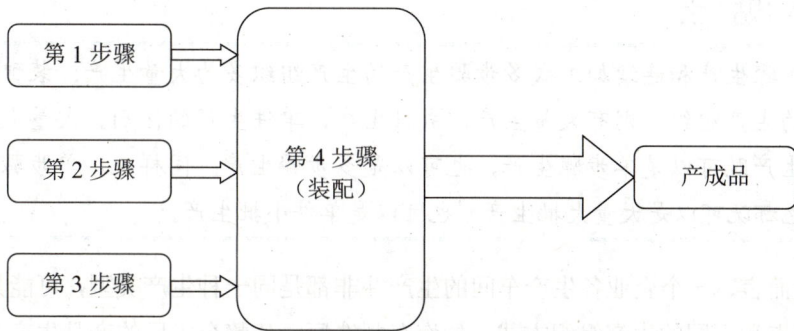

图 6-2　装配加工式多步骤生产流程示意图

（二）按生产组织方式分类

生产组织方式是指保证生产过程各个环节、各个部门、各个因素相互协调的生产工作方式，它体现了企业生产专业化和生产过程重复程度的高低。按照生产组织方式分类，制造企业的生产可分为大量生产、成批生产和单件生产。

1. 大量生产

大量生产是指不断地大量重复进行品种相同产品的生产，如发电、采掘、自来水、酿酒、面粉等生产。它的生产特点是企业生产的产品品种较少、产量较大、生产稳定，通常采用专业设备重复地进行生产，专业化水平也较高。

2. 成批生产

成批生产是指按预先规定的产品批别和数量，每隔一定时期重复进行某种产品的生产，如家用电器、服装、鞋帽等生产。它的生产特点是企业生产的产品品种较多，各种产品数量多少不等，每隔一定时期重复生产一批，一般是同时采用专业设备和通用设备进行生产。成批生产按照产品批量的大小，又可分为大批生产和小批生产。

① 大批生产。由于产品的批量较大，往往在几个月内不断地重复生产一种或几种产品，因而性质上接近于大量生产，如服装加工、食品加工等。

② 小批生产。由于产品的批量较小，一批产品一般可以同时完工，因而性质上接近于单件生产，如电梯生产等。

3. 单件生产

单件生产是指根据订货单位的要求进行某种特定规格产品的生产，如飞机、船舶、重型机械、专用设备制造等生产。它的生产特点是企业生产的产品品种多，每一订单的产品数量很少，每种产品生产后一般不再重复生产或不定期重复生产，通常是采用通用设备进行加工。

小 贴 士

单步骤生产和连续加工式多步骤生产的生产组织多为大量生产；装配加工式多步骤生产的生产组织，则有大量生产、成批生产、单件生产的区别。大量大批生产、单件小批生产既可以是单步骤生产，也可以是多步骤生产。同样地，单步骤生产、多步骤生产也都既可以是大量大批生产，也可以是单件小批生产。

一般而言，一个企业各生产车间的生产并非都是同一种生产类型，可能具有不同的工艺过程特点和不同的生产组织方式。如汽车制造厂，从整个工厂的产品生产来看，应属于装配加工式的多步骤大量生产，但其内部各车间的产品生产，可能是连续式的多步骤成批生产。另外，车间的组织形式，既可以有按工艺专业化建立的生产车间，也可以有按对象专业化建立的生产车间。在一个车间内部，也可以将两种专业化形式结合运用。所以，在具体划分一个企业的生产类型时，不仅要结合企业的整体情况，而且要考虑其内部的特殊情况。

二、生产特点和管理要求对产品成本计算的影响

生产特点和管理要求对产品成本计算的影响，主要表现在对成本计算对象、成本计算期，以及生产费用在完工产品和期末在产品之间分配三个方面的影响。

（一）对成本计算对象的影响

成本计算对象，就是生产费用归集的对象，通俗地讲就是计算什么的成本。生产特点和管理要求对成本计算的影响集中表现在对成本计算对象确定的影响上。针对不同的生产工艺技术过程特点和产品生产组织特点，成本计算对象可按如下方式确定。

① 在单步骤连续式大量生产企业，由于生产工艺过程不能间断，不能分散在不同地点进行生产，又由于大量重复无法分批，成本管理既不能分步计算成本，也不能分批计算成本。因此，必须以最终产品为成本计算对象分别计算产品成本，其成本计算对象为产品品种。

② 对多步骤连续式大量生产企业，由于生产工艺过程由若干个分散在不同地点、不同时间的连续式加工过程组成，其品种相同，产品无法分批，但工艺过程可以划分为若干个生产步骤。为明确责任、便于计算成本，需要以每个步骤为成本计算对象，即管理上要求分步计算成本。

可见，在这类企业中，产品核算既要求计算产品成本，又要求计算各步骤的半成品成本。如果在某个生产步骤的自制半成品经常作为商品出售，或者在下一个步骤加工时可用于生产不同产品，在管理上又要求计算该步骤的半成品成本，则分别以产成品和半成品作为成本计算对象，采用分步法计算各步骤半成品成本和产成品成本。在小型企业，管理上不要求计算半成品成本，则以产成品作为成本计算对象，采用品种法计算成本。

③ 在多步骤装配式大量生产企业，由于产品品种少而且稳定，在较长时间内生产同种产品，其产品的零件、部件可以在不同地点同时进行加工，然后装配成为最终产品，而零件、部件半成品没有独立的经济意义，因此，不需要按步骤计算半成品成本，而以产品品种为成本计算对象。另外，由于零部件生产的批别与订货产品生产的批别不一定一致，因而也不能按产品批别计算成本。

④ 对多步骤装配式小批、单件生产企业，由于生产的产品批量小，产品按照单件或批别组织，一批产品一般在较短时间内完工，因此，以单件或每批产品作为成本计算对象，采用分批法计算成本，其成本计算对象为批别或订单。

综上所述，在产品成本计算工作中有产品品种、产品批别和产品生产步骤三种不同的成本计算对象。

（二）对成本计算期的影响

成本计算期是指每间隔多长时间计算一次成本。产品成本计算期的确定，主要取决于生产组织的特点。

在大量、大批生产中，由于生产活动连续不断地进行，月末一般都有完工产品和未完工产品，因而产品成本计算都是定期于每月月末进行，而与产品的生产周期不一致。

在小批、单件生产中，每月不一定都有完工产品，并且各批产品的生产周期往往不同。由于产品品种多、批量小，一批产品往往同时投产、同时完工，产品成本计算应在某批或某件产品完工后进行，按照各批产品的生产周期计算产品成本，因而完工产品成本的计算是不定期的，成本计算期与生产周期一致，与会计报告期不同。

（三）对生产费用在完工产品和月末在产品之间分配的影响

对生产费用在完工产品和期末在产品之间的分配主要取决于生产组织的特点。

① 在单步骤生产中，生产过程不能间断，生产周期也短，一般没有在产品，或者在产品数量很少，因而计算产品成本时，生产费用不必在完工产品与在产品之间进行分配。

② 在大量、大批生产中，由于生产连续不断地进行，而且经常存在在产品，因而在计算成本时，就需要采用适当的方法，将生产费用在完工产品与在产品之间进行分配。

③ 在小批、单件生产中，在每批、每件产品完工前，产品成本明细账中所记录的生产费用就是在产品的成本；完工后，其所记录的费用就是完工产品成本，因而一般也不存在在完工产品与在产品之间分配费用的问题。

综上所述，在企业中由于生产特点和企业管理的要求不同，决定了成本计算方法也不尽相同。在影响产品成本计算的三个因素中，成本计算对象是最主要的，它决定了其他两个因素。因此，成本计算对象的确定，是正确计算产品成本的前提，也是区别各种成本计算方法的主要标志。

三、产品成本计算的方法

产品成本计算是指按照成本计算对象分配和归集生产费用，计算各成本计算对象的总成本和单位成本的过程。这也进一步说明了成本计算对象的确定是产品成本计算的核心，因而也是构成产品成本计算方法的主要标志。

（一）产品成本计算的基本方法

为了适应不同类型生产特点和成本管理要求，在产品成本计算工作中有三种不同的成本计算对象：产品品种、产品批别和产品生产步骤。因而，以成本计算对象为主要标志（或以其命名）的产品成本计算的基本方法有三种。

产品成本计算的
基本方法

1. 品种法

品种法是以产品品种为成本计算对象，归集产品在生产过程中发生的生产费用、计算产品成本的方法。这种方法成本管理不要求分批，也不要求分步计算产品成本，一般适用于单步骤的大量大批生产，如发电、采掘、供水、铸造等企业；也可以用于管理上不需要分步骤计算成本的多步骤的大量大批生产，如水泥生产企业等。企业内部的辅助生产车间也可用品种法计算提供劳务（或辅助产品）的成本。

品种法是最基本的成本计算方法。不论什么类型的企业，不论采取哪一种成本计算方法，最终都必须以产品品种为对象提供企业的成本资料。

2. 分批法

分批法是以产品的批别（分批、不分步）或订单为成本计算对象归集生产费用、计算产品成本的方法。由于在单件小批生产的企业，生产车间一般是按照生产部门下达的生产任务通知单或购货方的订单组织产品的生产，客户的订单不仅在数量和质量上要求不同，交货时间也不一样，而管理上需要掌握各批投产产品的成本，因此，在计算产品成本时，需以产品的批别为对象，采用分批法计算产品成本。分批法下成本计算期是不定期的，与生产周期一致。这种方法适用于从事单件或小批平行加工式复杂生产的企业，如从事船舶制造、重型机械、实验性生产、修理作业的企业。

在上述成批或单件的平行加工式复杂生产中，产品生产一般按事先规定的规格和数量，分批或根据购买单位的订单填发内部订单据以组织生产。在这种情况下，需要以产品生产的批别或订单作为成本计算对象，设置基本生产成本明细表，所以这一方法也称为订单法。

3. 分步法

分步法是以产品的品种及所经过的生产步骤为成本计算对象，归集和分配生产费用、计算各生产步骤和最终产成品的实际总成本和单位成本的方法。这种方法适用于大量大批且管理上要求分步骤计算产品成本的复杂生产企业，如冶金、纺织、机械制造、钢铁生产等企业。分步法按各步骤生产成本的结转方式不同，可分为逐步结转分步法和平行结转分步法。

（1）逐步结转分步法

在逐步结转分步法下，成本计算对象是各成本计算步骤产品（或半成品），生产中所发生的各项费用，凡是各步骤发生的间接费用，都应按步骤进行归集，然后分配计入该步骤的各种产品成本，月末定期进行成本计算，确定各步骤本月完工半成品或产成品的实际成本和月末在产品成本。逐步结转分步法适用于进行大量大批、多步骤连续式复杂生产，且要求分步提供半成品成本的企业，如纺织、冶金等企业。

逐步结转分步法，按照半成品成本在下一个生产步骤成本明细账中反映的方式，又可以分为综合结转分步法和分项结转分步法。

（2）平行结转分步法

平行结转分步法只计算各步骤所发生的生产成本，并按最终完工产品的数量计算出应计入产成品成本的份额，平行地计入最终完工的产成品成本中。在这种方法下，虽然各步骤所生产的半成品实物按一定方式继续加工生产，但其半成品成本并不随着成本计算步骤结转，各步骤可以同时平行地进行成本计算。平行结转分步法适用于大量大批、多步骤装配式复杂生产或大量大批、多步骤连续式复杂生产，但不要求分步提供半成品成本的企业，如汽车、机械制造等企业。

这三种方法，之所以归属为产品成本计算的基本方法，是因为这三种方法与不同生产类型的特点有直接联系，而且涉及成本计算对象的确定，因而是计算产品实际成本必不可少的方法。概括所有的制造企业，不论其属于哪一种生产类型，进行成本计算所采用的基本方法不外乎就是这三种。以上各种成本计算方法的基本特点如表 6-1 所示。

表 6-1 产品成本计算的基本方法

产品成本计算方法	生产特点	生产工艺过程和成本管理要求	成本计算期	成本计算对象	适用企业
品种法	大量大批简单生产或大量大批多步骤生产	管理上不要求分步也不要求分批计算产品成本	每月末定期计算成本	产品品种	发电、采掘、化肥、水泥、供水、面粉、砖瓦、食糖等
分批法	单件小批单步骤生产或单件小批多步骤生产	管理上不要求分步但要求分批计算成品成本	完工月份计算成本，不定期	产品批别或订单、件别	船舶、重型机械、专用设备、试制新产品、服装、家具、修理作业、塑料制品等
分步法	大量大批多步骤生产	管理上要求分步计算产品成本	每月末定期计算成本	各步骤的半成品和产成品	冶金、纺织、汽车、自行车、造纸、化工、钢铁生产等

（二）产品成本计算的辅助方法

除上述成本计算的三种基本方法外，在产品品种、规格繁多的制造企业，如制鞋、灯泡等企业，为了简化成本计算工作或加强成本管理，还应采用以下几种简便的产品成本计算方法：

1. 分类法

产品成本计算的分类法是以产品的类别作为成本计算对象来归集费用，计算出各类产品实际成本，再在类内产品之间进行成本分配，计算出类内各种产品生产成本的方法。它是品种法的延伸。

分类法适用于产品品种、规格繁多，但可以按某一标准对产品进行分类的生产企业。

2. 定额法

定额法是以产品的定额成本为基础，加减实际脱离现行定额的差异、材料成本差异和定额变动差异，计算产品实际成本的一种方法。定额法适用于定额管理基础工作较好、定额管理制度比较健全、产品生产定型、消耗定额制订合理且稳定的企业。

定额法有利于加强成本控制，有效地发挥定额管理对成本的分析和监督作用。与其他成本计算方法相比，定额法的适用范围较窄，要求企业必须具备健全的定额管理制度、定型的产品和稳定的消耗定额。

成本计算的辅助方法与生产的特点没有直接联系，不涉及成本计算对象。它们的应用或者是为了简化成本计算工作，或者是为了加强成本管理，只要具备条件，在各种生产类型的企业都能应用。只是这两种方法必须与基本方法结合起来运用，而不能单独运用，因此将它们称为辅助方法。

知|识|链|接

在实际工作中，由于企业情况错综复杂，各个企业实际采用的成本计算方法往往不止一种。在一个企业或车间、分厂中可以同时采用几种不同的成本计算方法，或把几种不同的成本计算方法结合起来综合应用。

1. 几种成本计算方法同时应用

在制造企业里，一般既设有基本生产车间，又设有辅助生产车间；基本生产车间生产产品，辅助生产车间生产工具或提供劳务。基本生产车间和辅助生产车间的生产特点和管理要求往往不同，因而采用的成本计算方法也不一样。例如，纺织企业的纺纱和织布等基本车间，一般属于大量大批的多步骤生产，而且各步骤所生产的半成品可以对外出售，因此，所产产品应该采用分步法计算产品的成本；而辅助生产车间则为基本生产车间制造模具，一般属于小批单件生产，所产产品则应采用分批法计算成本。又如，在一个基本生产车间或企业生产几种产品，其中，有的产品市场需求量大，需要大批生产，那么对这些产品就可以采用品种法或分步法计算成本；有的产品市场萎缩，需求量逐渐减少，则应采用分批法计算成本。

2. 几种成本计算方法结合运用

在有的制造企业中，根据产品的生产特点和管理要求，可能会以一种成本计算方法为主，把几种成本计算方法结合起来应用。

一种产品的不同生产步骤，由于生产特点和管理要求的不同，可以采用不同的成本计算方法。例如，单件、小批生产的机械工业企业，铸造车间由于品种少并可直接对外出售半成品，可以采用品种法进行成本计算；加工装配车间由于单件小批量生产，则采用分批法计算各批产品的成本。而从铸造到加工、装配，由于是连续多步骤生产，则可采用分步法进行成本计算。这样一来，该企业在分批法的基础上，结合采用了品种法和分步法。

任务二 产品成本计算的品种法

一、品种法的概念及适用范围

品种法是以产品品种作为成本计算对象，归集生产费用、计算产品成本的一种方法。不管企业是何种生产类型、何种成本管理要求，最终都必须计算出每种产品的成本。因此按照产品品种计算产品成本是进行成本核算最基本、最起码的要求。

品种法主要适用于大量大批、单步骤生产的企业，如粮食加工、发电、采掘、供水企业等；在大量大批、多步骤生产的企业中，如果企业生产规模较小，而且成本管理上又不要求提供各步骤的成本资料时，也可以采用成本法计算产品成本，如小型水泥厂、造纸厂、砖瓦厂等；企业内部的辅助生产车间（如供水、供气、供电等）向其他车间提供的产品或劳务成本，也可以采用品种法计算。

二、品种法的特点

（一）成本计算对象

品种法的成本计算对象是企业所生产的每一种产品。因此，在计算产品成本时，需要为每一品种产品开设生产成本明细账。

① 如果企业只生产一种产品，则该种产品即成本计算对象。计算成本时，只需要为该种产品开设基本生产成本明细账，按照成本项目设立专栏，归集生产费用。在这种情况下，所发生的全部生产费用都是直接费用，可以直接计入该产品成本明细账的有关成本项目，不存在在各成本计算对象之间分配费用的问题。

② 如果企业生产多种产品，则应按照产品品种开设基本生产成本明细账，分别归集生产费用。生产过程中发生的生产费用，能分清是哪种产品耗用的，可以直接计入该产品成本明细账的有关成本项目；不能分清是哪种产品消耗的，属于几种产品共同消耗的费用，要采用适当的分配方法在各成本计算对象之间进行分配，然后分别计入各成本明细账的有关成本项目中。

（二）成本计算期

企业采用品种法计算产品成本，生产类型主要是大量大批生产，其生产是连续不断进行的，不可能等产品全部完工后再计算产品成本，只能定期在月末计算当月生产出的完工产品成本。因此，成本计算是定期按月进行的，与会计报告期一致，但与产品生产周期不一致。

（三）生产费用在完工产品与在产品之间分配

在单步骤生产中，月末计算产品成本时，一般不存在尚未完工的在产品，或者是在产品数量很小，因而可以不计算在产品成本。在这种情况下，产品成本明细账中按成本项目归集的生产费用即该产品的总成本，将它除以该产品的产量，即可求得该产品的单位成本。

在规模较小、管理上又不要求按照生产步骤计算产品成本的大量大批、多步骤生产中，月末一般都有在产品，而且数量较多、占用费用比较大，这就需要将产品成本明细账中归集的生产费用选择适当的分配方法，在完工产品与在产品之间进行分配，以计算完工产成品与月末在产品成本。

三、品种法的成本计算程序

成本计算程序是指对产品生产过程中发生的各项费用，按照财务会计制度的规定，进行审核、归集和分配，计算完工产品成本和月末在产品成本的过程。品种法的成本计算程序一般有以下几个步骤。

品种法的成本计算程序

（一）按产品品种设置生产成本明细账

企业应设置"生产成本"总账，并在总账下面设"基本生产成本"和"辅助生产成本"二级账；同时，按照企业所生产的产品品种（即成本计算对象）设置产品成本明细账（或产品成本计算单）；按照辅助生产车间或辅助生产车间提供的产品品种（劳务品种）设置辅助生产明细账。产品成本明细账和辅助生产成本明细账应当按照成本项目（直接材料、直接人工、制造费用）设置专栏。

（二）归集和分配本月发生的各项要素费用

根据生产过程中发生的各项费用的原始凭证和其他有关资料，编制各项要素费用分配表，分配材料费用、工资附加费用和其他各项费用。根据各种费用分配表登记各种产品的"基本生产成本明细账""辅助生产成本明细账"和"制造费用明细账"等。

（三）分配辅助生产成本

根据辅助生产明细账归集的本月辅助生产费用总额，按照企业确定的辅助生产费用分配方法，在各受益部门之间进行分配，编制各辅助生产车间的"辅助生产费用分配表"，并据以登记有关产品成本明细账（产品成本计算单）、制造费用明细账和期间费用明细账。

（四）分配基本生产车间制造费用

根据各基本生产车间制造费用明细账所归集的本月制造费用，按照企业确定的制造费用分配方法，编制各车间的"制造费用分配表"，在各种产品之间分配制造费用，并据以登记各种产品生产成本明细账（产品成本计算单）。

（五）计算完工产品的总成本和单位成本

根据产品生产成本明细账（产品成本计算单）所归集的全部生产费用，即期初在产品成本加上本月生产费用，采用适当的方法，在完工产品和在产品之间进行分配，确定完工产品实际总成本和月末在产品成本。各完工产品实际总成本分别除以其实际总产量，即为该产品本月实际单位成本。

（六）结转本月完工产品成本

根据各种产品成本明细账计算出来的本月完工产品成本，汇总编制"完工产品成本汇总表"。

品种法的具体计算程序如图 6-3 所示。

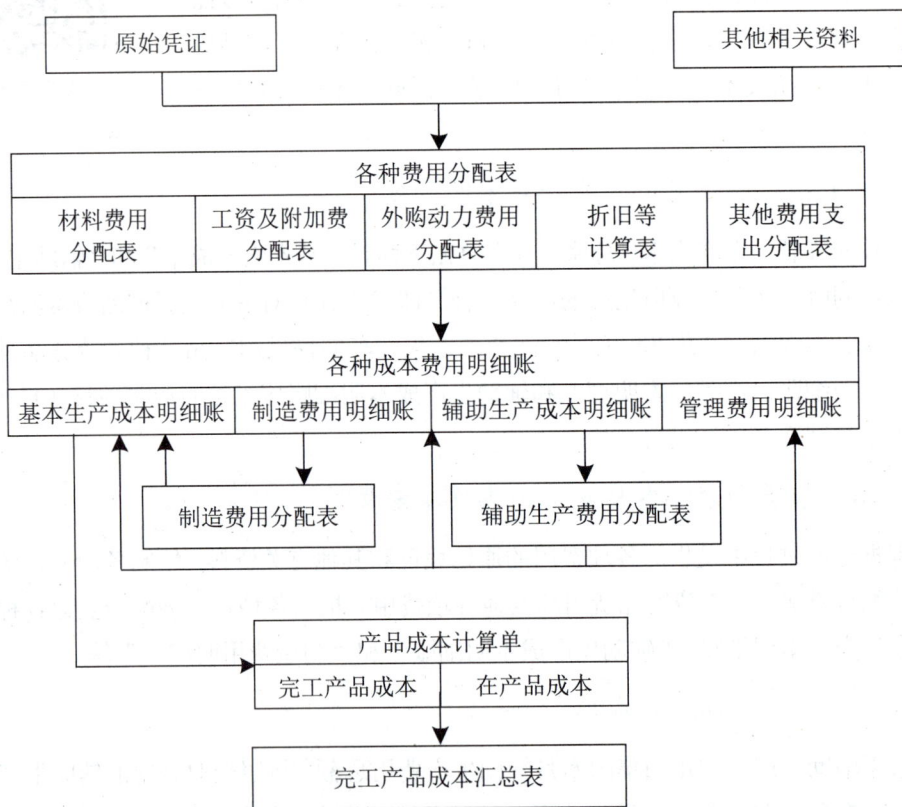

图 6-3　品种法的成本计算程序

四、品种法的运用举例

品种法主要适用两种类型的企业：一种是大批大量单步骤生产的企业；一种是大批大

量多步骤生产，管理上不要求分步计算产品成本的企业。前者一般生产过程短，期末无在产品，成本计算过程相对简单，故又称简单品种法；后者一般生产过程复杂，产品品种比较多，月末往往有在产品，当月归集的生产费用需要在完工产品和在产品之间进行分配，成本计算过程相对要复杂些，故又称典型品种法。在实务中，由于简单法和典型法并没有严格的界限划分，因此本书将这两法统称为品种法，在举例中也不加以区分。

（一）企业基本情况及有关资料

兴华工厂设有一个基本生产车间和供电、机修两个辅助生产车间，大量生产甲产品和乙产品，其生产工艺过程属于单步骤生产。根据生产特点和管理要求，采用品种法计算产品成本。另外，该企业供电、机修两个辅助生产车间，向企业基本生产车间和管理部门提供劳务。由于供电、机修车间都只是提供单一产品或服务，所以辅助生产车间的制造费用直接计入"辅助生产成本明细账"，而不必通过"制造费用"账户核算。

假定甲产品和乙产品的原材料都在生产开始时一次投入，在产品平均完工程度为50%，采用约当产量法计算在产品。2021年9月，该企业有关产品成本资料分别如表6-2和表6-3所示。

表6-2 甲、乙两种产品月初在产品成本

2021年9月　　　　　　　　　　　　　　　　　单位：元

产品名称	直接材料	直接人工	制造费用	合计
甲产品	164 000	32 470	3 675	200 145
乙产品	123 740	16 400	3 350	143 490

表6-3 甲、乙两种产品的产量和实际消耗工时

2021年9月

产品名称	完工产品数量（件）	在产品数量（件）	实际生产工时（小时）
甲产品	500	100	100 000
乙产品	200	40	50 000

（二）成本计算程序及相应账务处理

1. 根据产品品种设置生产成本明细账

该企业应在"生产成本"总账下设置"基本生产成本"和"辅助生产成本"两个二级账，其中，"基本生产成本"二级账分甲、乙产品设置成本计算单，"辅助生产成本"二级账分设供电车间和机修车间明细账。"制造费用"核算基本生产车间发生的间接费用。本例中供电和机修车间由于提供产品或服务单一，发生的制造费用直接计入"辅助生产成本"所属明细账。生产成本明细账下设置"直接材料""直接人工"和"制造费用"三个成本项目。

2．归集和分配本月发生的各项要素费用

（1）编制材料费用分配表

2021 年 9 月，发出材料汇总表如表 6-4 所示。

表 6-4　发出材料汇总表

2021 年 9 月　　　　　　　　　　　　　　　　　　单位：元

领料部门和用途		材料类别			合计
		原材料	包装物	低值易耗品	
基本生产车间	甲产品耗用	800 000	10 000		810 000
	乙产品耗用	600 000	4 000		604 000
	甲、乙产品共同耗用	28 000			28 000
车间一般耗用		2 000		100	2 100
供电车间耗用		1 000			1 000
机修车间耗用		1 200			1 200
厂部管理部门耗用		1 200		400	1 600
合计		1 433 400	14 000	500	1 447 900

根据发出材料汇总表分配材料费用，其中生产甲、乙两种产品共同耗用的原材料，按甲、乙两种产品直接耗用原材料的比例分配，分配结果如表 6-5 和表 6-6 所示。

表 6-5　甲、乙产品共耗材料分配表

2021 年 9 月　　　　　　　　　　　　　　　　　　单位：元

产品名称	直接耗用原材料	分配率	分配共耗材料
甲产品	800 000		16 000
乙产品	600 000		12 000
合　计	1 400 000	0.02	28 000

表 6-6　材料费用分配表

2021 年 9 月　　　　　　　　　　　　　　　　　　单位：元

总账账户	明细账户	原材料	包装物	低值易耗品	合计
生产成本——基本生产成本	甲产品	816 000	10 000		826 000
	乙产品	612 000	4 000		616 000
	小计	1 428 000	14 000		1 442 000
生产成本——辅助生产成本	供电车间	1 000			1 000
	机修车间	1 200			1 200
	小计	2 200			2 200

总账账户	明细账户	原材料	包装物	低值易耗品	合计
制造费用	基本生产车间	2 000		100	2 100
管理费用	修理费	1 200		400	1 600
合计		1 433 400	14 000	500	1 447 900

根据材料费用分配表编制如下会计分录：

借：生产成本——基本生产成本——甲产品　　　　826 000

　　　　　　　　　　　　　　——乙产品　　　　616 000

　　　　——辅助生产成本——供电车间　　　　1 000

　　　　　　　　　　　　——机修车间　　　　1 200

　　制造费用——基本生产成本　　　　　　　　2 100

　　管理费用　　　　　　　　　　　　　　　　1 600

　　贷：原材料　　　　　　　　　　　　　　　　1 433 400

　　　　周转材料——低值易耗品　　　　　　　　500

　　　　　　　　——包装物　　　　　　　　　　14 000

（2）编制工资及附加费分配表

2021 年 9 月，工资及附加费汇总表（简表）如表 6-7 所示。

表 6-7　工资及附加费汇总表（简表）

2021 年 9 月　　　　　　　　　　　　单位：元

人员类别		工资	福利费	社保费	合计
基本生产车间	产品生产工人	420 000	23 520	35 280	478 800
	车间管理人员	20 000	1 120	1 680	22 800
供电车间		8 000	448	672	9 120
机修车间		7 000	392	588	7 980
厂部管理人员		40 000	2 240	3 360	45 600
合计		495 000	27 720	41 580	564 300

根据各车间、部门的工资计算凭证，编制工资及附加费用分配表，如表 6-8 所示。其中甲、乙两种产品应分配的工资及工资附加费，按甲、乙两种产品的实际生产工时比例分配。

表 6-8　工资及附加费分配表

2021 年 9 月　　　　　　　　　　　　　　　　　单位：元

分配对象		工资			福利费		社保费		合计
总账账户	明细账户	分配标准（工时）	分配率	分配金额	分配率	分配金额	分配率	分配金额	
生产成本——基本生产成本	甲产品	100 000		280 000		15 680		23 520	319 200
	乙产品	50 000		140 000		7 840		11 760	159 600
	小计	150 000	2.8	420 000	0.156 8	23 520	0.235 2	35 280	478 800
生产成本——辅助生产成本	供电车间			8 000		448		672	9 120
	机修车间			7 000		392		588	7 980
	小计			15 000		840		1 260	17 100
制造费用	基本生产车间			20 000		1 120		1 680	22 800
管理费用	工资、福利费社保费			40 000		2 240		3 360	45 600
合计				495 000		27 720		41 580	564 300

根据工资及附加费分配表编制如下会计分录：

借：生产成本——基本生产成本——甲产品　　　　　319 200

　　　　　　　　　　　　　　——乙产品　　　　　159 600

　　　　　　——辅助生产成本——供电车间　　　　　9 120

　　　　　　　　　　　　　　——机修车间　　　　　7 980

　　制造费用——基本生产成本　　　　　　　　　　 22 800

　　管理费用　　　　　　　　　　　　　　　　　　 45 600

　　贷：应付职工薪酬——工资　　　　　　　　　　　 495 000

　　　　　　　　　　——福利费　　　　　　　　　　 27 720

　　　　　　　　　　——社保费　　　　　　　　　　 41 580

（3）编制固定资产折旧计算表和财产保险费分配表

根据各车间和各部门固定资产使用情况和固定资产折旧的计提办法、支付的保险费用，编制固定资产折旧计算表和财产保险费分配表，分别如表 6-9 和表 6-10 所示。

表 6-9　固定资产折旧计算表

2021 年 9 月　　　　　　　　　　　　　　　　　单位：元

总账账户	明细账户	费用项目	分配金额
制造费用	基本生产车间	折旧费	10 000
生产成本——辅助生产成本	供电车间	折旧费	2 000
	机修车间	折旧费	4 000

总账账户	明细账户	费用项目	分配金额
管理费用		折旧费	6 000
合计			22 000

根据固定资产折旧计算表，编制如下会计分录：

借：制造费用——基本生产成本　　　　　　　　　　10 000

　　生产成本——辅助生产成本——供电车间　　　　 2 000

　　　　　　　　　　　　　　　——机修车间　　　　 4 000

　　管理费用　　　　　　　　　　　　　　　　　　 6 000

　　贷：累计折旧　　　　　　　　　　　　　　　　　　 22 000

表 6-10　财产保险费分配表

2021 年 9 月　　　　　　　　　　　　　　　　　　　　单位：元

总账账户	明细账户	费用项目	分配金额
制造费用	基本生产车间	保险费	1 195
生产成本——辅助生产成本	供电车间	保险费	800
	机修车间	保险费	600
管理费用		保险费	600
合计			3 195

根据财产保险费分配表编制如下会计分录：

借：制造费用——基本生产成本　　　　　　　　　　 1 195

　　生产成本——辅助生产成本——供电车间　　　　　 800

　　　　　　　　　　　　　　　——机修车间　　　　　 600

　　管理费用　　　　　　　　　　　　　　　　　　　 600

　　贷：库存现金　　　　　　　　　　　　　　　　　　 3 195

（4）编制其他费用分配表

本月以现金支付的费用为 2 500 元，其中基本生产车间办公费 250 元，市内交通费 65 元；供电车间市内交通费 145 元；机修车间外部加工费 480 元；厂部管理部门办公费 1 360 元，材料市内运输费 200 元。

本月以银行存款支付的费用为 14 700 元，其中基本生产车间办公费 1 000 元，水费 2 000 元，差旅费 1 400 元，设计制图费 2 600 元；供电车间水费 500 元，外部修理费 1 800 元；机修车间办公费 400 元；厂部管理部门办公费 3 000 元，水费 1 200 元，招待费 200 元，市话费 600 元。

根据各车间和各部门发生的其他费用，编制其他费用分配表，如表 6-11 所示。

表 6-11　其他费用分配表

2021 年 9 月　　　　　　　　　　　　　　　　　　　　单位：元

总账账户	明细账户	现金支付	银行存款支付	合计
制造费用	基本生产车间	315	7 000	7 315
生产成本——辅助生产成本	供电车间	145	2 300	2 445
	机修车间	480	400	880
管理费用		1 560	5 000	6 560
合计		2 500	14 700	17 200

根据其他费用分配表编制如下会计分录：

借：生产成本——辅助生产成本——供电车间　　　　2 445

　　　　　　　　　　　　　——机修车间　　　　　880

　　制造费用——基本生产成本　　　　　　　　　7 315

　　管理费用　　　　　　　　　　　　　　　　　6 560

　　贷：银行存款　　　　　　　　　　　　　　　　14 700

　　　　库存现金　　　　　　　　　　　　　　　　2 500

3. 分配辅助生产费用

① 根据上述各项要素费用分配表，登记供电、机修车间辅助生产成本明细账，分别如表 6-12 和表 6-13 所示。

表 6-12　辅助生产成本明细账

车间名称：供电车间　　　　　　　　　　　　　　　　　　　　单位：元

2021 年 月	日	凭证号	摘要	直接材料	直接人工	制造费用	合计
9	30	表 6-6	材料费用分配表	1 000			1 000
	30	表 6-8	工资及附加费分配表		9 120		9 120
	30	表 6-9	固定资产折旧计算表			2 000	2 000
	30	表 6-10	财产保险费分配表			800	800
	30	表 6-11	其他费用分配表（交通费）			145	145
	30	表 6-11	其他费用分配表（水费）			500	500
	30	表 6-11	其他费用分配表（外部修理费）			1 800	1 800
	30		本期发生额合计	1 000	9 120	5 245	15 365
	30		结转各受益部门	1 000	9 120	5 245	15 365

表 6-13　辅助生产成本明细账

车间名称：机修车间 单位：元

2021年月	日	凭证号	摘要	直接材料	直接人工	制造费用	合计
9	30	表 6-6	材料费用分配表	1 200			1 200
	30	表 6-8	工资及附加费分配表		7 980		7 980
	30	表 6-9	固定资产折旧计算表			4 000	4 000
	30	表 6-10	财产保险费分配表			600	600
	30	表 6-11	其他费用分配表（办公费）			400	400
	30	表 6-11	其他费用分配表（外部加工费）			480	480
	30		本期发生额合计	1 200	7 980	5 480	14 660
	30		结转各受益部门	1 200	7 980	5 480	14 660

②　根据上述供电、机修车间辅助生产成本明细账分配辅助生产成本。本月供电、机修车间提供的劳务量如表 6-14 所示。

表 6-14　辅助生产车间劳务量表

2021 年 9 月

受益部门	供电（单位成本 0.34 元）		机修（单位成本 3.50 元）	
	用电度数（度）	计划成本（元）	机修工时（小时）	计划成本（元）
供电车间			400	1 400
机修车间	3 000	1 020		
产品生产	27 000	9 180		
一般耗费	6 000	2 040	3 000	10 500
厂部管理部门	10 000	3 400	1 100	3 850
合计	46 000	15 640	4 500	15 750
实际成本		16 765		15 680
成本差异		1 125		−70

成本差异全部由管理费用负担。产品生产用电按车间生产甲、乙两种产品的生产工时比例分配，并计入产品成本计算单中"直接材料"成本项目，分配结果如表 6-15 所示。

表 6-15　产品生产用电分配表

2021 年 9 月

产品	生产工时（小时）	分配率	分配金额（元）
甲产品	100 000		6 120
乙产品	50 000		3 060
合计	150 000	0.061 2	9 180

供电车间实际成本=15 365+1 400=16 765 元

机修车间实际成本=14 660+1 020=15 680 元

根据辅助生产费用的分配，编制如下会计分录：

a．结转辅助生产计划成本时，编制的会计分录为：

借：生产成本——辅助生产成本——供电车间　　　　　1 400

　　　　　　　　　　　　　　　——机修车间　　　　　1 020

　　　　——基本生产成本——甲产品　　　　　6 120

　　　　　　　　　　　——乙产品　　　　　3 060

　制造费用——基本生产车间　　　　　12 540

　管理费用　　　　　7 250

　　贷：生产成本——辅助生产成本——供电车间　　　　　15 640

　　　　　　　　　　　　　　　　——机修车间　　　　　15 750

b．结转辅助生产成本差异，成本差异全部由管理费用负担时，编制的会计分录为：

借：管理费用　　　　　1 055

　　贷：生产成本——辅助生产成本——供电车间　　　　　1 125

　　　　　　　　　　　　　　　　——机修车间　　　　　70

4．分配基本生产车间制造费用

① 根据上述各种费用分配表，登记制造费用明细账，如表 6-16 所示。

表 6-16　制造费用明细账

车间名称：基本生产车间　　　　　　　　　　　　　　　　　　　　　　　　单位：元

2021年 月	日	凭证号	摘要	材料费用	工资及附加费	折旧费	修理费	水电费	保险费	其他	合计
9	30	表6-6	材料费用分配表	2 100							2 100
	30	表6-7	工资及附加费分配表		22 800						22 800
	30	表6-9	固定资产折旧计算表			10 000					10 000
	30	表6-10	财产保险费分配表						1 195		1 195
	30	表6-11	其他费用分配表							7 315	7 315

2021年		凭证号	摘要	材料费用	工资及附加费	折旧费	修理费	水电费	保险费	其他	合计
月	日										
	30	表6-14	辅助生产分配表				10 500	2 040			12 540
	30		本期发生额	2 100	22 800	10 000	10 500	2 040	1 195	7 315	55 950
	30		期末结转制造费用	2 100	22 800	10 000	10 500	2 040	1 195	7 315	55 950

② 根据基本生产车间制造费用明细账归集的制造费用总额，在甲产品和乙产品之间进行分配，以两种产品的生产工时比例作为分配标准，并编制制造费用分配表，如表6-17所示。

表 6-17 制造费用分配表

车间名称：基本生产车间　　　　　　　　2021 年 9 月

产品名称	生产工时（小时）	分配率	分配金额（元）
甲产品	100 000		37 300
乙产品	50 000		18 650
合计	150 000	0.373	55 950

根据制造费用分配表编制如下会计分录：

借：生产成本——基本生产成本——甲产品　　37 300

　　　　　　　　　　　　　　——乙产品　　18 650

　　贷：制造费用——基本生产车间　　　　　　55 950

5. 在完工产品与在产品之间分配生产费用

① 根据表6-3相关资料，甲产品和乙产品月末在产品约当产量计算情况分别如表6-18和表6-19所示。

表 6-18 约当总产量计算表

产品名称：甲产品　　　　　　　　2021 年 9 月　　　　　　　　单位：件

成本项目	在产品数量	投料程度/加工程度（%）	在产品约当产量	完工产品数量	约当总产量
直接材料	100	100	100	500	600
直接人工	100	50	50	500	550
制造费用	100	50	50	500	550

表 6-19　约当总产量计算表

产品名称：乙产品　　　　　　　　　2021 年 9 月　　　　　　　　　单位：件

成本项目	在产品数量	投料程度/加工程度（%）	约当产量	完工产品数量	约当总产量
直接材料	40	100	40	200	240
直接人工	40	50	20	200	220
制造费用	40	50	20	200	220

② 根据甲、乙两种产品的月末在产品约当产量，采用约当产量法在甲、乙两种产品的完工产品与月末在产品之间分配生产费用，登记生产成本明细账，分别如表 6-20 和表 6-21 所示。

表 6-20　生产成本明细账

产品名称：甲产品　　　　　　　　　　　　　　　　　　　　　　　　单位：元

2021 年 月	日	凭证号	摘要	直接材料	直接人工	制造费用	合计
9	1	表 6-2	期初在产品成本	164 000	32 470	3 675	200 145
	30	表 6-6	材料费用分配表	826 000			826 000
	30	表 6-7	工资及附加费分配表		319 200		319 200
	30	表 6-15	辅助生产费用分配表	6 120			6 120
	30	表 6-17	制造费用分配表			37 300	37 300
	30		本月发生生产费用	832 120	319 200	37 300	1 188 620
	30		本月生产费用合计	996 120	351 670	40 975	1 388 765
	30		结转完工产品成本	830 100	319 700	37 250	1 187 050
	30		月末在产品成本	166 020	31 970	3 725	201 715

表 6-21　生产成本明细账

产品名称：乙产品　　　　　　　　　　　　　　　　　　　　　　　　单位：元

2021 年 月	日	凭证号	摘要	直接材料	直接人工	制造费用	合计
9	1	表 6-2	期初在产品成本	123 740	16 400	3 350	143 490
	30	表 6-6	材料费用分配表	616 000			616 000
	30	表 6-7	工资及附加费分配表		159 600		159 600
	30	表 6-15	辅助生产费用分配表	3 060			3 060
	30	表 6-17	制造费用分配表			18 650	18 650
	30		本月发生生产费用	619 060	159 600	18 650	797 310

| 2021年 | | 凭证号 | 摘要 | 直接材料 | 直接人工 | 制造费用 | 合计 |
月	日						
	30		本月生产费用合计	742 800	176 000	22 000	940 800
	30		结转完工产品成本	619 000	160 000	20 000	799 000
	30		月末在产品成本	123 800	16 000	2 000	141 800

③ 根据上述资料编制甲、乙两种产品的产品成本计算单，分别如表 6-22 和表 6-23 所示。

表 6-22　产品成本计算单

车间：基本生产车间　　　　　　　　　　　　　　　　　　　　完工数量：500 件

　　　　　　　　　　　　　　　　　　　　　　　　　　　　　在产品数量：100 件

产品名称：甲产品　　　　　　　　　　2021 年 9 月　　　　　　单位：元

摘要	直接材料	直接人工	制造费用	合计
月初在产品成本	164 000	32 470	3 675	200 145
本月发生生产费用	832 120	319 200	37 300	1 188 620
本月生产费用合计	996 120	351 670	40 975	1 388 765
完工产品数量	500	500	500	
在产品约当产量	100	50	50	
约当总产量	600	550	550	
分配率（单位成本）	1 660.20	639.40	74.50	2 374.10
完工产品总成本	830 100	319 700	37 250	1 187 050
月末在产品成本	166 020	31 970	3 725	201 715

表 6-23　产品成本计算单

车间：基本生产车间　　　　　　　　　　　　　　　　　　　　完工数量：200 件

　　　　　　　　　　　　　　　　　　　　　　　　　　　　　在产品数量：40 件

产品名称：乙产品　　　　　　　　　　2021 年 9 月　　　　　　单位：元

摘要	直接材料	直接人工	制造费用	合计
月初在产品成本	123 740	16 400	3 350	143 490
本月发生生产费用	619 060	159 600	18 650	797 310
本月生产费用合计	742 800	176 000	22 000	940 800
完工产品数量	200	200	200	
在产品约当产量	40	20	20	
约当总产量	240	220	220	

摘要	直接材料	直接人工	制造费用	合计
分配率（单位成本）	3 095	800	100	3 995
完工产品总成本	619 000	160 000	20 000	799 000
月末在产品成本	123 800	16 000	2 000	141 800

6. 结转完工产品成本

根据甲产品和乙产品的产品成本计算单，编制完工产品成本汇总表，如表 6-24 所示，并结转完工入库产品成本。

表 6-24　完工产品成本汇总表

2021 年 9 月　　　　　　　　　　　　　　　　　单位：元

成本项目	甲产品（500 件）		乙产品（200 件）	
	总成本	单位成本	总成本	单位成本
直接材料	830 100	1 660.20	619 000	3 095
直接人工	319 700	639.40	160 000	800
制造费用	37 250	74.50	20 000	100
合计	1 187 050	2 374.10	799 000	3 995

根据完工产品成本汇总表，编制如下会计分录：

借：库存商品——甲产品　　　　　　　　　　　　　1 187 050
　　　　　　——乙产品　　　　　　　　　　　　　　 799 000
　　贷：生产成本——基本生产成本——甲产品　　　　1 187 050
　　　　　　　　　　　　　　　　——乙产品　　　　　 799 000

任务三　产品成本计算的分批法

一、分批法的概念及适用范围

分批法也称订单法，是以产品的批别或订单作为成本计算对象，归集和分配生产费用、计算产品成本的方法。这种方法主要适用于小批、单件，管理上不要求分步骤计算成本的多步骤企业，如精密仪器、专用设备、重型机械和船舶制造企业，也可用于新产品的试制、机器设备修理、来料加工和辅助生产的工具模具制造企业等。

分批法

二、分批法的特点

（一）成本计算对象

分批法是以产品的批别作为成本计算对象，这也是它区别于其他成本计算方法的最重要特征。分批法根据产品的批次或订单开设产品成本计算单或设置生产成本明细账，归集生产费用。对于能分清产品批次的直接计入费用，直接计入各批产品的基本生产成本明细账；对于各批产品共同耗用的间接计入费用，需要采用适当的方法在各批产品之间进行分配，然后再计入产品成本明细账。在实际工作中，产品的订单与产品生产组织批号存在以下三种情况：

① 一份订单一个批号。

② 一份订单几个生产批号，又分三种情况：一份订单涉及多种产品，为了对产品成本进行分析与考核，往往每种产品设置一个生产批号；一份订单涉及复杂产品，则可以按照产品的组成部分设置生产批号；一份订单批量大，又要求分批交货，则可以划分为若干批号来组织生产。

③ 几份订单一个批号。同一时期内，企业收到的不同订单中有相同的产品，为了经济合理地组织生产，可以将不同订单中的相同产品合并为一个批次生产，共同计算成本。

（二）成本计算期

采用分批法计算产品成本时，成本费用应按月归集汇总，但由于各批产品的生产周期不一致，每批产品的实际成本必须等到该批产品全部完工以后（完工月份的月末）才能计算确定，因此分批法的成本计算是不定期的。成本计算期与产品的生产周期一致，与会计报告期不一致。

（三）生产费用在完工产品与在产品之间分配

由于分批法是按批别归集产品生产费用的，在产品生产周期结束时，产品成本计算单或生产成本明细账上归集的全部生产费用为完工产品成本，应全部转出。而未完工批别产品成本计算单中归集的费用，全部为在产品成本，仍留在该批产品成本计算单中。因此，通常情况下，生产费用不需要在完工产品和在产品之间进行分配。

但是，如果某批产品跨月陆续完工情况较多、月末完工产品数量占批量比重较大时，为提高成本计算的正确性，就应当采用适当的方法，将生产费用在完工产品与月末在产品之间进行分配，计算完工产品成本与月末在产品成本。

三、分批法的成本计算程序

（一）按产品批别设置生产成本明细账

分批法的成本计算对象是所生产的每一批别产品，因此，在计算产品成本时，需要为每一批别产品开设生产成本明细账。

如果企业只生产一批产品，那么这批产品就是成本计算对象，并为其设置生产成本明细账，按成本项目设专栏。生产中所发生的生产费用都是直接费用，可以直接根据有关凭证和费用分配表，区别成本项目全部列入该批产品的成本明细账。

如果企业生产多批产品，则应按产品批次分别设置生产成本明细账。生产过程中的生产费用，要区分直接费用和间接费用。凡是能分清应由某批次负担的直接费用，应直接计入生产成本明细账；对于各批次产品共同负担的间接费用，应采用适当的方法，在各批次之间进行分配，并编制费用分配表，然后计入各产品明细账。

（二）按产品批别归集和分配本月发生的各项费用，编制各要素费用分配表

根据各项生产费用发生的原始凭证和相关资料，编制要素费用分配表。对于能够直接计入某批次产品的材料费用和人工费用，直接计入其"生产成本明细账"中的"直接材料"和"直接人工"项目中；对于辅助生产车间发生的直接费用，直接计入"辅助生产成本明细账"；基本生产车间发生的间接费用，应先归集在"制造费用明细账"中。

（三）分配辅助生产费用

根据上述归集的各项辅助生产费用，采用一种适合本企业辅助生产特点的分配方法，将各辅助单位发生的费用在各部门、各生产单位之间进行分配。

（四）分配基本生产车间制造费用

根据制造费用明细账所归集的全部费用，编制制造费用分配表，在各批次产品之间分配费用，并据以登记各批次产品生产成本明细账。

（五）计算产品成本

分批法一般不需要在完工产品和月末在产品之间分配生产费用。因此，某批产品全部完工，需根据生产成本明细账所归集的全部生产费用结转完工产品成本，编制完工产品成本汇总表，计算完工产品的总成本和单位成本。

（六）结转完工产品成本

期末，根据成本计算结果，结转本期完工产品的实际总成本。

分批法的成本计算程序，除了生产成本明细账的设置和完工产品成本的计算与品种法

有所区别外，其他与品种法是完全一致的。

【例 6-1】　江南公司按照购货单位的要求，小批生产甲产品。2021 年 10 月，投产甲产品 50 件，批号 701，11 月份全部完工；11 月投产乙产品 40 件，批号 801，当月完工 30 件，并已交货，还有 10 件尚未完工，在产品完工程度为 60%。材料于生产开始时一次投入。与 701 号甲产品和 801 号乙产品有关成本资料如表 6-25 和表 6-26 所示。

表 6-25　月初在产品成本

2021 年 11 月　　　　　　　　　　　　　　　　　　　　　单位：元

产品名称	产品批别	直接材料	直接人工	制造费用	合计
甲产品	701	80 000	8 000	12 000	100 000

表 6-26　本月发生生产费用

2021 年 11 月　　　　　　　　　　　　　　　　　　　　　单位：元

产品名称	产品批别	直接材料	直接人工	制造费用	合计
甲产品	701	30 000	9 000	15 000	54 000
乙产品	801	400 000	54 000	81 000	535 000

根据上述资料，采用分批法计算产品生产成本并登记各批产品成本明细账和账务处理如下：

（1）计算 701 号甲产品成本。由于 701 批次产品全部完工，根据材料、工资、制造费用分配表登记产品成本计算单，10 月和 11 月发生的所有费用即为产成品总成本。701 号甲产品成本计算单如表 6-27 所示。

表 6-27　产品成本计算单

产品批次：701　　　　　　　　　　　　　　　　　　　　开工日期：10 月
产品名称：甲产品　　　　　　　　　　　　　　　　　　　完工日期：11 月
批量：50 件　　　　　　　　　　　　　　　　　　　　　　单位：元

2021 年		摘要	直接材料	直接人工	制造费用	合计
月	日					
11	1	期初在产品成本	80 000	8 000	12 000	100 000
	30	本月发生生产费用	30 000	9 000	15 000	54 000
	30	本月生产费用合计	110 000	17 000	27 000	154 000
	30	完工产品总成本	110 000	17 000	27 000	154 000
	30	完工产品单位成本	2 200	340	540	3 080
	30	月末在产品成本	0	0	0	0

（2）计算 801 号乙产品成本。按约当产量比例法在 801 号乙产品完工产品与在产品之间分配发生的生产费用。

在产品直接材料费用约当总产量=30+10=40 件

完工产品直接材料费用$=\dfrac{400\,000}{40}\times30=10\,000\times30=300\,000$ 元

月末在产品直接材料费用=10 000×10=100 000 元

在产品直接人工、制造费用约当总产量=30+10×60%=36 件

完工产品直接人工费用$=\dfrac{54\,000}{36}\times30=1\,500\times30=45\,000$ 元

月末在产品直接人工费用=1 500×6=9 000 元

完工产品制造费用$=\dfrac{81\,000}{36}\times30=2\,250\times30=67\,500$ 元

月末在产品制造费用=2 250×6=13 500 元

根据上述计算结果，登记 801 号乙产品成本明细账，如表 6-28 所示。

表 6-28　产品成本计算单

产品批次：801　　　　　　　　　　　　　　　　　　　　　　　开工日期：11 月
产品名称：乙产品　　　　　　　　　　　　　　　　　　　　　　完工日期：
批量：40 件　　　　　　　　　　　　　　　　　　　　　　　　　单位：元

2021年 月	日	摘要	直接材料	直接人工	制造费用	合计
11	30	本月发生生产费用	400 000	54 000	81 000	535 000
	30	本月生产费用合计	400 000	54 000	81 000	535 000
	30	完工产品总成本	300 000	45 000	67 500	412 500
	30	完工产品单位成本	10 000	1 500	2 250	13 750
	30	月末在产品成本	100 000	9 000	13 500	122 500

（3）根据 701 号甲产品和 801 号乙产品产品成本计算单，编制完工产品成本汇总表，如表 6-29 所示，并结转完工入库产品成本。

表 6-29　完工产品成本汇总表

2021 年 11 月　　　　　　　　　　　　　　　　　　　　　　　　单位：元

成本项目	701 号甲产品（50 件）		801 号乙产品（30 件）	
	总成本	单位成本	总成本	单位成本
直接材料	110 000	2 200	300 000	10 000
直接人工	17 000	340	45 000	1 500

成本项目	701 号甲产品（50 件）		801 号乙产品（30 件）	
	总成本	单位成本	总成本	单位成本
制造费用	27 000	540	67 500	2 250
合计	154 000	3 080	412 500	13 750

根据完工产品成本汇总表，编制如下会计分录：

借：库存商品——701 号甲产品　　　　　　　　154 000

　　　　——801 号乙产品　　　　　　　　412 500

　　贷：生产成本——701 号甲产品　　　　　　　154 000

　　　　——801 号乙产品　　　　　　　412 500

四、简化分批法

在小批、单件生产的企业或车间中，如果同一月份投产的产品批数很多，达到几十批甚至上百批，且月末在产品的批数较多，而每月完工批数不多，如机械制造厂或修配厂同一月份投产的产品批数很多。在这种情况下，不管各批产品是否完工，都将当月发生的间接费用在各批产品之间进行分配，那么间接费用的分配工作就会非常繁重。因此，在这类企业中，可以考虑采用简化分批法来计算产品成本。

（一）简化分批法的概念

简化分批法是指采用分批法进行成本计算时，各批产品成本明细账在产品完工前只登记直接费用和生产工时，每月发生的间接费用则是在生产成本二级账中分别累计起来，到产品完工时，按照完工产品累计工时的比例，在各批完工产品之间进行分配。由于这种方法只对完工产品分配间接费用，而不分批计算在产品成本，故又称为不分批计算在产品成本的分批法。

（二）简化分批法的特点

与分批法相比，简化分批法具有以下特点。

1. 设置基本生产成本二级账

采用简化分批法，除按产品批次设置产品生产成本明细账（产品成本计算单）外，还必须设置基本生产成本二级账。基本生产成本二级账和产品生产成本明细账同时平行登记。

产品基本生产成本明细账按月登记各批产品的直接计入费用（如直接材料费用）和生产工时。各月发生的间接计入费用（如直接人工费用和制造费用）不按月在各批次产品之间进行分配，而是按成本项目登记在基本生产成本二级账中。只有在有完工产品当月，才将基本生产成本二级账中累计发生的费用，按照完工产品工时占全部累计工时的比例，向完工产品进行分配；未完工产品的间接计入费用，保留在基本生产成本二级账中。完工产品从基本生产成本二级账分配转入的间接费用，加上产品生产成本明细账原登记的直接计入费用，即为完工产品总成本。

2. 不分批计算月末在产品成本

基本生产成本二级账按成本项目登记全部批次产品的累计生产费用（包括全部直接计入费用和全部间接计入费用）和累计生产工时。在有完工产品的月份，将完工产品应负担的间接计入费用分配转入到各完工产品生产成本明细账（产品成本计算单）后，基本生产成本二级账反映的是全部批次月末在产品成本。而各批次未完工产品的生产成本明细账（产品成本计算单）中也只反映月末在产品的累计直接计入费用和累计工时，不反映在产品成本。

3. 采用同一个累计间接费用分配率分配间接费用

在有完工产品的月份，根据基本生产成本二级账的记录，计算全部产品累计间接费用分配率。累计间接费用分配率既是在各批完工产品之间分配各项间接费用的依据，也是完工产品与月末在产品之间分配各项费用的依据。计算公式为：

$$\text{全部产品某项累计间接费用分配率} = \frac{\text{全部产品某项累计间接费用}}{\text{全部产品累计工时}}$$

$$\text{某批完工产品应负担的间接费用} = \text{该批完工产品累计工时} \times \text{全部产品某项累计间接费用分配率}$$

（三）简化分批法的计算程序

1. 设置生产成本明细账与基本生产成本二级账

简化分批法应按照产品批别设置生产成本明细账，同时按全部产品设立一个基本生产成本二级账。在产品完工前，生产成本明细账只登记直接材料费用和生产工时，只有在某批产品完工时，才分配该批产品应负担的人工和制造费用。

2. 登记各批别产品发生的生产费用和生产工时

各批产品的直接费用和生产工时，在各批产品的生产成本明细账和基本生产成本二级账中平行登记。各批产品发生的间接费用，只需要根据有关费用分配表登记基本生产成本二级账。

3. 计算完工产品成本

在有完工产品的月份，要根据基本生产成本二级账计算全部产品的累计间接费用分配率，并据此计算当月完工批次产品负担的间接费用。该批次产品直接费用加上间接费用得出完工产品总成本。

【例6-2】 某企业小批生产多种产品，产品批数多，而且月末有许多批号未完工。为了简化成本计算工作，采用简化分批法计算产品成本。2021年6月，该企业的各批产品生产资料如表6-30所示，各批产品的月初在产品成本如表6-31所示，本月发生的工时和费用如表6-32所示。

表6-30　生产资料

批次	产品名称	批量	投产日期	完工情况
9001	A产品	9件	4月	全部完工
9002	B产品	8件	5月	本月完工4件
9003	C产品	7件	5月	尚未完工
9004	D产品	6件	6月	尚未完工
9005	E产品	6件	6月	尚未完工

表6-31　月初在产品成本

单位：元

批次	产品名称	直接材料	累计工时（小时）	直接人工	制造费用	合计
9001	A产品	28 850	11 180			
9002	B产品	19 860	4 500			
9003	C产品	18 400	4 820			
合计		67 110	20 500	43 000	24 700	134 810

表6-32　本月发生生产费用和累计工时

单位：元

批次	产品名称	直接材料	累计工时（小时）	直接人工	制造费用	合计
9001	A产品	4 000	1 420			
9002	B产品	5 100	3 700			
9003	C产品	2 100	2 000			
9004	D产品	18 000	6 000			
9005	E产品	19 690	6 380			
合计		48 890	19 500	23 000	12 100	83 990

注：完工B产品耗用工时为5 000小时

（1）编制基本生产成本二级账。

企业人员工资采用计时工资制度，所以直接人工为间接费用，计入基本生产成本二级账。该企业基本生产成本二级账如表6-33所示。

153

表 6-33　基本生产成本二级账

（各批产品总成本）　　　　　　　　　　　　　　单位：元

2021年 月	2021年 日	摘要	直接材料	生产工时（小时）	直接人工	制造费用	成本合计
5	31	本月生产费用	67 110	20 500	43 000	24 700	134 810
6	30	本月生产费用	48 890	19 500	23 000	12 100	83 990
	30	生产费用合计	116 000	40 000	66 000	36 800	218 800
	30	全部产品累计间接计入费用分配率			1.65	0.92	
	30	本月完工产品转出	45 330	17 600	29 040	16 192	90 562
	30	月末在产品成本	70 670	22 400	36 960	20 608	128 238

全部产品累计间接计入费用分配率计算如下：

直接人工累计间接费用分配率=66 000÷40 000=1.65

制造费用累计间接费用分配率=36 800÷40 000=0.92

（2）编制各批次产品生产成本明细账。

① 计算 9001 号 A 产品完工成本，并编制生产成本明细账，如表 6-34 所示。

直接人工=12 600×1.65=20 790 元

制造费用=12 600×0.92=11 592 元

表 6-34　生产成本明细账

产品批次：9001　　　　　　　　　　2021 年 6 月　　　　　　　　　投产日期：4 月

产品名称：A 产品　　　　　　　　　　　　　　　　　　　　　　　完工日期：6 月

产品批量：9 件　　　　　　　　　　　　　　　　　　　　　　　　单位：元

2021年 月	2021年 日	摘要	直接材料	生产工时（小时）	直接人工	制造费用	成本合计
5	31	本月生产费用	28 850	11 180			
6	30	本月生产费用	4 000	1 420			
	30	累计数及累计间接费用分配率	32 850	12 600	1.65	0.92	
	30	本月完工转出	32 850	12 600	20 790	11 592	65 232
	30	完工产品单位成本	3 650	1 400	2 310	1 288	7 248

② 计算 9002 号 B 产品完工成本，并编制生产成本明细账，如表 6-35 所示。

直接人工=5 000×1.65=8 250 元

制造费用=5 000×0.92=4 600 元

表 6-35　生产成本明细账

批号：9002

产品名称：B 产品

产品批量：8 件

投产日期：5 月

完工日期：6 月

本月完工 4 件

单位：元

2021 年		摘要	直接材料	生产工时（小时）	直接人工	制造费用	成本合计
月	日						
5	31	本月生产费用	19 860	4 500			
6	30	本月生产费用	5 100	3 700			
	30	累计数及累计间接费用分配率	24 960	8 200	1.65	0.92	
	30	本月完工转出	12 480	5 000	8 250	4 600	25 330
	30	完工产品单位成本	3 120	1 250	2 062.5	1 150	6 332.5
	30	在产品成本	12 480	3 200			

③ 9003 号 C 产品、9004 号 D 产品和 9005 号 E 产品的生产成本明细账，分别如表 6-36、表 6-37 和表 6-38 所示。

表 6-36　生产成本明细账

批号：9003

产品名称：C 产品

产品批量：7 件

投产日期：5 月

完工日期：

单位：元

2021 年		摘要	直接材料	生产工时（小时）	直接人工	制造费用	成本合计
月	日						
5	31	本月生产费用	18 400	4 820			18 400
6	30	本月生产费用	2 100	2 000			2 100
	30	生产费用合计	20 500				20 500

表 6-37　生产成本明细账

批号：9004

产品名称：D 产品

产品批量：6 件

投产日期：6 月

完工日期：

单位：元

2021 年		摘要	直接材料	生产工时（小时）	直接人工	制造费用	成本合计
月	日						
6	30	本月生产费用	18 000	6 000			18 000
	30	生产费用合计	18 000				18 000

表 6-38　生产成本明细账

批号：9005

投产日期：6 月

产品名称：E 产品

完工日期：

产品批量：6 件

单位：元

2021 年		摘要	直接材料	生产工时（小时）	直接人工	制造费用	成本合计
月	日						
6	30	本月生产费用	19 690	6 380			19 690
	30	生产费用合计	19 690				19 690

注：由于 9003、9004、9005 批次产品尚未完工，所以只需要在明细账中归集直接材料费用和生产工时

（3）结转完工入库产品成本。

将上述已完工的 9001 号 A 产品和部分完工的 9002 号 B 产品的完工成本进行汇总，编制各批完工产品成本汇总表，如表 6-39 所示。

表 6-39　各批完工产品成本汇总表

单位：元

2021 年		批次	产品名称	直接材料	生产工时（小时）	直接人工	制造费用	合计
月	日							
6	30	9001	A 产品	32 850	12 600	20 790	11 592	65 232
	30	9002	B 产品	12 480	5 000	8 250	4 600	25 330
	30	合计		45 330	17 600	29 040	16 192	90 562

根据各批次完工产品成本汇总表，编制如下会计分录：

借：库存商品——9001 号 A 产品　　　　　　　　　　　　　65 232

　　　　　　——9002 号 B 产品　　　　　　　　　　　　　25 330

　　贷：生产成本——9001 号 A 产品　　　　　　　　　　　65 232

　　　　　　　　——9002 号 B 产品　　　　　　　　　　　25 330

采用简化分批法计算产品成本虽然有利于简化成本核算工作，但是在这种方法下，各未完工批别的成本明细账不能完整地反映各批产品的在产品成本，并且只能在适当的条件下才能采用这种方法，否则会影响成本计算工作的正确性。

首先，这种方法只能在各月间接费用的水平相差不大的情况下采用，因为间接费用分配率是根据本月及以前几个月份的累计间接费用计算的，如果本月份间接费用水平与前几个月份间接费用水平相差悬殊，按累计平均的间接费用分配率计算本月投产、本月完工的产品成本，脱离实际程度将会较大。

其次，这种方法只能在同一月份投产的产品批数很多，但月末完工批数较少且未完工批数较多的情况下采用，这样才会简化核算工作。否则，仍要按批数在大多数完工产品成本明细账中分配登记各项间接费用。

任务四 产品成本计算的分步法

一、分步法的概念及适用范围

分步法是以产品的品种及所经过的生产步骤作为成本计算对象，归集生产费用，计算各种产品成本及各步骤成本的一种方法。这种方法主要适用于大量大批的多步骤生产的企业，如纺织、冶金、造纸等企业。在这些企业里，生产过程由若干个在技术上可以间断的生产步骤组成，每个步骤都有加工完成的半成品和正在加工的在产品。这些已加工完成的半成品既可以用于下一步骤的继续加工生产，又可以对外销售。因此，为了适应这一特点，这类企业不仅要计算每一种产品的成本，还要计算各生产步骤的成本，以满足损益计算和实行成本分级管理的要求。

二、分步法的特点

（一）以生产步骤为成本计算对象

在计算产品成本时，按照产品的生产步骤设立产品成本明细账。如果只生产一种产品，成本计算对象就是该种产成品及其所经过的各生产步骤，产品成本明细账应该按照该产品的生产步骤设置；如果生产多种产品，成本计算对象则应是各种产成品及其所经过的各生产步骤，产品成本明细账则应按照各种产品的各个生产步骤设置。

在进行成本计算时，应按步骤分产品分配和归集生产费用，单设成本项目的直接计入费用，直接计入各成本计算对象；单设成本项目的间接计入费用，单独分配计入各成本计算对象；不单设成本项目的费用，一般是先按车间、部门等归集为综合费用，月末再直接计入或分配计入各成本计算对象。

（二）将会计报告期作为成本计算期

在大量大批、多步骤生产企业中，由于生产过程相对较长，原材料不断地投入，产品也是陆续不断地完工，不可能在所有产品完工之后再计算成本。因此，成本计算一般都是按月定期进行，因而与产品的生产周期不一致，但与产品的会计报告期一致。

（三）月末需要在完工产品和在产品之间分配生产费用

在大量大批复杂生产的企业里，采用分步法计算产品成本。由于分步法的成本计算期与产品生命周期不一致，月末通常有在产品。因此，月末计算产品成本时，通常需要将已经计入产品成本明细账中的生产费用合计数，在完工产品与月末在产品之间进行分配。

（四）成本需要在各步骤之间结转

由于产品生产分步骤进行，上一步骤生产的半成品是下一步骤的加工对象。因此，为了计算各种产品的产成品成本，还需要采用适当的方法，按产品品种分别结转各步骤成本，最终计算出每种产品的总成本和单位成本。这也是分步法的一个重要特点。

三、分步法的分类

分步法按照产品生产步骤来归集费用，计算产品成本时，各个生产步骤成本的计算和结转方法不同，分步法又分为逐步结转分步法和平行结转分步法两种。如果成本管理要求计算和结转各步骤半成品成本，就采用逐步结转分步法计算产品成本；如果成本管理不要求计算各步骤半成品成本，就采用平行结转分步法计算产品成本。

四、逐步结转分步法

（一）逐步结转分步法的概念及适用范围

逐步结转分步法也称计算半成品成本法，是按照产品加工步骤的顺序，逐步计算结转半成品，直到最后步骤计算出产品成本的一种方法。它是按照产品加工顺序先计算第一个加工步骤的半成品成本，然后结转给第二个加工步骤。这时，第二个步骤把第一个步骤转来的半成品成本加上本步骤耗用的材料和加工费用，即可求得第二个加工步骤的半成品成本。如此顺序逐步转移累计，直到最后一个加工步骤才能计算出产成品成本。

逐步结转分步法主要适用于半成品具有独立的经济意义、半成品需对外销售、管理上要求提供半成品成本资料的连续式多步骤生产的企业。

（二）逐步结转分步法的特点

① 逐步结转分步法的成本计算对象是各种产成品及各生产步骤的半成品。这种方法应按照产品品种和生产步骤设置成本计算单，每一步骤内的成本计算与品种法基本相同。

② 各生产步骤的半成品成本随着半成品实物的转移，在各生产步骤之间顺序结转。

③ 在逐步结转分步法下，各步骤的生产费用在本步骤完工的半成品和在产品之间分配时，"在产品"是狭义上的概念，是针对本生产步骤来说的。

④ 逐步结转分步法需要计算各生产步骤所产半成品成本，中间步骤成本计算单中费用合计包含"本步骤耗用上一步骤的半成品费用"一项。可以根据需要设置"自制半成品"账户。各生产步骤所归集的本步骤发生的生产费用（包括上一步骤转入的半成品成本），在完工半成品与狭义在产品之间进行分配。

（三）逐步结转分步法的计算程序

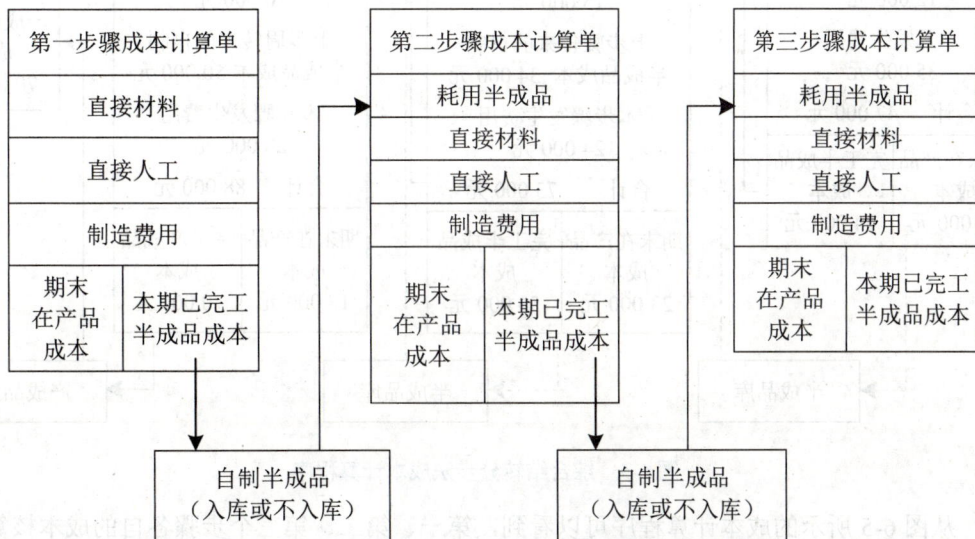

① 按产品品种及其生产步骤设置生产成本明细账，归集生产费用。

② 月末将第一步骤成本计算单中的费用合计数，采用一定的方法在第一步骤的完工半成品和在产品之间分配，计算出本步骤完工半成品和在产品成本。

③ 将本步骤耗用上一步骤生产的半成品成本转入本步骤的成本计算单，再加上本步骤本月发生的费用，计算费用合计数，并将费用的合计数在本步骤的完工半成品和在产品之间分配，计算出本步骤完工半成品和在产品成本。

④ 重复③所述的成本计算方法，依次计算各步骤半成品成本，直到生产的最后步骤，计算出本月最终完工的产成品的成本。

逐步结转分步法的
计算程序

这里需要说明的是，各步骤所消耗的上一步骤半成品的成本计算有两种方式：一种是企业设置"自制半成品"账户。企业通过半成品库收发半成品，则本步骤领用的半成品，可采用先进先出法、移动加权平均法、一次加权平均法等方法，通过"自制半成品"账户及其明细账来核算其成本。另一种是企业不通过半成品库收发半成品，而是将上一步骤加工完成的半成品直接转入本步骤，那么上步骤计算得出的完工半成品成本即转入本步骤成本项目的成本数额。逐步结转分步法的成本计算程序如图6-4所示。

图6-4　逐步结转分步法成本核算程序图

（四）逐步结转分步法的应用

逐步结转分步法按各生产步骤间所结转的半成品成本在下一步骤产品成本明细账中

反映方法的不同，可分成综合结转分步法和分项结转分步法。

1. 综合结转分步法

（1）综合结转分步法的概念

综合结转分步法是指各生产步骤所耗用的上一步骤所产半成品成本，按照上一步骤产品成本明细账中确定的实际总成本，综合计入该步骤产品成本明细账中的"自制半成品"项目中。

上一步骤半成品实物向下一步骤转移时，如果不通过仓库收发，则一般全部转移到下一步骤继续加工生产，半成品成本也是等额转入下一步骤产品成本明细账中的"自制半成品"成本项目中的。半成品实物如果通过仓库收发，半成品成本在出库时可以采用实际成本计价，也可按计划成本计价。按实际成本计价时，半成品出库时的实际单位成本可采用先进先出法、加权平均法、移动加权平均法和个别计价法等方法计算。半成品出库时，其成本按计划成本计价时，半成品的日常收发核算均按计划成本进行，期末需要计算半成品成本的差异率，再将所耗半成品的计划成本调整为实际成本。

（2）综合结转分步法的计算程序

综合结转分步法具体的成本计算程序如图 6-5 所示。

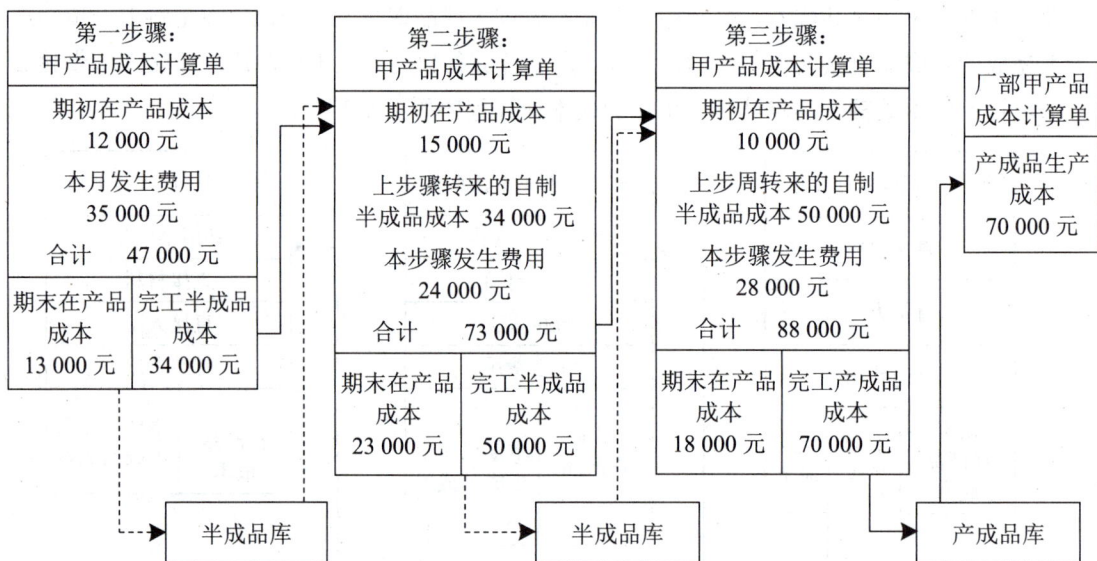

图 6-5　综合结转分步法成本计算程序

从图 6-5 所示的成本计算程序可以看到，第一、第二、第三个步骤各自的成本核算方法与品种法是相同的。因此，也有人认为综合结转分步法就是品种法的多次连续应用。在采用品种法计算上一步骤的半成品成本以后，按照下一步骤的耗用数量转入下一步骤产品成本明细账；下一步骤再次按照品种法的原理归集本步骤发生费用和所耗上步骤半成品成本，计算出本步骤所产半成品成本，同样按照在下一步骤的耗用数量转入下一步骤产成品成本明细账。如此逐步结转，直到最后一个步骤，计算出产成品成本。

【例 6-3】　某工业企业生产甲产品需要经过三个步骤，分别由三个车间进行。第一车间生产 A 半成品，完工后全部直接交给第二车间继续加工；第二车间生产的产品为 B 半成品，完工后全部交给半成品仓库；第三车间从半成品仓库中领出 B 半成品继续加工，完工后即为甲产品产成品，全部交产成品仓库。半成品仓库发出的 B 半成品按全月一次加权平均法计算其实际成本。

原材料在第一车间开工时一次投入，第二、第三车间领用的半成品，也在各该生产步骤生产开始时投入。加工费用随加工程度逐步发生，月末在产品加工程度为 50%。半成品仓库月初结存半成品 40 件，单位成本 825 元。该企业 2021 年 10 月有关成本计算资料如表 6-40 和表 6-41 所示。

表 6-40　生产数量记录

产品：甲产品　　　　　　　　　　2021 年 10 月　　　　　　　　　　单位：件

车间	月初在产品	本月投入或上步投入	本月完工转入下步或交库	月末在产品
第一车间	20	220	200	40
第二车间	40	200	200	40
第三车间	40	200	220	20

表 6-41　生产费用汇总表

产品：甲产品　　　　　　　　　　2021 年 10 月　　　　　　　　　　单位：元

	项目	自制半成品	直接材料	直接人工	制造费用	合计
第一车间	月初在产品成本		5 000	1 250	1 000	7 250
	本月发生费用		55 000	26 250	21 000	102 250
第二车间	月初在产品成本	19 000		4 000	3 000	26 000
	本月发生费用			40 000	30 000	70 000
第三车间	月初在产品成本	33 000		4 000	3 000	40 000
	本月发生费用			42 000	31 500	73 500

（1）第一车间产品成本计算过程。

直接材料分配率 =（5 000+55 000）÷（200+40）=250

直接人工分配率 =（1 250+26 250）÷（200+40×50%）=125

制造费用分配率 =（1 000+21 000）÷（200+40×50%）=100

根据上述计算结果，编制第一车间产品成本计算单，如表 6-42 所示。

表 6-42　第一车间产品成本计算单

产品：A 半成品　　　　　　　　　　2021 年 10 月　　　　　　　　　　单位：元

摘要	直接材料	直接人工	制造费用	合计
月初在产品成本	5 000	1 250	1 000	7 250
本月发生生产费用	55 000	26 250	21 000	102 250
生产费用合计	60 000	27 500	22 000	109 500
本月完工产品数量（件）	200	200	200	200
月末在产品约当产量（件）	40	20	20	
约当总产量（件）	240	220	220	
单位成本（费用分配率）	250	125	100	475
完工半成品成本	50 000	25 000	20 000	95 000
月末在产品成本	10 000	2 500	2 000	14 500

将第一车间产品成本计算单中完工半成品成本 95 000 元转入第二车间产品成本计算单中的"自制半成品"成本项目中。

（2）第二车间产品成本计算过程。

半成品分配率=（19 000+95 000）÷（200+40）=475

直接人工分配率=（4 000+40 000）÷（200+40×50%）=200

制造费用分配率=（3 000+30 000）÷（200+40×50%）=150

根据上述计算结果，编制第二车间产品成本计算单，如表 6-43 所示。

表 6-43　第二车间产品成本计算单

产品：B 半成品　　　　　　　　　　2021 年 10 月　　　　　　　　　　单位：元

摘要	A 自制半成品	直接人工	制造费用	合计
月初在产品成本	19 000	4 000	3 000	26 000
本月发生生产费用	95 000	40 000	30 000	165 000
生产费用合计	114 000	44 000	33 000	191 000
本月完工产品数量（件）	200	200	200	
月末在产品约当产量（件）	40	20	20	
约当总产量（件）	240	220	220	
单位成本（费用分配率）	475	200	150	825
完工半成品成本	95 000	40 000	30 000	165 000
月末在产品成本	19 000	4 000	3 000	26 000

根据第二车间产品成本计算单，结转完工入库 B 半成品，编制如下会计分录：

借：自制半成品——B 半成品　　　　　　　　　　165 000

　　贷：基本生产成本——第二车间　　　　　　　　　　165 000

（3）登记自制半成品明细账。

发出 B 半成品加权平均单位成本=（33 000+165 000）÷（40+200）=825（元/件）

生产领用 200 件总成本=825×200=165 000 元

根据计算结果登记自制半成品明细账，如表 6-44 所示。

表 6-44　自制半成品明细账

产品：B 半成品　　　　　　　　　　　　　2021 年 10 月　　　　　　　　　　　　单位：元

摘要	收入			发出			结存		
	数量（件）	单价	金额	数量（件）	单价	金额	数量（件）	单价	金额
月初结存							40	825	33 000
本月入库	200	825	165 000						
本月发出				200	825	165 000			
月末结存							40	825	33 000

第三车间领用 B 半成品 200 件，实际总成本为 165 000 元，结转发出半成品成本，编制如下会计分录：

借：基本生产成本——第三车间　　　　　　　　　　　　165 000

　　贷：自制半成品——B 半成品　　　　　　　　　　　　165 000

（4）第三车间产品成本计算过程。

半成品分配率=（33 000+165 000）÷（220+20）=825

直接人工分配率=（4 000+42 000）÷（220+20×50%）=200

制造费用分配率=（3 000+31 500）÷（220+20×50%）=150

根据上述计算结果，编制第三车间产品成本计算单，如表 6-45 所示。

表 6-45　第三车间产品成本计算单

产品：甲产品　　　　　　　　　　　　　2021 年 10 月　　　　　　　　　　　　单位：元

摘要	B 自制半成品	直接人工	制造费用	合计
月初在产品成本	33 000	4 000	3 000	40 000
本月发生生产费用	165 000	42 000	31 500	238 500
生产费用合计	198 000	46 000	34 500	278 500
本月完工产品数量（件）	220	220	220	
月末在产品约当产量（件）	20	10	10	
约当总产量（件）	240	230	230	
单位成本（费用分配率）	825	200	150	1 175
完工产成品成本	181 500	44 000	33 000	258 500
月末在产品成本	16 500	2 000	1 500	20 000

将第三车间产品成本计算单中的完工产品成本258 500元转出，编制如下会计分录：

借：库存商品——甲产品　　　　　　　　　　　　258 500

　　贷：生产成本——基本生产成本——甲产品　　　　　　258 500

知识链接

钢铁的制造生产分四个步骤进行：第一步，由烧结车间将铁矿石碾成标准化的颗粒，制成固态的烧结石。这一阶段铁矿石和煤是主要原材料，需要计算半成品烧结石的成本。第二步，固态烧结石进入炼铁厂，加入等量的焦炭，通过高温，融化成铁水，去除杂质后制成生铁，这一阶段除了半成品烧结石外，焦炭、煤是其主要原材料，生产出的半成品成本中包括烧结石、焦炭、煤的成本。第三步，炼钢厂领用生铁，生产出产成品钢锭，发生的成本有生铁、煤的成本。第四步，由各种型材生产车间用钢锭生产出成品——各种型材。在这个生产过程中，发生的成本有钢锭和煤的成本。

从钢铁的生产过程可以看出，每个生产车间生产出的半成品都能独立对外销售，并且能够独立核算成本，所以，钢铁厂的成本核算适合采用分步法中的逐步结转分步法。

2. 综合结转分步法下的成本还原

采用综合结转分步法结转半成品，各步骤耗用上一步骤半成品的费用可以直接从生产成本明细账中反映出来。这对于加强各步骤耗用半成品情况的监督、分析、考核和提高成本管理水平有重要作用。

但采用这种方法计算出的完工产品成本，其中的直接人工和制造费用只是最后一个生产步骤产生的，最后一个步骤之前发生的直接人工和制造费用都是以"自制半成品"项目来反映的。因此，产品成本不能按原始成本项目来反映产品成本结构，这样不利于成本分析和成本考核。而要提供按原始成本项目结构反映的产品成本构成，就必须进行成本还原。

（1）成本还原的概念

所谓成本还原，就是将产成品耗用各步骤半成品的综合成本，逐步分解还原为"直接材料""直接人工""制造费用"等原始成本项目，以求得按原始成本项目反映的产成品成本，以恢复产品成本的真实构成。

（2）成本还原的基本流程

成本还原的基本流程如下：从最后一个生产步骤开始，将产成品成本中所耗用的上一步骤半成品的综合成本，按照上一步骤本月完工半成品成本项目的比例，逐步分解还原为原始的成本项目。如此自后而前逐步分解还原，直至第一个生产步骤。最后，将分步还原后相同的成本项目加以汇总，即可取得按原始成本项目反映的产成品成本资料。若生产步骤为n，则还原次数为$n-1$次。

成本还原只是改变了产成品成本的构成，但不会改变产成品的总成本。因此，还原后的实际总成本与成本还原前产成品的实际成本一定是相等的。

（3）成本还原的方法

① 项目比重还原法，是按照本月产成品所耗各上一步骤完工半成品的成本项目比重（即成本结构）进行分解还原。计算程序如下：

a. 计算上一步骤完工半成品各成本项目的比重：

$$上步骤完工半成品某成本项目比重=\frac{上步骤完工半成品该成本项目金额}{上步骤完工半成品成本合计}\times100\%$$

b. 计算半成品各成本项目还原值：

$$半成品某成本项目还原值=本月产成品耗用上步骤半成品成本\times$$
$$上步骤完工半成品某成本项目比重$$

c. 计算产成品还原后各成本项目金额：

在成本还原的基础上，将各步骤还原前和还原后相同的成本项目金额相加，即可计算出产成品还原后各成本项目金额，从而求得按原始成本项目反映的产成品成本资料。

在实际工作中，可以通过编制"产品成本还原计算表"进行成本还原的计算。

【例6-4】　以【例6-3】的计算结果为资料进行成本还原。第三车间本月完工甲产品220件，实际总成本258 500元，其中耗用第二车间所生产的B半成品成本181 500元，直接人工44 000元，制造费用33 000元。

第一步：将甲产品成本计算单中的B半成品成本181 500元，按照第二车间本月所产B半成品的成本结构进行还原。

① 计算上一步骤完工半成品各成本项目的比重：

第二车间本月完工入库B半成品总成本165 000元，其中半成品成本95 000元，直接人工40 000元，制造费用30 000元。B半成品成本项目构成为：

A半成品项目比重=95 000÷165 000×100%=57.576%

直接人工项目比重=40 000÷165 000×100%=24.242%

制造费用项目比重=30 000÷165 000×100%=18.182%　　　合计：100%

② 计算半成品成本还原：

A半成品项目=181 500×57.576%=104 500元

直接人工项目=181 500×24.242%=44 000元

制造费用项目=181 500×18.182%=33 000元

第二步：对第一步还原后仍有的A自制半成品成本104 500元，按第一车间本月所产A半成品的成本结构还原。

① 计算上一步骤完工半成品各成本项目的比重：

第一车间本月完工总成本为95 000元，其中直接材料50 000元，直接人工25 000元，制造费用 20 000 元。A 半成品的成本结构为：

直接材料项目比重=50 000÷95 000×100%=52.632%

直接人工项目比重=25 000÷95 000×100%=26.316%

制造费用项目比重=20 000÷95 000×100%=21.052%　　　合计：100%

② 计算半成品成本还原：

直接材料项目=104 500×52.632%=55 000 元

直接人工项目=104 500×26.316%=27 500 元

制造费用项目=104 500×21.052%=22 000 元

第三步，将各相同成本项目数额相加，计算出还原后的总成本。

直接材料项目=55 000 元

直接人工项目=44 000+44 000+27 500=115 500 元

制造费用项目=33 000+33 000+22 000=88 000 元

半成品项目=181 500−181 500+104 500−104 500=0 元　　　合计：258 500 元

根据计算结果，编制产成本还原计算表，如表 6-46 所示。

表 6-46　产品成本还原计算表

产品：甲产品　　　　　　　　　　　2021 年 10 月　　　　　　　　　　　单位：元

产量：220 件

项目	产量（件）	B 半成品	A 半成品	直接材料	直接人工	制造费用	合计
① 还原前甲产品成本	220	181 500			44 000	33 000	258 500
② B 半成品成本结构			57.576%		24.242%	18.182%	
③ B 半成品成本还原		−181 500	104 500		44 000	33 000	0
④ A 半成品成本结构				52.632%	26.316%	21.052%	
⑤ A 半成品成本还原			−104 500	55 000	27 500	22 000	0
⑥ 还原后总成本	220	0	0	55 000	115 500	88 000	258 500
⑦ 单位成本				250	525	400	1 175

② 分配率还原法（按总额比例还原），是按照本月完工产品所耗上步骤半成品费用占本月所产该种半成品总成本的比例（即成本还原分配率）进行成本还原。计算程序如下：

a. 计算成本还原分配率：

$$还原分配率=\frac{本月产成品所耗上一步骤半成品费用}{上一步骤所产该种完工半成品成本合计}$$

b. 计算半成品各成本项目还原值：

半成品某成本项目还原值=上步骤完工半成品该成本项目金额×还原分配率

c. 计算产成品还原后各成本项目金额。将成本还原前和还原后相同的成本项目进行汇总，求出产品还原以后的总成本和单位成本，从而取得按原始成本项目反映的产成品成本资料。

【例6-5】 仍以【例6-3】的计算结果为资料进行成本还原。成本还原计算过程如下：

第一步：计算B半成品成本还原分配率，按照计算出的分配率对B半成品进行成本还原。

B半成品成本还原分配率=181 500÷165 000=1.1

A半成品项目=95 000×1.1=104 500元

直接人工项目=40 000×1.1=44 000元

制造费用项目=30 000×1.1=33 000元

第二步：计算A半成品成本还原分配率，按照计算出的分配率对A半产品进行成本还原。

A半成品成本还原分配率=104 500÷95 000=1.1

直接材料项目=50 000×1.1=5 5000元

直接人工项目=25 000×1.1=27 500元

制造费用项目=20 000×1.1=22 000元

第三步：按照前述方法将相同成本项目合并，计算还原后总成本，编制产品成本还原计算表，如表6-47所示。

表6-47 产品成本还原计算表

产品：甲产品　　　　　　　　　　2021年10月　　　　　　　　　　单位：元
产量：220件

项目	产量（件）	还原分配率	B半成品	A半成品	直接材料	直接人工	制造费用	合计
① 还原前产成品成本	220		181 500			44 000	33 000	258 500
② B半成品当月成本				95 000		40 000	30 000	165 000
③ B半成品成本还原		1.1	-181 500	104 500		44 000	33 000	0
④ A半成品当月成本					50 000	25 000	20 000	95 000
⑤ A半成品成本还原		1.1		-104 500	55 000	27 500	22 000	0
⑥ 还原后产成品成本	220		0	0	55 000	115 500	88 000	258 500
⑦ 单位成本					250	525	400	1 175

3. 分项结转分步法

（1）分项结转分步法的概念及适用范围

分项结转分步法是将各步骤所耗上步骤半成品成本，按照成本项目分项转入各该步骤基本生产成本明细账的各个成本项目，即在领用步骤的成本明细账中体现为"直接材料""直接人工""制造费用"等原始的成本项目，而不直接反映为自制半成品项目。如果半成品通过半成品库收发，那么在自制半成品明细账中登记半成品成本时，也要按照成本项目分别登记。

分项结转分步法一般适用于管理上不要求计算各步骤完工产品所耗半成品费用和本步骤加工费用，而要求按原始成本项目计算产品成本的企业。这类企业中，各生产步骤的成本管理要求不高，实际上只是按生产步骤分工计算成本，其目的主要是编制按原始成本项目反映的企业产品成本报表。

（2）分项结转分步法的特点

分项结转分步法结转成本时，可以按照半成品的实际成本结转，也可以先按半成品的计划成本结转，期末再按成本项目分项调整成本差异。由于采用计划成本结转的工作量较大，因此，一般采用按实际成本分项结转的方法。

（3）分项结转分步法的计算程序

半成品成本的分项结转，是将上一生产步骤转入下一生产步骤的半成品成本按其原始成本项目，分别计入下一生产步骤产品生产成本明细账中对应的成本项目之中，分项反映各步骤所耗上一步骤所产半成品成本。具体计算程序如图6-6所示，单位为元。

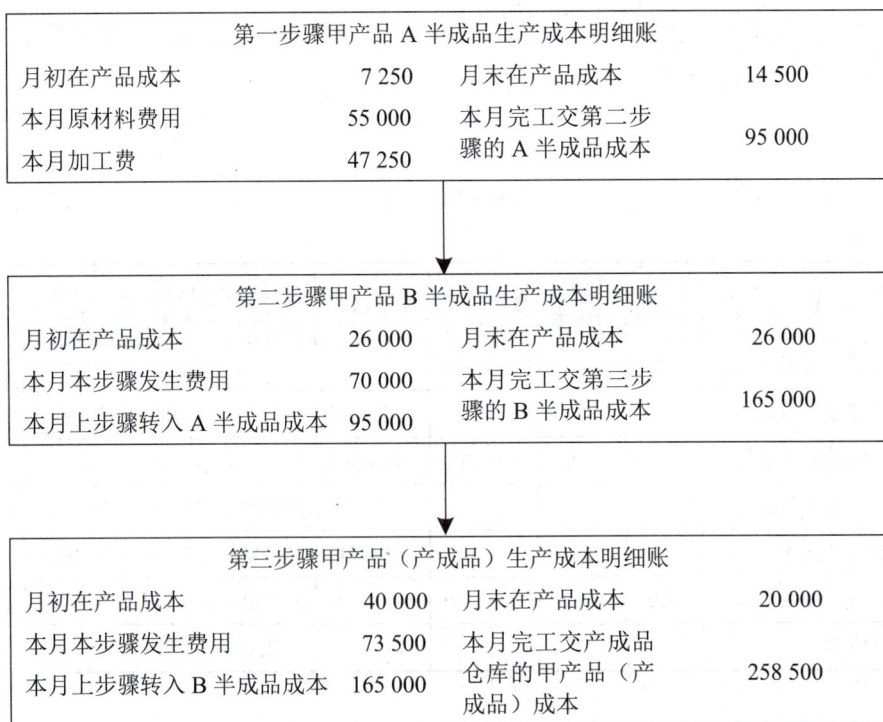

第一步骤甲产品 A 半成品生产成本明细账			
月初在产品成本	7 250	月末在产品成本	14 500
本月原材料费用	55 000	本月完工交第二步骤的 A 半成品成本	95 000
本月加工费	47 250		

第二步骤甲产品 B 半成品生产成本明细账			
月初在产品成本	26 000	月末在产品成本	26 000
本月本步骤发生费用	70 000	本月完工交第三步骤的 B 半成品成本	165 000
本月上步骤转入 A 半成品成本	95 000		

第三步骤甲产品（产成品）生产成本明细账			
月初在产品成本	40 000	月末在产品成本	20 000
本月本步骤发生费用	73 500	本月完工交产成品仓库的甲产品（产成品）成本	258 500
本月上步骤转入 B 半成品成本	165 000		

图6-6　分项结转分步法的成本计算程序

（4）分项结转分步法的应用

分项结转分步法结转半成品成本时，可以直接、准确地提供按原始成本项目反映的企业产品成本资料，便于从整个企业的角度考核和分析产品成本计划的执行情况，不需要进行成本还原，更能准确地提供产品成本构成水平。相关计算公式为：

$$某步骤上步转入半成品单位成本=\frac{期初在产品成本中上步骤转入半成品成本部分+本期上步骤转入半成品成本}{本步骤完工半成品数量+本步骤期末在产品实际数量}$$

$$某步骤本步生产半成品单位成本=\frac{期初在产品成本中本步骤发生生产费用部分+本期本步骤发生的生产费用}{本步骤完工半成品数量+本步骤期末在产品约当产量}$$

$$某步骤半成品单位成本=本步骤上步转入半成品单位成本+某步骤本步生产半成品单位成本$$

【例6-6】 以【例6-3】相关成本资料为例，按分项结转分步法的要求，计算步骤如下：

（1）第一车间没有上步转入费用，分项结转与综合结转在成本计算方法上完全一致。第一车间成本计算单如表6-48所示。

表6-48 第一车间产品成本计算单

产品：A半成品　　　　　　　　　2021年10月　　　　　　　　　单位：元

摘要	直接材料	直接人工	制造费用	合计
月初在产品成本	5 000	1 250	1 000	7250
本月发生生产费用	55 000	26 250	21 000	102 250
生产费用合计	60 000	27 500	22 000	109 500
本月完工产品数量（件）	200	200	200	200
月末在产品约当产量（件）	40	20	20	
约当生产总量（件）	240	220	220	
费用分配率	250	125	100	475
完工半成品成本	50 000	25 000	20 000	95 000
月末在产品成本	10 000	2 500	2 000	14 500

（2）将第一车间产品成本计算单中的完工半成品成本95 000元分项转出，分别计入第二车间产品成本计算单中的各个成本项目中。

应当注意的是，对于月末在产品来说，上步转入费用和本步发生费用应当负担的程度是不相同的。上步转入费用对本步月末在产品而言已经全部投入，应与本月完工产品（半成品）同等负担费用；本步发生费用对本步月末在产品而言，尚未全部投入，应当计算在产品约当产量以后，再与完工产品一起分配费用。这样，在分项结转方式下，产品成本计算单中的每一成本项目，都应当区分为本步发生费用和上步转入费用，以正确计算月末在产品成本。在表 6-49 的第二车间产品成本计算单中，月末在产品约当产量行内，各成本项目"上步转入"均为 40 件，与月末在产品数量相同，表示完工程度为 100%；"本步发生"则为 20 件（40×50%），表示按完工程度 50% 计算约当产量。

表 6-49　第二车间产品成本计算单

产品：B 半成品　　　　　　　　　　2021 年 10 月　　　　　　　　　　单位：元

摘要	直接材料		直接人工		制造费用		合计
	上步转来	本步发生	上步转来	本步发生	上步转来	本步发生	
月初在产品成本	10 000		5 000	4 000	4 000	3 000	26 000
本月发生费用	50 000		25 000	40 000	20 000	30 000	165 000
生产费用合计	60 000		30 000	44 000	24 000	33 000	191 000
完工产品数量（件）	200		200	200	200	200	
在产品约当产量（件）	40		40	20	40	20	
约当生产总量（件）	240		240	220	240	220	
费用分配率	250		125	200	100	150	825
完工成品成本	50 000		25 000	40 000	20 000	30 000	165 000
月末在产品成本	10 000		5 000	4 000	4 000	3 000	26 000

结转完工入库 B 半成品的会计分录与综合结转分步法相同。

（3）登记自制半成品明细账。在分项结转方式下，自制半成品明细账应当分成本项目反映。在按加权平均法计算半成品单位成本时，也应当分成本项目计算，如表 6-50 所示。

表 6-50　自制半成品明细账

产品：B 半成品　　　　　　　　　　2021 年 10 月　　　　　　　　　　单位：元

摘要	数量（件）	成本项目			
		直接材料	直接人工	制造费用	合计
月初结存	40	10 000	13 000	10 000	33 000
本月收入	200	50 000	65 000	50 000	165 000
本月发出	200	50 000	65 000	50 000	165 000
月末结存	40	10 000	13 000	10 000	33 000

第三车间领用 B 半成品编制的会计分录与综合结转分步法相同。

（4）计算第三车间所生产甲产品成本。

将第二车间产品成本计算单中的完工半成品成本 165 000 元分项转出，分别计入第三车间产品成本计算单中的各个成本项目中。第三车间产品成本计算单如表 6-51 所示。

表 6-51　第三车间产品成本计算单

产品：甲产品　　　　　　　　　　　　2021 年 10 月　　　　　　　　　　　　单位：元

摘要	直接材料		直接人工		制造费用		合计
	上步转来	本步发生	上步转来	本步发生	上步转来	本步发生	
月初在产品成本	10 000		13 000	4 000	10 000	3 000	40 000
本月发生费用	50 000		65 000	42 000	50 000	31 500	238 500
生产费用合计	60 000		78 000	46 000	60 000	34 500	278 500
完工产品数量（件）	220		220	220	220	220	
在产品约当产量（件）	20		20	10	20	10	
约当总产量（件）	240		240	230	240	230	
费用分配率	250		325	200	250	150	1 175
完工成品成本	55 000		71 500	44 000	55 000	33 000	258 500
月末在产品成本	5 000		6 500	2 000	5 000	1 500	20 000

根据上述例子可知，分项结转分步法和综合结转分步法的计算结果完全一致。由此可知，不需要成本还原，分项结转法就能客观地反映产品的真实成本。

但是，采用这一方法会使成本结转工作比较复杂。如果半成品通过半成品库收发，在自制半成品明细账中登记半成品成本时，也要按照成本项目分别进行，费时费力。而且各步骤完工产品成本不能反映所耗上一步骤半成品费用和本步骤加工费用信息，不便于进行各步骤完工产品的成本分析。

（五）逐步结转分步法的优缺点

1. 逐步结转分步法的优点

① 采用逐步结转分步法计算产品成本，由于其实物结转与半成品的成本结构相一致，有利于加强对生产资金的管理。

② 可以为各步骤消耗半成品的计算、同行业进行半成品成本的对比、企业内部成本分析和考核等提供半成品成本资料。

2. 逐步结转分步法的缺点

① 综合结转分步法和分项结转分步法都需要逐步结转，核算工作非常复杂，并且无法及时核算资料。

② 采用综合结转分步法结转半成品成本时，需要进行成本还原；而采用分项结转分步法结转半成品成本时，不需要进行成本还原，但结转的核算工作量大。因此，采用逐步

结转分步法时，企业应根据本单位的特点，选择具体的成本计算模式。

五、平行结转分步法

（一）平行结转分步法的概念及适用范围

平行结转分步法，也称不计算半成品成本的分步法，是指在计算产成品成本时，不计算各步骤所产半成品的成本，也不计算各步骤所耗上一步骤半成品的费用，而只计算各步骤发生的其他各项费用及这些费用中应该计入产成品成本的"份额"。月末，将同一产品各步骤成本计算单中这些份额平行结转汇总后，即可计算出该种产品的产成品成本。

平行结转分步法

由于平行结转分步法无法提供各步骤完工半成品的成本，因此适用于半成品无独立经济意义，或虽有半成品但不要求单独计算其成本的企业，如砖瓦厂、瓷厂等。另外，一般不计算零配件成本的装配式复杂生产企业也适用于这种方法，如大批量生产的机械工业企业。

（二）平行结转分步法的特点

除具有分步法的一般特点外，平行结转分步法的基本特点主要表现在如下几方面。

1. 成本计算对象

采用平行结转分步法的成本计算对象是各生产步骤和最终完工产品，并按生产步骤和产成品品种设置产品成本计算单。在这种方法下，各生产步骤的半成品均不作为成本计算对象，各步骤的成本计算都是为了算出最终产品的成本。因此，从各步骤产品成本明细账中转出的只是该步骤应计入最终产品成本的费用（份额），平行汇总产成品成本。各步骤产品成本明细账不能提供其产出半成品的成本资料。

2. 半成品成本不随实物转移而转移

采用平行结转分步法，由于各步骤不计算半成品成本，只归集本步骤发生的生产费用，计算结转应计入产成品成本的份额，因此，各步骤半成品的成本资料只保留在该步骤的成本明细账中，并不随半成品实物转移而结转，即半成品的成本资料与实物相分离。

3. 不设置"自制半成品"账户

由于各加工步骤不计算半成品成本，所以不论半成品是通过仓库收发，还是在各加工步骤间直接转移，都不通过"自制半成品"账户进行价值核算，只需进行自制半成品的数量核算。

4. 生产费用在完工产品与月末在产品之间分配

各步骤的生产费用也要在完工产品与月末在产品之间进行分配。需要注意的是，这里的完工产品为最终产成品。某步骤完工产品费用是指该步骤生产费用中计入产成品成本的份额。这里的在产品指的是广义在产品，即尚未完工的全部在产品和半成品。广义在产品包括以下三个部分：

① 尚在本步骤加工的在产品，即狭义在产品。

② 本步骤已完工转入半成品库的半成品。

③ 本步骤已完工转入以后步骤进一步加工、尚未最后制成产成品的半成品（以后步骤的在产品）。

知识链接

汽车制造的主要生产流程如下：第一道程序是冲压工艺，冲压车间把购进的钢材裁剪成需用的各种零部件，半成品是各种待用的车身零部件，发生的成本主要有外购钢材和各种零部件的成本；第二道工序是焊接工艺，焊接车间将各种车身冲压部件焊接成完整的车身，发生的成本主要是人工成本和动力费用；第三道工艺是涂装工艺，涂装车间的主要工作是将车身进行电泳防锈和喷漆，使车身具有靓丽外表，发生的成本有涂料的成本、人工费用和动力费用；第四道工艺是总装工艺，总装车间的主要工作是将车身、底盘和内饰等各个部分组装到一起，形成一台完整的车，发生的成本有人工费用和动力费用。

汽车厂的生产部件可以在不同的地点和不同的时间将各种原材料分别经过生产加工，拼装成产品。因此，各个步骤具有相对的独立性，不存在前后顺序的依存关系，各步骤一般不需要计算半成品成本，适合采用平行结转分步法计算成本。

（三）平行结转分步法的计算程序

1. 按产品品种和生产步骤设置生产成本明细账并归集本步骤生产费用

根据管理上的规定，生产步骤应相应设置生产成本明细账，账内按成本项目设置专栏。如果企业同时生产若干种类产品，还应按照产品种类分别成本计算步骤设置相应的成本明细账，以便正确归集各种产品的各个步骤的各种费用（不包括耗用上一步骤半成品的成本）。

2. 生产费用在完工产品与广义在产品之间分配

在各个步骤上发生的各种费用，凡是某产品单独耗用的，应直接归集于该种产品的该步骤费用；凡是共同耗用的，应根据受益对象采用一定标准合理分配计入各种产品的各步骤产品成本明细账。月末，将各步骤归集的生产费用，在产成品与广义在产品之间进行分配，计算各步骤应计入产成品的费用份额。

3. 平行汇总成本"份额"，计算结转产成品成本

各步骤单独计算出该步骤计入产成品成本的份额后，应通过设置"产成品成本汇总表"按产品成本进行汇总。各步骤计入产成品成本的份额之和即为产成品成本，再除以产量就得到单位成本。最后，以"产成品成本汇总表"为凭证结转入库产成品成本。

平行结转分步法的成本计算程序如图6-7所示，单位为元。

第一步骤甲产品生产成本明细账

月初在产品成本　　　　　64 250

本月原材料费用　　　　　55 000

本月加工费用　　　　　　47 250

月末在产品成本　　　　　62 000

本月完工产成品成本份额　104 500

第二步骤甲产品生产成本明细账

月初在产品成本　　　　　35 000

本月本步骤发生费用　　　70 000

月末在产品成本　　　　　28 000

本月完工产成品成本份额　77 000

第三步骤甲产品生产成本明细账

月初在产品成本　　　　　 7 000

本月本步骤发生费用　　　73 500

月末在产品成本　　　　　 3 500

本月完工产成品成本份额　77 000

甲产品成本计算汇总表

第一步骤份额　　　　104 500

第二步骤份额　　　　 77 000

第三步骤份额　　　　 77 000

本月完工甲产品成本合计　258 500

图 6-7　平行结转分步法成本计算程序

（四）平行结转分步法的应用

由于在平行结转分步法下，通常采用定额比例法、约当产量比例法等分配费用。下面分别以这两种为例，说明如何计算各步骤计入完工产成品成本的份额。

1. 按定额比例法分配费用

采用这种方法是由于作为分配费用标准的定额资料比较容易取得。具体计算公式可表示如下：

$$月末广义在产品定额消耗量或定额费用=月初广义在产品定额消耗量或定额费用+$$
$$本月投入的定额消耗量或定额费用-$$
$$本月产成品定额消耗量或定额费用$$

$$某步骤某项费用分配率=\frac{该步骤月初在产品费用+该步骤本月发生费用}{产成品定额消耗量或定额费用+月末广义在产品定额消耗量或定额费用}$$

$$某步骤某项费用应计入产成品成本的份额=产成品定额消耗量或定额费用\times$$
$$某步骤某项费用分配率$$

$$产成品总成本=\sum（各步骤各项费用应计入该产成品成本的份额）$$

【例 6-7】　2021 年 10 月，江南工厂经过两个车间生产 A 产品。第一车间生产的 B 半成品转给第二车间继续加工为 A 产品。材料费用在两个车间分别投入，各车间计入产成品成本的费用份额采用定额比例法计算。

（1）根据第一车间定额资料和有关费用分配凭证登记其明细账，计算计入产成品成本的份额，直接在账内计算（下同），如表 6-52 所示。

表 6-52　第一车间产品成本明细表

产品名称：A 产品　　　　　　　　2021 年 10 月　　　　　　　　单位：元

产品产量：1 000 件

摘要	直接材料		定额工时	直接人工	制造费用	合计
	定额	实际				
月初结存	4 000	4 050	5 000	9 000	11 000	24 050
本月发生生产费用	36 000	35 150	45 000	91 000	129 000	255 150
本月生产费用合计	40 000	39 200	50 000	100 000	140 000	279 200
分配率		0.98		2.00	2.80	
计入产成品成本份额	30 000	29 400	40 000	80 000	112 000	221 400
月末结存	10 000	9 800	10 000	20 000	28 000	57 800

（2）根据第二车间的费用分配凭证登记其明细账，并计算该车间计入产成品成本的费用份额，如表 6-53 所示。

表 6-53　第二车间成本明细账

产品名称：A 产品　　　　　　　　2021 年 10 月　　　　　　　　单位：元

产品产量：1 000 件

摘要	直接材料		定额工时	直接人工	制造费用	合计
	定额	实际				
月初结存	2 000	2 100	3 000	6 500	4 000	12 600
本月发生生产费用	18 000	19 900	37 000	81 500	52 000	153 400
本月生产费用合计	20 000	22 000	40 000	88 000	56 000	166 000
分配率		1.10		2.20	1.40	
计入产成品成本份额	16 000	17 600	30 000	66 000	42 000	125 600
月末结存	4 000	4 400	10 000	22 000	14 000	40 400

（3）根据一、二车间计算结果，填制"产成品成本汇总表"，按原始成本项目平行汇总 A 产品成本，如表 6-54 所示。

表 6-54　产品成本汇总表

产品名称：A 产品　　　　　　　　　　2021 年 10 月　　　　　　　　　　单位：元

产品产量：1 000 件

项目	产量（件）	直接材料	直接人工	制造费用	合计
一车间份额	1 000	29 400	80 000	112 000	221 400
二车间份额	1 000	17 600	66 000	42 000	125 600
合计	1 000	47 000	146 000	154 000	347 000
单位成本		47	146	154	347

2. 按约当产量比例法分配费用

采用约当产量比例法计算月末各步骤广义在产品约当产量及约当总产量的公式如下：

某步骤月末广义在产品约当产量＝该步骤月末在产品的约当产量＋
转入半成品库和以后步骤但未最终完工半成品数量
＝该步骤月末在产品数量×在产品完工程度＋
转入半成品库和以后步骤但未最终完工半成品数量
某步骤约当总产量＝最终完工产成品数量×单位产成品耗用该步骤半成品的数量＋
该步骤广义在产品约当产量

采用平行结转分步法，要计算出各步骤生产费用合计数额中最终产成品成本应承担的份额，离不开成本项目费用分配率的计算。计算公式为：

$$某成本项目费用分配率＝\frac{某生产步骤成本项目生产费用合计}{某步骤约当产量}$$

产成品成本在某步骤应负担的份额＝最终完工产成品数量×
单位产成品耗用该步骤半成品数量×
某成本项目费用分配率

【例 6-8】　江南公司生产 A 产品，经过三个步骤：第一步骤生产 A-1 半成品，完成后交第二步骤生产 A-2 半成品，A-2 半成品通过仓库收发供第三车间领用并最后制成 A 产成品。原材料在一、三车间分别投入，各加工步骤狭义在产品的加工程度均为 50%。2021 年 10 月，各车间有关产量记录和生产费用资料如表 6-55 和表 6-56 所示。

表 6-55　产量资料

2021 年 10 月　　　　　　　　　　　　　　　　　　　　单位：件

项目	一车间	二车间	仓库	三车间	备注
月初结存	9	11	15	10	半成品、在产品为企业广义在产品
本月投入（转入）	100	89	80	85	
本月转出	89	80	85	90	
月末结存	20	20	10	5	

表 6-56　各车间生产费用表

2021 年 10 月　　　　　　　　　　　　单位：元

车间	项目	直接材料	直接人工	制造费用	合计
一车间	月初在产品成本	630	255	350	1 235
	本月生产费用	4 590	2 850	3 970	11 410
二车间	月初在产品成本		175	175	350
	本月生产费用		2 700	3 850	6 550
三车间	月初在产品成本	1 550	230	297.5	2 077.5
	本月生产费用	8 900	1 250	2 200	12 350

（1）根据表 6-55 产量资料计算各步骤在产品约当产量和约当生产总量，如表 6-57 所示。

表 6-57　约当产量计算汇总表

单位：件

车间	产成品	广义在产品		分配材料的约当总产量			分配工费的约当总产量		
		半成品	狭义在产品	投料程度（%）	在产品	合计	完工程度（%）	在产品	合计
1	90	35	20	100	55	145	50	45	135
2	90	15	20				50	25	115
3	90		5	100	5	95	50	2.5	92.5

（2）登记第一车间成本明细账资料，计算本车间应计入产成品的份额，如表 6-58 所示。

表 6-58　第一车间成本明细账

产品名称：A-1 半成品　　　　　　　2021 年 10 月　　　　　　　　单位：元
产品产量：89 件

摘要	直接材料	直接人工	制造费用	合计
月初结存	630	255	350	1 235
本月发生生产费用	4 590	2 850	3 970	11 410
本月生产费用合计	5 220	3 105	4 320	12 645
约当总产量	145	135	135	
计入单件产成品的份额	36	23	32	91
计入 90 件产成品的份额	3 240	2 072	2 880	8 190
月末结存	1 980	1 035	1 440	4 455

（3）登记第二车间成本明细账资料，计算本车间应计入产成品成本的份额，如表 6-59 所示。

表 6-59　第二车间成本明细账

产品名称：A-2 半成品　　　　　　　　2021 年 10 月　　　　　　　　单位：元

产品产量：80 件

摘要	直接人工	制造费用	合计
月初结存	175	175	350
本月发生生产费用	2 700	3 850	6 550
本月生产费用合计	2 875	4 025	6 900
约当总产量（件）	115	115	
计入单件产成品的份额	25	35	60
计入 90 件产成品的份额	2 250	3 150	5 400
月末结存	625	875	1 500

（4）登记第三车间明细账资料，计算本车间应计入产成品成本份额，如表 6-60 所示。

表 6-60　第三车间成本明细账

产品名称：A 产品　　　　　　　　2021 年 10 月　　　　　　　　单位：元

产品产量：90 件

摘要	直接材料	直接人工	制造费用	合计
月初结存	1 550	230	297.5	2 077.5
本月发生生产费用	8 900	1 250	2 200	12 350
本月生产费用合计	10 450	1 480	2 497.5	14 427.5
约当总产量（件）	95	92.5	92.5	
计入单件产成品的份额	110	16	27	153
计入 90 件产成品的份额	9 900	1 440	2 430	13 770
月末结存	550	40	67.5	657.5

（5）平行汇总一、二、三车间计入产成品成本的份额，计算 A 产品的总成本和单位成本，如表 6-61 所示。

表 6-61　产成品成本汇总表

产品名称：A 产品　　　　　　　　2021 年 10 月　　　　　　　　单位：元

产品产量：90 件

项目	产量（件）	直接材料	直接人工	制造费用	合计
一车间份额	90	3 240	2 070	2 880	8 190
二车间份额	90		2 250	3 150	5 400
三车间份额	90	9 900	1 440	2 430	13 770

项目	产量（件）	直接材料	直接人工	制造费用	合计
合计	90	13 140	5 760	8 460	27 360
单位成本		146	64	94	304

（6）根据产成品成本汇总表，结转完工产品成本，编制如下会计分录：

借：库存商品——A 产品 　　　　　　　　　　　　　27 360

　　贷：生产成本——一车间（A 产品）　　　　　　　8 190

　　　　　　——二车间（A 产品）　　　　　　　　5 400

　　　　　　——三车间（A 产品）　　　　　　　　13 770

（五）平行结转分步法的优缺点

1. 平行结转分步法的优点

① 各个步骤可以同时计算产品成本，然后将其平行结转、汇总计入产成品成本，避免了计算各步骤半成品成本的烦琐。

② 能够直接提供按原始成本项目反映的产成品成本资料，不必进行成本还原，因而能够简化和加速成本计算工作。

2. 平行结转分步法的缺点

① 不能提供各个步骤的半成品成本资料。

② 在产品的成本不随实物转移而转出，即不按其实物所在地登记，而按其费用发生地登记，因而不能为各个生产步骤在产品的实物管理和资金管理提供资料。

③ 各个生产步骤的产品成本只反映本步骤发生的生产费用，不包括所耗上一步骤半成品的成本，因而除第一步骤外，不能全面地反映各步骤产品的生产耗费水平。

知识链接

逐步结转分步法与平行结转分步法的异同

项目	逐步结转分步法	平行结转分步法
适用范围	半成品种类较多，且对外销售，管理上要求分生产步骤控制费用、计算半成品成本的企业	半成品种类较多，且不对外销售，管理上不要求计算半成品成本的企业
产成品成本计算	按生产步骤的顺序计算、结转各步骤半成品的成本，直到最后步骤计算出产成品成本。采用综合结转分步法，由于不能提供按原始成本项目反映的成本资料，需要进行成本还原	各生产步骤不计算、结转半成品成本，只计算各步骤应计入产成品的成本份额，将相同产品的各步骤应计入产成品成本的份额平行汇总，计算产成品成本。这种方法能够直接提供按原始成本项目反映的产成品成本，不必进行成本还原

项目	逐步结转分步法	平行结转分步法
在产品含义	狭义在产品,即尚在各生产步骤加工中的在产品	广义的在产品,包括:(1)尚在本生产步骤加工中的在产品,即狭义在产品;(2)本生产步骤已经完工转入半成品仓库的半成品;(3)已经从半成品仓库转入以后各生产步骤进一步加工,尚未最后完工的在产品

项目小结

本项目主要阐明了成本计算的基本方法,包括其概念及适用范围、特点、核算程序等。

品种法是产品成本计算中最主要、最基本的一种方法。它是以产品品种作为成本计算对象来归集生产费用计算产品成本的一种方法。品种法的主要特点包括:一是成本计算对象是产品品种;二是成本计算期与会计报告期一致;三是月末一般要将生产费用在完工产品与在产品之间分配。

分批法是以产品的批次作为成本计算对象,来归集生产费用、计算产品成本的一种方法。批量生产往往是根据订单组织进行的,因此分批法也称为订单法。分批法的特点包括:一是以产品批次作为成本计算对象;二是成本计算期与生产周期一致,但与会计报告期不一致;三是在月末一般不需要计算在产品成本。

在小批、单件生产的企业或车间中,如果同一月份投产的产品批数很多,为了简化各种间接费用在各批产品之间分配的工作量,也可以采用简化分批法计算产品成本。这种方法的特点是平时对发生的人工费用和制造费用等间接费用进行累加,直到有完工产品那个月份才按照完工产品累计生产工时比例,将累计的间接费用在各批完工产品与在产品之间进行分配。

分步法是以产品的各生产步骤和最后阶段的产成品为成本计算对象来归集生产费用、计算产品成本的一种方法。分步法的特点包括:一是成本计算对象为各加工步骤的各种产品;二是成本计算期与会计报告期一致;三是月末要将生产费用在完工产品与在产品之间进行分配。分步法根据企业的生产工艺特点和成本管理对各步骤成本资料的要求,分为逐步结转分步法和平行结转分步法。

逐步结转分步法的计算特点是各步骤需要计算出半成品成本,并且成本随半成品实物的流转而跟着转移。逐步结转分步法按照各步骤所生产的半成品在下一步骤成本明细账中的反映方式不同,又分为综合结转分步法和分项结转分步法。采用综合结转分步法结转成本时,还要进行成本还原,成本还原方法有项目比例还原法和分配率还原法。平行结转分步法并不计算各步骤半成品成本，只计算各步骤所发生的费用应计入产成品的份额，最后将这些份额加总计算出产成品的成本。

复习思考题

1．按照生产工艺过程的特点分类，企业的生产可以分为几种类型？

2．企业产品成本计算的基本方法和辅助方法各有哪些？

3．什么是品种法？为什么品种法是产品成本计算的最基本方法？

4．品种法的特点与适用范围是什么？

5．简述品种法的计算程序。

6．简述分批法的特点、核算程序及适用范围。

7．采用分批法时，可以用产品成本明细账代替产品成本计算单归集、计算不同批别产品发生的费用吗？简述理由。

8．谈谈简化分批法的特点及应用条件。

9．分步法的特点、种类、核算程序和适用范围各是什么？

10．综合结转分步法的特点和计算程序是什么？

11．分项结转分步法的特点和核算程序是什么？

12．采用综合结转分步法为什么要进行成本还原？该如何进行成本还原？

13．与逐步结转分步法相比较，平行结转分步法具有哪些特点？

14．逐步结转分步法与平行结转分步法在计算产品成本程序上有哪些不同？采用两种计算方法得到的产品成本相同吗？

任务目标

1. 了解产品成本计算辅助方法的特点及其各自的适用范围。
2. 掌握分类的标准和定额成本的制订方法。
3. 理解联产品和副产品的概念及成本核算。
4. 掌握分类法和定额法下各生产费用归集与分配的一般程序和方法。

任务要求

1. 能够运用分类法和定额法计算产品成本。
2. 能够准确运用分类法计算出联产品和副产品的成本。

在中国的传统文化中，玉象征着美好的意愿和高贵的品质。近年来，随着社会经济发展水平的提高及人们消费能力的提升，玉文化产业蓬勃发展。那你知道玉商的进货渠道和挑选模式吗？精明的玉商往往会根据市场情况，采用不同的购货手段。有时他们直接购入等级品进行销售；有时他们购进统货，自己挑选，区分优劣，分价而售。假设市场行情如表 7-1 所示。

表 7-1 玉石市场情况

项目	统货	一等品	二等品	三等品	备注
批发价（元/千克）	50	120	60	30	100 千克统货通过挑选整理后，一般可分为一等品 30 千克、二等品 55 千克、三等品 15 千克
零售价（元/千克）		250	120	80	

如果你是玉商会如何进货？你认为应该如何进行成本计算呢？

任务一　产品成本计算的分类法

在实际工作中，一些企业的产品品种规格繁多，如果按照前述的品种法、分批法、分步法进行成本核算，成本的计算工作就极为繁重。因此，为了简化产品成本的计算，可以将运用同样工艺、使用同样材料生产的不同规格的产品合并为一类产品进行成本计算，即产品成本计算的分类法。

一、分类法的概念及适用范围

分类法是指企业以产品的类别作为成本计算对象，归集生产费用，计算各类产品总成本，然后采用一定的分配标准计算出类内各种产品成本的一种成本计算方法。

分类法与企业生产类型的特点没有直接联系，可以在各种类型的生产中应用。凡是产品的品种众多、规格繁杂，且可以按照一定标准划分为若干类别的企业或企业的生产单位，如制鞋厂、轧钢厂、针织厂等，均可采用分类法计算产品成本。除上述同类产品外，分类法还适用于联产品、主副产品等的成本计算，如灯泡厂生产的统一类别、不同瓦数的灯泡，炼油企业在同一生产过程中将原油加工提炼出来的汽油、煤油、柴油等。

分类法

二、分类法的特点

（一）以产品的类别作为成本计算对象

采用分类法计算产品成本时，首先应根据产品结构、所耗原材料、生产工艺技术过程等的不同，将产品划分为若干类，按照产品类别设置产品成本明细账，归集生产费用，计算各类产品成本。

（二）类内各种产品之间进行成本分配

采用分类法计算出各类产品成本后，还应选择适当的方法在类内各种产品之间进行分配，计算类内各种产品的成本。

（三）分类法的计算结果具有一定的主观性

由于在分类过程中，产品的分类和类内各种品种、规格产品的成本划分都带有一定的主观因素，因此，相关划分及分配标准的选择是否恰当，是确保分类法计算结果相对正确的关键。

三、分类法的成本计算程序

① 根据产品结构、所耗原材料、生产工艺技术过程等的不同，对产品进行分类，按照产品的类别设置产品成本明细账。

② 按照规定的成本项目归集各类产品所发生的生产费用，计算各类产品的成本。

③ 选择合理的分配标准，分别将每类产品成本在类内的各种产品之间进行分配，计算出每类产品的总成本和单位成本。

分类法的成本计算程序如图 7-1 所示。

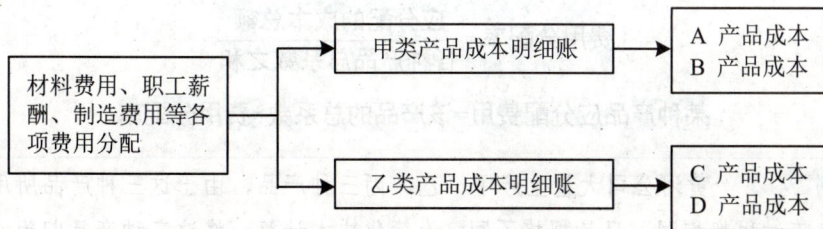

图 7-1　分类法的成本计算程序

四、类内各种产品成本的分配方法

按类别计算出各类产品的总成本后，如何将各类产品的总成本在类内各种产品之间进行分配，从而计算各种完工产品的成本是一个重要的问题。在分类法下，同类产品内各种产品之间成本的分配标准一般有如下几种：

① 与产品技术特征有关的标准，如质量、性能、重量、体积、长度等。

② 与产品的原材料消耗定额有关的标准，如材料消耗定额、工时定额等。

③ 与产品经济价值有关的标准，如定额成本、售价等。

分配标准选定之后，成本在类内各种产品之间进行分配的具体方法有系数法和定额比例法。定额比例法前面已经讲到，这里就不再重复。系数法是将分配标准折算成相对固定的系数，按照系数将各项耗费在类内各种产品之间进行分配的方法。具体的计算步骤如下：

① 确定分配标准，即选择与耗用费用关系最为密切的因素作为分配标准，如定额消耗量、定额成本、定额工时和售价等。

② 在同类产品中选择一种产量较高、生产较稳定或规格适中的产品，将其作为成本计算的标准产品。

③ 将标准产品的分配标准数量作为"基数"，即确定为系数 1，类内其他各种产品的分配标准额与标准产品的分配标准额相比较，计算出其他产品与标准产品的比例，即系数。计算公式为：

$$某产品系数 = \frac{该产品的分配标准}{标准产品的分配标准}$$

④ 将各种产品的系数乘以各自的实际产量，换算成标准产量，汇总后得出标准总产量，即总系数。相关计算公式为：

$$某产品总系数（标准产量）= 该产品实际产量 \times 该产品系数$$

$$总系数（标准总产量）= \sum 类内各种产品的实际产量 \times 该产品的系数$$

⑤ 以总系数作为分配标准，计算出费用分配率，然后算出类内各种产品的实际总成本和单位成本。相关计算公式为：

$$费用分配率 = \frac{应分配的成本总额}{各种产品总系数之和}$$

$$某种产品应分配费用 = 该产品的总系数 \times 费用分配率$$

【例 7-1】 黄河公司大量生产甲、乙、丙三种产品，由于这三种产品所用原材料和生产工艺过程都相同，只是规格不同。为简化成本计算，将这三种产品归为一类——A 类产品，采用分类法计算产品成本。

A 类产品的原材料在生产开始时一次投入，月末在产品按约当产量法计算，完工程度为 50%。按产品类别设置产品成本明细账，根据该类产品本月生产费用，登记 A 类产品成本明细账。该类产品 2021 年 8 月份的生产成本明细账如表 7-2 所示。

表7-2　A类产品生产成本明细账

2021年8月　　　　　　　　　　　　　　　　单位：元

摘要	直接材料	直接人工	制造费用	合计
月初在产品成本	3 120	1 430	960	5 510
本月发生生产费用	51 000	24 160	20 365	95 525
本月生产费用合计	54 120	25 590	21 325	101 035
完工产品成本	51 000	24 780	20 650	96 430
月末在产品成本	3 120	810	675	4 605

A类各种产品产量、原材料消耗定额和工时定额资料如表7-3所示。

表7-3　A类产品产量、原材料消耗定额和工时定额资料

单位：件

产品名称	原材料消耗定额	工时消耗定额	完工产品产量	月末在产品产量
甲	2.10	20	4 000	160
乙	1.26	8	3 000	100
丙	3.15	34	1 800	200

根据上述资料，采用系数法计算A类内各种产品成本计算过程如下：

（1）以甲产品为标准产品，计算类内各产品系数，如表7-4所示。

表7-4　系数计算表

产品名称	原材料消耗定额	系数	工时消耗定额	系数
甲	2.10	1.0	20	1.0
乙	1.26	0.6	8	0.4
丙	3.15	1.5	34	1.7

（2）根据产品的实际产量和系数计算标准产品产量，如表7-5所示。

表7-5　标准产量计算表

单位：件

产品名称	完工产品实际产量	材料				加工费			
		系数	完工产品标准产量	在产品实际数量	在产品约当产量	系数	完工产品标准产量	在产品约当产量	在产品标准产量
甲	4 000	1.0	4 000	160	160	1.0	4 000	80	80
乙	3 000	0.6	1 800	100	60	0.4	1 200	50	20
丙	1 800	1.5	2 700	200	300	1.7	3 060	100	170
合计			8 500		520		8 260		270
标准产品总量				9 020				8 530	

（3）编制类内各产品成本计算单，如表7-6所示。

直接材料分配率＝54 120÷9 020＝6

直接人工分配率＝25 590÷8 530＝3

制造费用分配率＝21 325÷8 530＝2.5

表7-6　产品成本计算单

产品：A类产品　　　　　　　　　2021年8月

项目		直接材料		直接人工		制造费用	
		标准产量（件）	金额（元）	标准产量（件）	金额（元）	标准产量（件）	金额（元）
分配率			6		3		2.5
完工产品	甲	4 000	24 000	4 000	12 000	4 000	10 000
	乙	1 800	10 800	1 200	3 600	1 200	3 000
	丙	2 700	16 200	3 060	9 180	3 060	7 650
	小计	8 500	51 000	8 260	24 780	8 260	20 650
在产品	甲	160	960	80	240	80	200
	乙	60	360	20	60	20	50
	丙	300	1 800	170	510	170	425
	小计	520	3 120	270	810	270	675
合计		9 020	54 120	8 530	25 590	8 530	21 325

任务二　副产品和联产品的成本计算

许多企业往往使用同一种材料、经过同一生产过程，生产出两种或两种以上的产品，或者由于生产条件所限或加工操作等方面的原因，产生了不同等级的同一产品。根据不同情况，这些产品可分为副产品和联产品。

一、副产品的成本计算

（一）副产品的概念

副产品是指企业在生产主要产品的过程中，附带生产出的一些非主要产品，或利用生产中的废料等加工而成的产品。副产品是与主要产品经过同一生产过程、使用相同原材料生产出来的产品。例如，炼油企业在提炼原油的过程中所产生的渣油、石焦油；酿酒企业在酿造酒的过程中所产生的酒糟；制皂企业在制皂生产过程中所产生的甘油；木材加工企业利用生产过程中产生的木屑生产的纤维板等。

（二）副产品成本计算的特点

由于副产品和主要产品是在同一生产过程中生产出来的，所发生的生产费用很难在它们之间分配。因此一般将主、副产品作为一大类产品，采用分类法来归集生产费用计算出全部主、副产品的联合成本，然后将联合成本在各种主、副产品之间进行分配。但由于副产品价值较低，占全部产品成本的比重较小，因此为了简化核算，可以采用简便的计算方法，即先确定出副产品的成本，然后从发生的联合成本中扣除副产品的成本，即可求得主要产品的成本。

（三）副产品成本计价的方法

副产品的成本计价方法通常有以下几种。

① 对分离后不再加工的副产品，若价值不大（与主要产品相比），可不负担分离前的联合成本，或以定额单位成本计算其成本。

② 对分离后不再加工但价值较高的副产品，往往以其销售价格作为计算的依据，按销售价格扣除销售税金、销售费用和一定的利润后即为副产品成本。

③ 对于分离后仍需进一步加工才能出售的副产品，如价值较低，可只计算归属于本产品的成本；如价值较高，则需同时负担可归属成本和分离前联合成本，以保证主要产品成本计算的合理性。

副产品合理的计价，是正确计算主、副产品成本的关键。如果副产品计价过高，则有可能把主产品的超支转嫁到副产品上；如果副产品计价过低，则有可能把销售副产品的亏损转嫁到主产品上；如果副产品的售价不能抵偿其销售费用，则副产品不应计价，不能从主产品成本中扣除副产品价值。

> 【例7-2】 江南公司生产甲产品的同时，还生产出乙副产品。2021年8月，生产甲产品500件，乙副产品100千克，每千克售价80元，单位税金15元，单位销售费用2元和单位产品利润2元。共发生费用70 000元，其中直接材料35 000元，直接人工25 000元，制造费用10 000元。假定副产品成本直接从材料成本项目中扣除，则主、副产品成本计算如下：
>
> 乙副产品成本=100×（80-15-2-2）=6 100元
>
> 甲主产品成本=70 000-6 100=63 900元

二、联产品的成本计算

（一）联产品的概念

联产品是指企业使用同一种原材料、经过同一生产过程，同时生产出两种或两种以上的具有不同使用价值，但具有同等重要地位的主要产品。例如，炼油企业提炼原油时，可以同时提炼出汽油、煤油、柴油和机油等联产品；奶制品企业加工牛奶时，可以同时生产出奶粉、奶油和奶酪等联产品。

联产品

联产品和副产品都是投入同一原材料、经过同一生产过程同时生产出来的，但联产品全部是主要产品，而副产品则是伴随主要产品生产出来的次要产品，其价值较低。当然，副产品与主要产品是相对而言的，随着生产技术的发展和综合利用，在一定条件下，副产品也能转换为主要产品，同样主要产品也会转换为副产品。

（二）联产品成本计算的特点

联产品的成本计算通常具有以下三个特点：

① 各种联产品所使用的原材料、经过的加工过程是相同的，均是企业的主要产品，但是其产品性质和用途却有所不同甚至具有较大的差异。

② 在联产品的生产过程中，原材料和其他费用支出不能直接按产品分别进行归集。联产品是在同一生产过程中生产出来的，各种联产品的产出，可能是在生产过程终了时被分离出来的，也可能是在生产过程的某个步骤终了时被分离出来的。这个从原材料投入生产后，经过同一生产过程，开始分离各种联产品的环节（或时点），称为"分离点"。在联产品分离点之前，只能以联产品集合（而不是联产品中的每种产品）作为成本计算对象，设置产品成本计算单，归集各种联产品共同发生的联合成本。所谓"联合成本"，是指各种联产品在分离点之前发生的共同成本。联产品分离之后，有的可以直接对外出售，有的还需要进一步加工并单独发生相关成本。

③ 从联产品的生产特点和管理要求中可以看出，联产品最适合采用分类法计算产品成本。由于联产品在分离点之后，有的产品可以直接对外出售，而有的产品还需要进一步加工，并发生相关的可归属成本，因此，成本管理上往往需要分别计算联产品中各种产品的总成本（包括在分离点之前发生的联合成本中分配给有关产品的成本和在分离点之后发生的可归属的加工成本）和单位成本。所谓"可归属成本"，是指各种联产品在分离点之后单独发生的加工成本。

（三）联产品成本计算的方法

联产品从原材料投入生产，到产品加工完毕并可以直接对外出售，需要经过分离前、分离时和分离后三个阶段。

1. 在分离前归集联产品共同发生的联合成本

按联产品设置产品成本计算单，并在产品成本计算单按成本项目归集各种联产品在分离前共同发生的联合成本。因此，应该考虑企业生产特点和成本管理要求，采用某种基本成本计算方法（主要是品种法），通过要素费用的分配、辅助生产费用的归集与分配、制造费用的归集与分配，以及将生产费用在本月完工产品与月末在产品之间进行分配等，计算完工联产品总成本。

2．分离时将完工联产品总成本在各种联产品之间进行分配

在联产品的生产中，分离点是联合生产过程的结束。因此，在分离点必须选择适当的分配方法，将完工联产品的总成本在各种联产品之间进行分配。分离后，如果联产品可以直接对外出售，其分配所得的联合成本，就是其产成品的总成本，除以其数量就是产成品单位成本。

3．在分离后继续归集联产品单独发生的可归属成本，并计算其完工产成品的成本

联产品分离后，如果还需要继续加工，应重新按品种（或批别、生产步骤等）设置产品成本计算单，并按品种法（或分批法、分步法）计算分离后的产品成本。

联产品成本计算的关键是将分离点之前共同发生的联合成本在各联产品之间进行分配。常用的联合成本的分配方法有系数法、实物量分配法和售价比例分配法等。

① 系数法也称标准产量比例分配法，是指将各种联产品的实际产量，按事先规定的系数折算为相对产量，即标准产量；然后将联产品的联合成本，按各种联产品的相对产量（即标准产量）比例进行分配的一种方法。

② 实物量分配法是指将联合成本按各种联产品之间的重量（或体积、数量）比例进行分配的一种方法。

③ 售价比例分配法是指将联合成本按各种联产品之间的销售价格比例进行分配的一种方法。

【例 7-3】 江北厂用某种原材料经过同一生产过程同时生产出甲、乙两种联产品。2021 年 8 月，共生产甲产品 4 000 千克，乙产品 2 000 千克，无期初、期末在产品。该月生产发生的联合成本分别为原材料 60 000 元，直接人工成本 21 600 元，制造费用 38 400 元。甲产品每千克售价为 500 元，乙产品每千克售价为 600 元，假设全部产品均已售出。根据售价比例分配法，甲、乙产品的成本计算表如表 7-7 所示。

表 7-7 联产品成本计算表

2021 年 8 月   单位：元

产品名称	产量（千克）	销售单价	销售价值	分配比例（%）	应负担的成本			
					直接材料	直接人工	制造费用	合计
甲产品	4 000	500	2 000 000	62.5	37 500	13 500	24 000	75 000
乙产品	2 000	600	1 200 000	37.5	22 500	8 100	14 400	45 000
合计	6 000		3 200 000	100.0	60 000	21 600	38 400	120 000

任务三　产品成本计算的定额法

一、定额法的概念及适用范围

定额法是指以事先制订的产品定额成本为控制标准，在生产费用发生时，及时计算和提供实际生产费用偏离定额的差异，并在定额成本的基础上加减定额差异计算产品成本的一种方法。定额法下，产品实际成本的计算公式为：

定额法下的
产品实际成本计算公式

产品实际成本=产品定额成本±脱离定额差异±材料成本差异±定额变动差异

定额法作为一种与企业生产类型无直接联系的成本计算方法，适用于在管理上要求对产品成本事先规划、事中进行控制的各类企业。但这些企业在采用定额法计算产品成本时，必须具备以下条件：

① 企业的定额管理制度比较健全，定额管理基础工作较好，成本核算人员素质较高。

② 产品的生产已经定型，各项生产费用消耗定额比较准确、稳定。

二、定额法的特点

① 采用定额法计算产品成本，企业必须事先制订产品的各种消耗定额和费用定额，并以现行消耗定额和费用定额为依据，制订产品的定额成本，作为降低产品成本、节约费用开支的目标。

② 采用定额法计算产品成本，在生产费用发生时，应当将其划分为定额成本部分和脱离定额差异部分分别编制凭证核算，及时反映实际生产费用脱离定额的程度，以加强对生产费用的日常控制。

③ 月末在定额成本的基础上，加减各种成本差异，计算出产品的实际成本。

④ 定额法作为成本计算的辅助方法，通常不独立使用，而是与品种法、分步法、分批法等成本计算基本方法结合使用。

三、定额法的成本计算程序

（一）制订产品的定额成本

采用定额法计算产品成本时，首先应根据目前企业消耗定额及费用定额，按成本项目，

分产品制订产品定额成本。产品的定额成本是根据企业现行材料消耗定额、工时定额、费用定额及其他有关资料计算的一种目标成本。定额成本既是计算实际产品成本的基础，也是进行成本控制和成本考核的依据。定额成本包括直接材料定额成本、直接人工定额成本、制造费用定额成本，相关计算公式为：

直接材料定额成本=材料定额耗用量×材料计划单价

=本月投产量×单位产品材料消耗定额×材料计划单价

直接人工定额成本=产品定额工时×计划小时工资率

=本月投产量×单位产品工时定额×计划小时工资率

制造费用定额成本=产品定额工时×计划小时费用率

=本月投产量×单位产品工时定额×计划小时费用率

确定产品定额成本，必须先制订产品的材料、动力、工时等消耗定额，然后，再根据材料计划单价、计划小时工资率、计划小时费用率等确定各项费用定额和单位产品定额成本。

> **【例 7-4】** 某公司根据现有的生产消耗水平和管理要求制订出生产甲产品的定额资料：单位产品耗用 A 材料 10 千克，A 材料计划单价为 50 元；单位产品耗用 B 材料 7 千克，B 材料计划单价为 30 元；单位产品耗用生产工时 3 小时，计划小时工资率为 20 元/工时，计划小时制造费用为 35 元/工时。该公司甲产品定额成本计算如下：
>
> 单位产品直接材料定额成本=10×50+7×30=710 元
>
> 单位产品直接人工定额成本=3×20=60 元
>
> 单位产品制造费用定额成本=3×35=105 元
>
> 单位产品定额成本=710+60+105=875 元

（二）脱离定额差异的计算

及时、正确地计算和分析生产费用脱离定额的差异，是定额成本法的核心内容。它包括材料脱离定额差异的计算、直接人工费用脱离定额差异的计算、制造费用脱离定额差异的计算。

1. 材料脱离定额差异的计算

材料脱离定额差异是指生产过程中产品实际耗用材料数量与其定额耗用量之间的差异。其计算公式为：

材料脱离定额差异=$\sum$（材料实际耗用量−材料定额耗用量）×该材料计划单价

在实际工作中，计算材料脱离定额差异，一般有限额法、切割法和盘存法三种。

（1）限额法

采用定额法计算产品成本时，为了加强对材料费用的控制，应当实行限额领料单制度，符合定额的原材料应当根据限额领料单领用。如果增加产量需要增加用料时，应按规定程序办理追加限额手续后，属于定额内用料，可以根据限额领料单领用；如果减少产品产量时，应当扣减限额领料单上的领料限额。除增加产量发生的增加用料以外，因其他原因发生的超额用料，属于材料脱离定额的差异，应当填制专设的超额领料单（也可以用普通领料单以不同颜色或加盖专用戳记加以区别）等差异凭证，经过一定的审批手续领料。

采用代用材料或利用废料时，应在限额领料单中注明，并在原定限额内扣除。生产任务完成后，应当根据车间余料填制退料单，办理退料手续或假退料手续。

超额领料单上的材料数额，属于材料脱离定额的超支差异。退料单中所列材料数额和限额领料单中的材料余额，都属于材料脱离定额的节约差异。

需要注意的是，原材料脱离定额差异是生产产品实际用料脱离定额而形成的。但是，上述差异凭证反映的只是"领料差异"，不一定是"用料差异"。在实际工作中，还应按下面的公式计算本月材料实际消耗量：

本月某材料实际消耗量=该原材料月初结余数量+本月领用数量-月末结余数量

【例 7-5】 某厂生产的丙产品原材料在生产开始时一次投入，单位产品 A 材料消耗定额为 20 千克，A 材料计划单位成本为 10 元。丙产品期初在产品 30 件，产品交库单汇总的本期完工入库产品为 1 000 件，期末实地盘点确定的在产品为 50 件。根据限额领料单记录，本期丙产品领用 A 材料为 20 300 千克，根据车间材料盘存资料，A 材料车间期初余额为 90 千克，期末余料为 120 千克。材料脱离定额的差异计算过程如下：

本期投产丙产品数量=1 000+50-30=1 020 件

本期 A 材料定额消耗量=1 020×20=20 400 千克

本期 A 材料实际消耗量=20 300+90-120=20 270 千克

本期材料脱离定额差异=（20 270-20 400）×10=-1 300 元

由计算结果表明，丙产品材料脱离定额的差异为节约 130 千克，节约 1 300 元。

（2）切割核算法

为了更好地控制用料差异，对于需要切割才能使用的材料，如板材、棒材等，可以通过"材料切割核算单"来计算材料脱离定额的差异，控制用料。

"材料切割核算单"应按切割材料的批别设置，在材料切割单中要填写切割材料种类、数额、消耗定额和应切割成的毛坯数量。切割完毕后，要填写实际切割的毛坯数量和材料的实际消耗量；然后根据实际切割成的毛坯数量和消耗定额，可求得材料定额消耗量，再将此与材料实际消耗量相比较，即可确定脱离定额差异。

采用切割核算法核算单进行材料切割的核算，能够及时反映材料的使用情况和发生差异的具体原因，有利于加强对材料消耗的控制和监督。在有条件的情况下，如与车间或班组的经济核算结合起来，则可以收到更好的效果。

（3）盘存法

盘存法是指通过定期盘存完工产品数量和在产品数量的方法来核算材料脱离定额差异的一种方法。盘存法核算材料脱离定额差异的一般程序如下。

① 根据产品入库单等凭证记录的完工产品数量和实地盘存确定的在产品数量，计算出本期投产产品数量。其计算公式为：

本期投产产品数量=本期完工产品数量+期末盘存在产品数量-期初盘存在产品数量

② 计算出原材料定额消耗量，计算公式为：

原材料定额消耗量=本期投产量×单位产品原材料定额消耗量

③ 根据限额领料单、超额领料单、退料单等领退料凭证和车间余料盘存数量，计算出材料实际消耗量。

④ 比较材料实际消耗量和定额消耗量，计算材料脱离定额差异。其计算公式为：

直接材料脱离定额差异=（本期材料实际消耗量-本期投产产品数量×

单位产品材料消耗定额）×材料计划单价

2. 直接人工脱离定额差异的计算

（1）计件工资制度下直接人工脱离定额差异的计算

在计件工资制下，直接人工费用为直接计入费用，在计件单价不变时，按计件单价支付的生产工人工资及提取的福利费就是定额工资，没有脱离定额的差异。因此，在计件工资制下，脱离定额的差异往往是指因工作条件变化而在计件单价之外支付的工资、津贴、补贴等。企业应当将符合定额的工资，反映在产量记录中；脱离定额的差异应当单独设置"工资补付单"等凭证，并经过一定的审批手续。

（2）计时工资制度下直接人工脱离定额差异的计算

在计时工资制下，直接人工费用一般为间接计入费用，其脱离定额的差异不能在平时分产品计算，只有在月末确定本月实际直接人工费用总额和产品生产总工时后才能计算。相关计算公式为：

$$计划小时工资率=\frac{计划产量的定额直接人工费用}{计划产量的定额生产工时}$$

$$实际小时工资率=\frac{实际直接人工费用总额}{实际生产总工时}$$

某产品定额直接人工费用=该产品实际完成的定额生产工时×计划小时工资率

某产品实际直接人工费用=该产品实际生产工时×实际小时工资率

某产品直接人工脱离定额的差异=该产品实际直接人工费用-该产品定额直接人工费用

【例 7-6】 某厂生产甲、乙、丙三种产品，本月三种产品实际生产工时为 401 000 小时，其中甲产品 170 000 小时，乙产品 100 000 小时，丙产品 131 000 小时。8 月三种产品实际完成定额工时 410 000 小时，其中甲产品 172 000 小时，乙产品 110 000 小时，丙产品 128 000 小时。本月实际产品生产工人工资及提取的福利费合计为 1 644 100 元。本月计划小时工资率为 4 元；实际小时工资率为 4.1 元。根据资料计算有关数据，并编制直接人工费用定额和脱离定额差异汇总表，如表 7-8 所示。

表 7-8　直接人工费用定额和脱离定额差异汇总表

2021 年 8 月　　　　　　　　　　　　　　　　　　　　　　　　单位：元

产品名称	定额人工费用			实际人工费用			脱离定额差异
	定额工时（小时）	计划小时工资率	定额工资	实际工时（小时）	实际小时工资率	实际工资	
甲产品	172 000		688 000	170 000		697 000	9 000
乙产品	110 000		440 000	100 000		410 000	−30 000
丙产品	128 000		512 000	131 000		537 100	25 100
合计	410 000	4	1 640 000	401 000	4.1	1 644 100	4 100

3. 制造费用脱离定额差异的计算

制造费用通常与计时工资一样，属于间接计入费用，其脱离定额差异不能在平时按照产品直接计算，只有在月末按照以下公式计算：

某产品制造费用脱离定额差异=该产品制造费用实际分配额-该产品实际完成定额工时×计划小时制造费用分配率

【例 7-7】 以【例 7-6】资料为例，本月实际制造费用总额为 826 060 元，制造费用计划分配率为每小时 2 元；实际分配率为每小时 2.06 元。根据资料计算有关数据，并编制制造费用定额和脱离定额差异汇总表，如表 7-9 所示。

表 7-9　制造费用定额和脱离定额差异汇总表

2021 年 8 月　　　　　　　　　　　　　　　　　　　　　　　　单位：元

产品名称	定额费用			实际费用			脱离定额差异
	定额工时（小时）	计划小时费用率	定额制造费用	实际工时（小时）	实际小时费用率	实际制造费用	
甲产品	172 000		344 000	170 000		350 200	6 200
乙产品	110 000		220 000	100 000		206 000	−14 000
丙产品	128 000		256 000	131 000		269 860	13 860
合计	410 000	2	820 000	401 000	2.06	826 060	6 060

（三）材料成本差异的计算

采用定额法计算产品成本的企业中，应当按照计划成本计价来组织原材料的日常核算。因此，直接材料费用定额成本和脱离定额的差异，都是按照原材料的计划单位成本计算的。这样在月末计算产品的实际成本时，还应当计算和分配本月消耗材料应当负担的成本差异。其计算公式为：

> **某产品应分配的材料成本差异额=（该产品材料定额成本±材料脱离定额差异）×材料成本差异率**

> **【例 7-8】** 某厂生产的甲产品本月所耗直接材料费用定额成本为 495 000 元，材料脱离定额的差异为节约 9 500 元，本月材料成本差异率为节约 1.2%。则甲产品本月应负担的材料成本差异为：
>
> 本月甲产品应负担的材料成本差异=（495 000-9 500）×（-1.2%）=-5 826 元

（四）定额变动差异的计算

定额变动差异是指由于修订消耗定额而产生的新、旧定额之间的差额。它是定额本身变动的结果，与生产中费用支出的节约或浪费无关。

一般来说，消耗定额和定额成本的修订都在月初、季初或年初进行。如果某产品在某月初修订定额成本，则当月投产的产品应当按照新的定额成本计算；而月初在产品的定额成本是上月末按旧定额计算的，为了统一以新的定额成本为基础，必须将月初在产品按新的定额成本进行调整。

定额变动差异的计算

月初在产品定额变动差异可以根据消耗定额发生变动的在产品盘存数量（或在产品台账的账面结存数量）和修订后的定额消耗量，计算出月初在产品新的定额消耗量和新的定额成本；再与修订前月初在产品定额成本进行比较，计算出定额变动差异。这种计算要按照产品构成的零部件和工序进行，当构成产品的零部件种类较多时，计算工作量比较大。为了简化计算工作，也可以根据变动前后单位产品的定额成本（分成本项目的成本），计算一个定额变动系数，再据以确定月初在产品定额变动差异。其计算公式为：

> **定额变动系数=按新定额计算的单位产品定额成本÷按旧定额计算的单位产品定额成本**
>
> **月初在产品定额变动差异=按旧定额计算的月初在产品定额成本×（1-定额变动系数）**

> **【例 7-9】** 某厂生产的甲产品从 8 月 1 日起实行新的材料消耗定额，直接人工和制造费用定额不变。单位产品新的直接材料费用定额为 4 500 元，旧的直接材料费用定额为 4 680 元。甲产品月初在产品按旧定额计算的直接材料费用为 93 600 元。该厂甲产品月初在产品定额变动差异计算如下：

定额变动系数=4 500÷4 680=0.96

月初在产品定额变动差异=93 600×（1-0.96）=3 744 元

由计算结果可知，甲产品月初在产品成本调整减少了 3 744 元，甲产品在计算实际成本时应当加上定额变动差异 3 744 元。

（五）计算产品实际成本

根据本月实际发生的生产费用，将符合定额的费用和脱离定额的差异分别核算，编制有关的会计分录，计入生产成本明细账。其中符合定额的费用计入"生产成本——×产品（定额成本）"账户，不符合定额的费用计入"生产成本——×产品（脱离定额差异）"账户，节约差异用负值。

定额法下产品的实际成本由四项因素构成：按现行定额计算的产品定额成本、脱离现行定额的差异、材料成本差异和月初在产品定额变动差异。其计算公式为：

产品实际成本=按现行定额计算的产品定额成本±脱离现行定额的差异±
材料成本差异±月初在产品定额变动差异

【例 7-10】 某企业生产甲产品，各项消耗定额比较准确，采用定额法计算产品成本。2021 年 8 月，生产情况和定额资料如下：月初在产品 30 件，本月投产甲产品 140 件，本月完工 150 件，月末在产品 20 件，月末在产品完工程度为 50%，材料是开工时一次投入，单位产品直接材料消耗定额由上月的 4.4 千克降为 4 千克，工时定额为 3 小时，计划小时工资率为 3 元，计划制造费用率为 4 元，材料计划单位成本为 5 元，材料成本差异率为-2%。月初在产品成本及本月生产费用资料分别如表 7-10 和表 7-11 所示。

表 7-10 月初在产品成本

2021 年 8 月　　　　　　　　　　　　　　　　　　单位：元

项目	直接材料	直接人工	制造费用
月初在产品定额成本	660	135	180
月初偏离定额差异	-9	5	6

表 7-11 本月发生费用

2021 年 8 月　　　　　　　　　　　　　　　　　　单位：元

项目	直接材料	直接人工	制造费用
产品定额成本	2 800	1 305	1 740
偏离定额差异	30	8	12

（1）计算期初各项偏离定额差异。

直接材料定额成本=30×4.4×5=660 元

直接人工定额成本=30×50%×3×3=135 元

制造费用定额成本=30×50%×3×4=180 元

月初在产品定额成本合计=660+135+180=975 元

（2）计算本期各项偏离定额差异。

直接材料定额成本=140×4×5=2 800 元

直接人工定额成本=[150+（20−30）×50%]×3×3=1 305 元

制造费用定额成本=[150+（20−30）×50%]×3×4=1 740 元

本月产成品定额成本合计=2 800+1 305+1 740=5 845 元

（3）计算完工产品成本。

① 月初在产品定额成本调整=660×（1−4÷4.4）=660×（1−0.909 1）=60 元（调低）

② 材料成本差异=（2 800+30）×（−2%）=2 830×（−2%）=−56.6 元

③ 偏离定额差异分配率的计算：

直接材料偏离定额差异分配率=（−9+30）÷[（660−60）+2 800]=21÷3 400=0.62%

直接人工偏离定额差异分配率=（5+8）÷（135+1 305）=13÷1 440=0.9%

制造费用偏离定额差异分配率=（6+12）÷（180+1 740）=18÷1 920=0.94%

④ 产成品定额成本的计算：

原材料定额成本=150×4×5=3 000 元

直接人工定额成本=150×3×3=1 350 元

制造费用定额成本=150×3×4=1 800 元

产成品定额成本合计=3 000+1 350+1 800=6 150 元

⑤ 产成品分摊偏离定额差异的计算：

直接材料分摊偏离定额差异=3 000×0.62%=18.6 元

直接人工分摊偏离定额差异=1 350×0.9%=12.2 元

制造费用分摊偏离定额差异=1 800×0.94%=16.9 元

产成品分摊偏离定额差异合计=18.6+12.2+16.9=47.7 元

⑥ 产成品实际成本的计算：

直接材料实际成本=3 000+18.6+（−56.6）+60=3 022 元

直接人工实际成本=1 350+12.2=1 362.2 元

制造费用实际成本=1 800+16.9=1 816.9 元

产成品实际成本合计=3 022+1 362.2+1 816.9=6 201.1 元

⑦ 月末在产品定额成本的计算：

直接材料月末在产品定额成本=20×4×5=400 元

直接人工月末在产品定额成本=20×50%×3×3=90 元

制造费用月末在产品定额成本=20×50%×3×4=120 元

月末在产品定额成本=400+90+120=610 元

⑧ 月末在产品偏离定额差异的计算：

直接材料偏离定额差异=21-18.6=2.4 元

直接人工偏离定额差异=13-12.2=0.8 元

制造费用偏离定额差异=18-16.9=1.1 元

月末在产品偏离定额差异=2.4+0.8+1.1=4.3 元

根据上述计算结果，编制产品成本计算单，如表 7-12 所示。

表 7-12　产品成本计算单

产品名称：甲产品　　　　　　　　　　　2021 年 8 月　　　　　　　　　　　单位：元

产量：150 件

项目		直接材料	直接人工	制造费用	合计
月初在产品	定额成本	660	135	180	975
	偏离定额差异	-9	5	6	2
月初在产品定额变动	定额成本调整	-60			-60
	定额成本差异	60			
本月生产费用	定额成本	2 800	1 305	1 740	5 845
	偏离定额差异	30	8	12	50
	材料成本差异	-56.6			-56.6
生产费用合计	定额成本	3 460	1 440	1 920	6 820
	偏离定额差异	21	13	18	52
	材料成本差异	-56.6			-56.6
	定额变动差异	60			
偏离定额差异分配率（%）		0.62	0.9	0.94	
产成品成本	定额成本	3 000	1 350	1 800	6 150
	偏离定额差异	18.6	12.2	16.9	47.7
	材料成本差异	-56.6			
	定额变动差异	60			
	实际成本	3 022	1 362.2	1 816.9	6 201.1
月末在产品成本	定额成本	400	90	120	610
	偏离定额差异	2.4	0.8	1.1	4.3

项目小结

本项目主要介绍了产品成本计算的辅助方法，即分类法和定额法。

分类法是以产品的类别为成本计算对象归集生产费用，计算产品成本的方法。在分类法下应先计算各类产品的总成本，然后再分配计算类内各种产品的成本。另外，还比较分析了副产品和联产品，并介绍了副产品与联产品成本计算的方法。

定额法是以产品定额成本为基础，通过加减偏离定额的差异和定额变动差异来计算产品实际成本的一种方法。定额法把产品成本的计算和控制、分析结合在一起，能加强成本管理、提高经济效益。

复习思考题

1．简述分类法的概念和特点。

2．简述分类法的计算程序。

3．副产品就是联产品吗？两者有何区别？如何计价？

4．简述定额法的概念和特点。

5．什么是脱离定额差异？如何计算各类脱离定额差异？

6．在计算材料脱离定额差异时，是按材料的计划单价计算还是材料的实际单价计算？是按产品的实际产量计算还是产品的计划产量计算？为什么？

项目八

成本报表的编制和分析

任务目标

1. 了解成本报表的概念和种类。
2. 理解成本报表的作用和编制要求。
3. 掌握产品生产成本表、主要产品单位成本表和各种费用报表的作用及编制方法。
4. 理解成本分析的一般方法和具体方法。

任务要求

1. 能够根据相关资料编制产品生产成本表、主要产品单位成本表、制造费用明细表等成本报表。
2. 能够利用成本分析方法，将日常核算的成本资料加以分类、汇总并进行综合分析，以书面报告的形式向企业的管理部门提供成本信息。

案例导入

光明企业生产甲、乙两种可比产品和丙种不可比产品，有关产量和成本资料如表 8-1 所示。

表 8-1　产品成本计划表

编制单位：光明企业　　　　　　　　2021 年 10 月　　　　　　　　单位：元

产品名称	计量单位	产量			单位成本			
		本月实际	本年累计实际	本年计划	上年实际平均	本年计划	本月实际	本年累计实际平均
甲产品	件	200	2 200	1 650	100	90	88	89
乙产品	件	50	550	550	200	190	187	188
丙产品	件	10	130	125	—	420	431	440

你能从哪几个方面对该报表进行分析？

任务一　成本报表的编制

一、成本报表的概念与种类

（一）成本报表的概念

成本报表是按照成本管理的各种需要，根据成本核算资料和其他有关经营管理费用等资料编制的，用以反映和监督企业一定时期产品成本水平和构成情况，以及经营管理费用发生情况的报告文件。

编制和分析成本报表是企业成本会计工作的一项重要内容。相关的信息使用者通过了解企业编制的成本报表并对其进行分析，用以考核企业成本、费用计划的执行情况，寻找降低成本、费用的途径。

成本报表

由于在市场经济环境下，企业的生产经营情况、资金耗费和产品成本水平等成本信息都属于对外保密的资料，企业将其作为一种商业秘密，因此成本报表不宜对外公开报送，只是作为向企业经营管理者提供有关成本和经营管理费用信息、进行成本分析的一种内部管理报表。

思政之窗

围绕商业秘密保护展开的国际双边、多边谈判，引起了各国对商业秘密保护的重视，使得制定商业秘密保护法成为潮流。数年来，我国一直努力从各方面完善商业秘密保护工作。

2017年11月4日，第十二届全国人民代表大会常务委员会第三十次会议修订了《反不正当竞争法》。

2019年4月23日，第十三届全国人民代表大会常务委员会第十次会议针对商业秘密有关条款再次进行修订。

2019年4月26日，我国举办第二届"一带一路"国际合作高峰论坛，宣告我国将着力营造尊重知识价值的营商环境，全面完善知识产权保护法律体系，大力强化执法，加强对外国知识产权人合法权益的保护，杜绝强制技术转让，完善商业秘密保护，依法严厉打击知识产权侵权行为。

不断加强商业秘密的立法和司法保护，扩展商业秘密的保护范围和加强保护力度，不断提升商业秘密保护的水平，最大限度保护国内外商业秘密权利人的利益，才能优化营商环境从而吸引国内外投资，才能保证社会主义市场经济蓬勃发展，为社会和谐发展、人民安居乐业提供保障。

作为一名成本会计人员，除了遵守商业秘密保护法外，还要提升自身保护商业秘密的能力。具体来说，要做到谨言慎行，不乱打听，不乱传播，对自己掌握的商业秘密守口如瓶。

（二）成本报表的种类

成本报表属于内部报表，主要是为了满足企业内部经营管理的需要而编制的，不对外公开。因此，成本报表的种类、格式、项目、指标的设计、编制方法、编报日期和具体报送对象，国家都不做统一规定，而由企业自行确定。主管企业的上级机构为了对本系统所属企业的成本管理工作进行领导或指导，也可以要求企业将其成本报表作为会计报表的附表上报。在这种情况下，企业成本报表的种类、格式、项目和编制方法，也可以由主管企业的上级机构同企业共同商定。因此，成本报表具有灵活性和多样性的特点。制造企业可将成本报表按其反映的内容、编制时间、报送单位的不同进行分类。

1. 成本报表按其所反映的内容不同分类

成本报表按其反映内容的不同，可分为反映成本情况的报表和反映费用情况的报表。

（1）反映成本情况的报表

反映成本情况的报表主要是反映报告期内企业为生产一定种类和一定数量产品所支出的生产费用的水平及其构成情况，并与计划、上年实际、历史最高水平或同行业同类产品先进水平相比较，反映产品成本发展变化的趋势和成本计划的完成情况，并为进行深入的成本分析、挖掘降低成本的潜力提供资料。属于这类成本报表的主要有全部产品生产成本表、主要产品生产成本表、责任成本表和质量成本表等。

（2）反映费用情况的报表

反映费用情况的报表主要是反映企业在报告期内某些费用支出的总额及其构成情况。这类报表可以与计划（预算）、上年实际对比，反映和分析费用支出的合理程度及变化趋势，有利于企业制订费用预算、考核费用预算的实际完成情况，以明确有关经济责任。属于这类成本报表的主要有制造费用明细表、销售费用明细表、管理费用明细表和财务费用明细表等。

2．成本报表按其编制的时间不同分类

成本报表按其编制时间不同，可分为定期报表和不定期报表。

（1）定期报表

定期报表是为了满足企业日常成本管理的需要，及时反馈成本信息编制的。定期报表按编制时间分为年报、季报、月报、旬报和日报等。

（2）不定期报表

不定期报表是为了满足企业内部管理的特殊要求而在需要时随时编报的，体现了成本报表编制时间上的灵活性。

3．成本报表按其报送单位不同分类

成本报表按其报送单位不同，分为对内成本报表和对外成本报表。

（1）对内成本报表

对内成本报表是指为了企业本单位内部经营管理需要而编制的各种报表，主要是报送内部管理部门进行相关的成本管理，其内容、种类、格式、编制方法和程序、编制时间及报送对象，都由企业根据自身生产经营和管理的特点和需要来确定。成本报表的编制目的，主要是让企业领导者和职工了解日常成本费用计划执行的情况，以便调动大家的积极性来控制费用的发生，为提高经济效益服务；同时，为企业领导者和投资者提供经营的成本费用信息，以便进行决策和采取有效措施不断降低成本费用，提高管理水平。

（2）对外成本报表

对外成本报表是指企业向外部单位，如上级主管部门和联营主管单位等报送的成本报表。成本报表一般被认为是企业内部管理用的报表，为了保守秘密，按惯例不对外公开公告。但在我国国企和国有联营企业中，为了管理需要，目前或相当长的一段时间还需要分管和托管这些企业的主管部门；这些主管部门为了监督和控制成本费用、了解目标成本的完成情况，需要企业提供成本报表进行行业的分析对比，并为成本预测和成本决策提供依据。除此之外，还有企业的投资者等需要了解企业经营状况和效益，都要求企业提供成本资料。所以说，对外的成本报表实际上也是一种扩大范围的内部报表。

二、成本报表的作用与编制要求

（一）成本报表的作用

正确、及时地编制成本报表，对加强成本管理和节约费用支出具有重要的作用，具体表现在如下几个方面。

1. 分析考核成本计划的执行情况

产品成本是反映企业生产经营各方面工作质量的一项综合性指标。企业的管理者和主管部门能够利用成本报表，及时发现在生产、技术、质量和管理等方面取得的成绩和存在的问题。通过对成本报表的实际数与计划数进行比较，可以进一步检查和分析成本计划的执行情况，揭示企业成本工作的绩效，从而促进企业努力做好成本会计工作。

2. 挖掘成本节约潜力，有效控制生产耗费

成本报表分析可以揭示影响产品成本和成本项目变动的因素和原因，有针对性地从生产技术、生产组织和经营管理等各个方面挖掘节约成本费用的潜力，有效地控制生产耗费，从整体上提高企业的经济效益。

3. 为成本预测、决策等提供重要依据

成本报表所反映的成本资料，揭示了企业实际生产耗费状况和成本水平，不仅可以满足企业、车间和部门加强日常成本费用的需要，而且能为企业进行成本预测、决策等提供重要依据。同时，这些成本资料还是编制产品成本和各项费用计划、制订产品价格的重要基础。

（二）成本报表的编制要求

为了充分发挥成本报表在经济管理中的积极作用，企业应按照一定的要求正确编制各种成本报表，具体要做到如下要求。

1. 数字准确

数字准确，是指报表中的各项数据必须真实可靠，不能任意估计，更不允许弄虚作假、篡改数字。因此，企业在编制成本报表前，应将所有的经济业务登记入账，并核对各种账簿之间的记录，做到账账相符；清查财产、物资，做到账实相符。然后再依据有关账簿的记录编制报表。报表编制完毕后，还应检查各个报表、项目之间有钩稽关系的指标数是否一致。

2. 内容完整

内容完整，是指主要报表种类应齐全，应填列的报表指标和文字说明必须全面，不论是据账簿资料填列还是分析计算填列，表内项目和表外补充资料都应当完整无缺，不得任意取舍。需要注意的是，各成本报表的计算口径须保持一致，计算方法如有变动，应在附注中说明。对不定期报送的主要成本报表，还应有分析说明生产成本和费用升降情况、原因、措施的文字材料。

3. 编报及时

成本报表有些定期编制，有些不定期编制，无论是定期编制还是不定期编制，都要求及时编制、及时反馈。所谓编报及时，是指根据企业管理部门的需要迅速提供各种成本报表。只有这样才能及时地对企业成本完成情况进行检查和分析，从中发现问题，及时采取措施加以解决，以充分发挥成本报表应有的作用。要做到这一点，企业不仅要做好日常成本核算工作，还要注意整理、收集有关的历史成本资料等。

总之，企业只有精心设计好成本报表的种类和格式、指标内容和填制方法，合理规划好成本报表的编制时间和报送范围，及时提供内部真实、准确、完整的成本信息，才能充分发挥成本报表的作用。

三、产品生产成本表的编制

产品生产成本表是反映企业在报告期内生产全部产品（包括可比产品和不可比产品）的总成本及各种主要产品的单位成本和总成本的报表。其中，可比产品是指上一年正式生产过、有上年度较完备的成本资料的产品；不可比产品是指上一年没有正式生产过、没有上年度成本资料的产品。产品生产成本表一般分为两种，一种是按成本项目反映，另一种是按产品种类反映。

（一）产品生产成本表的作用

产品生产成本表是反映企业在一定会计期间生产产品所发生的生产费用总额和全部产品总成本的报表。

编制产品生产成本表，可以考核各种产品成本计划的执行情况，了解产品成本发生的全貌；利用产品生产成本表可以分析各成本项目的构成及其变化情况，揭示成本差异，挖掘潜力，降低产品成本。同时，产品生产成本表提供的成本信息资料，也是预测未来产品成本水平和制订合理目标成本的依据。

（二）按成本项目反映的产品生产成本表的编制

按成本项目反映的产品生产成本表是按成本项目汇总反映企业在报告期内发生的全

部生产费用及产品生产成本合计数的报表。利用按成本项目反映的产品生产成本表，可以反映报告期内全部产品生产费用的支出情况和各种费用的构成情况；通过将本表本年实际生产费用及产品生产成本与本年计划数和上年实际数相比较，可以考核和分析年度生产费用、产品生产成本计划执行情况、上年生产费用及产品生产成本的升降情况。

按成本项目反映的产品生产成本表一般由生产费用和产品生产成本两部分构成。生产费用按成本项目反映报告期内发生各种生产费用及其合计数，在此基础上加上在产品和自制半成品的期初余额，减去在产品和自制半成品的期末余额，算出产品生产成本的合计数。这些费用和成本，可按上年实际数、本年计划数、本月实际数和本年实际数分栏反映。如果是在期中编制这一报表，本年实际数栏应改为本年累计实际数。按成本项目反映的产品生产成本表的一般格式如表 8-2 所示。

表 8-2　产品生产成本表（按成本项目反映）

编制单位：胜利有限责任公司　　　　　　　2021 年 12 月　　　　　　　　　　单位：元

成本项目	上年实际数	本年计划数	本月实际数	本年实际数
直接材料	423.88	411.13	41.44	421.27
直接人工	174.55	193.84	16.07	182.41
制造费用	323.09	288.10	26.98	294.61
生产费用合计	921.52	893.07	84.49	898.29
加：在产品、自制半成品期初余额	49.20	47.92	41.17	38.50
减：在产品、自制半成品期末余额	38.50	39.86	50.23	50.23
产品生产成本	932.22	901.13	75.43	886.56

表 8-2 中相关项目的编制方法如下：

① 上年实际数根据上年 12 月份本表的本年实际数填列。

② 本年计划数根据成本计划有关资料填列。

③ 本年实际数应根据本月实际数，加上上月本年累计实际数计算填列。

④ 按成本项目反映的本月各种生产费用数，根据各种产品成本明细账所记本月生产费用合计数，按照成本项目分别汇总填列。

⑤ 期初、期末在产品、自制半成品的余额，根据各种成本明细账的期初、期末在产品成本和各种自制半成品明细账的期初、期末余额分别汇总填列。

⑥ 产品生产成本合计数根据表中的生产费用合计数，加上在产品、自制半成品期初余额，减去在产品、自制半成品期末余额计算填列。

（三）按产品品种反映的产品生产成本表的编制

按产品品种反映的产品生产成本表是反映企业在报告期内生产的全部产品总成本和各种主要产品总成本及单位成本的报表。该表可以揭示企业生产一定数量产品所付出的成本是否达到了预期要求，并考核和分析企业产品生产成本计划的执行情况及可比产品成本降低计划的执行情况，进而对企业成本管理工作做出评价。

按产品品种反映的产品生产成本表

按产品品种反映的产品生产成本表分为正表和补充资料两部分。正表项目栏的纵栏中分为可比产品与不可比产品两部分。由于可比产品需要同上年度的实际成本进行比较，因此，表中不仅要反映本期的计划成本和实际成本，还要反映按上年实际平均单位成本计算的总成本。对于不可比产品，由于没有上年度实际单位成本的资料，所以只反映本年度的计划成本和实际成本。按产品品种反映的产品生产成本表的一般格式如表8-3所示。

按产品品种反映的产品生产成本表的编制方法如下：

① "产品名称"栏按企业规定的主要产品的品种分别列示，每项注明各该品种的名称、规格和计量单位。

② "实际产量"栏数字应根据成本计算单等资料所记录的本月和从年初起到本月止的各种主要产品实际产品填列。

③ "单位成本"栏数字应按上年度或以前年度报表资料、本期成本计划资料和本期实际资料和本期实际成本资料分别填列。

a．上年实际平均单位成本：根据上年度本表所列各种产品的全年实际平均单位成本填列，因不可比产品无上年相关资料，因而只有各种可比产品要填列此项目。

b．本年计划单位成本：根据本年度成本计划所列的单位成本有关资料填列。

c．本月实际单位成本：根据表中本月实际总成本除以本月实际产量计算填列。

d．本年累计实际平均单位成本：根据表中本年累计实际总成本除以本年累计实际产量计算填列。

④ "本月总成本"栏数字应按本月商品产量分别乘以上年实际平均单位成本、本月计划单位成本和本月实际成本的乘积填列。

a．按上年实际平均单位成本计算的总成本：根据上年实际平均单位成本乘以本月实际产量计算填列。

b．按本年计划平均单位成本计算的总成本：根据本年计划单位成本乘以本月实际产量计算填列。

c．本月实际总成本：根据本月成本计算单或产品成本明细账的有关记录填列。

表 8-3 产品生产成本表（按产品品种反映）

2019 年 12 月

编制单位：胜利有限责任公司　　　　　　　　　　　　　　　　　　　　　　　　单位：元

产品名称	实际产量			单位成本				本月总成本			本年累计总成本		
	计量单位	本月①	本年累计②	上年实际平均③	本年计划④	本月实际⑤=⑨÷①	本年累计实际平均⑥=⑫÷②	按上年实际平均单位成本计算⑦=①×③	按本年计划成本计算⑧=①×④	本月实际⑨	按上年实际平均单位成本计算⑩=②×③	按本年计划成本计算⑪=②×④	本年实际⑫
可比产品合计								43 050	40 600	37 025	476 200	448 400	417 000
其中：甲产品	件	30	320	1 010	970	880	900	30 300	29 100	26 400	323 200	310 400	288 000
乙产品	件	25	300	510	460	425	430	12 750	11 500	10 625	153 000	138 000	129 000
不可比产品合计									10 800	10 440		102 000	100 300
其中：丙产品	件	18	170		600	580	590		10 800	10 440		102 000	100 300
产品成本合计									51 400	47 465		550 400	517 300

补充资料：

1. 可比产品成本降低额 59 200 元；

2. 可比产品成本降低率 12.43%；

3. 计划成本降低额 33 100 元；

4. 计划成本降低率 6%。

⑤ "本年累计总成本"栏数字应按自年初到本月止的本年累计产量分别乘以上年实际平均单位成本、本年计划单位成本和本年累计实际平均单位成本的乘积填列。

a．按上年实际平均单位成本计算的总成本：根据上年实际平均单位成本乘以本年累计实际产量计算填列。

b．按本年计划平均单位成本计算的总成本：根据本年计划单位成本乘以本年累计实际产量计算填列。

c．本年累计实际总成本：根据成本计算单或产品成本明细账有关记录填列。

⑥ 补充资料中，可根据计划、统计和会计等有关资料计算后填列。其中，可比产品的成本降低额和可比产品成本降低率，可以按下列公式计算后填写：

$$可比产品成本降低额=按上年实际平均单位成本计算的可比产品成本-本年可比产品实际总成本$$

$$可比产品成本降低率=\frac{可比产品成本降低额}{按上年实际平均单位成本计算的可比产品成本}\times100\%$$

根据表 8-3 的资料计算如下：

可比产品成本降低额=476 200−417 000=59 200 元

$$可比产品成本降低率=\frac{59\,200}{476\,200}\times100\%=12.43\%$$

四、主要产品单位成本表的编制

（一）主要产品单位成本表的作用

主要产品单位成本表是反映企业在报告期内生产的各种主要产品单位成本的构成情况和各项主要技术经济指标执行情况的报表。其中，主要产品是指企业经常生产、在企业所生产的全部产品中所占的比重较大且能概括反映企业生产经营面貌的产品。

主要产品单位成本表是对产品生产成本表的有关单位成本资料所做的进一步补充说明。根据该表可以考核各种主要产品单位成本计划的执行情况；可以分析各成本项目和消耗定额的变化及其原因，分析成本构成的变化趋势；有助于生产同种产品的不同企业之间进行成本对比。总之，利用主要产品单位成本表有助于分析成本变动的内在原因，挖掘降低成本的潜力。

（二）主要产品单位成本表的编制方法

主要产品单位成本表是按产品的成本项目分别反映产品单位成本及各成本项目的历史最高水平、上年实际平均、本年计划、本月实际和本年累计实际平均的成本资料。该表的一般格式如表 8-4 所示，具体编制方法如下：

编制单位：胜利有限责任公司

表 8-4　主要产品单位成本表

2019 年 12 月

单位：元

产品名称①	规格②	计算单位③	产量		直接材料					直接工人					制造费用					产品单位成本				
			本月实际④	本年累计实际⑤	历史最高水平⑥	上年实际平均⑦	本年计划⑧	本月实际⑨	本年累计实际平均⑩	历史最高水平⑪	上年实际平均⑫	本年计划⑬	本月实际⑭	本年累计实际平均⑮	历史最高水平⑯	上年实际平均⑰	本年计划⑱	本月实际⑲	本年累计实际平均⑳	历史最高水平㉑	上年实际平均㉒	本年计划㉓	本月实际㉔	本年累计实际平均㉕
甲		件	30	320	60	70	66	61	62	10	13	12	10	11	12	18	16	16	17	82	101	97	87	90
乙		件	20	200	79	82	81	80	81	32	35	34	34	34	19	21	20	20	20	130	138	135	134	135
丙		件	18	150	40	43	42	41	41	68	72	70	70	71	18	20	20	21	20	126	135	132	1	132

① 基本部分的产品名称、规格、计量单位、产量，根据有关产品成本计算单填列。

② 各成本项目的历史最高水平的数字，根据企业的成本历史资料填列。

③ 各成本项目的上年实际平均单位成本的数字，根据上年度的成本资料填列。

④ 各成本项目的本年计划单位成本的数字，根据本年计划资料填列。

⑤ 各成本项目的本期实际单位成本的数字，根据实际成本资料填列。

⑥ 各成本项目的本年累计实际平均单位成本的数字，根据本年各项目总成本除以累计产量后的商数填列。

五、制造费用明细表的编制

（一）制造费用明细表的作用

制造费用明细表是反映企业在报告期内发生的各项制造费用及其构成情况的报表。该表一般按照制造费用项目分别反映企业制造费用的本年计划数、上年实际数、本月实际数和本年实际数。根据制造费用明细表，可以了解企业报告期内制造费用的实际支出水平，考核制造费用计划的执行情况，评价制造费用的变化趋势，以便于加强对制造费用的控制与管理。制造费用明细表的一般格式如表8-5所示。

表8-5　制造费用明细表

编制单位：胜利有限责任公司　　　　　　　　2021 年 12 月　　　　　　　　　　单位：元

项目	本年计划数	上年实际数	本月实际数	本年实际数
1．工资及福利				
2．折旧费				
3．修理费				
4．办公费				
5．水电费				
6．机物料消耗				
7．劳动保护费				
8．在产品盘亏、毁损				
9．停工损失				
10．其他				
合计				

（二）制造费用明细表的编制方法

① "本年计划数"栏各项目数字，根据本年制造费用预算填列。

② "上年实际数"栏各项目数字，根据上年度本表"本年实际数"栏相应数字填列。如果本年本表所列费用项目与上年度的费用项目在名称或内容上不一致，应对上年度的各

项目数字按本年度表内项目的规定进行调整。

③ "本月实际数"栏各项目数字，根据制造费用明细账的本月合计数填列。

④ "本年实际数"栏各项目数字为自本年初至本月末的累计实际数，根据"制造费用明细账"中各费用项目累计数填列。

六、期间费用明细表的编制

期间费用明细表是反映企业在报告期内发生的各种期间费用的报表，包括管理费用明细表、财务费用明细表和销售费用明细表。编制期间费用明细表是为了反映、分析和考核期间费用的计划执行情况及其执行结果，分析期间费用内部各项费用的构成情况和上年同期相比增减变化情况及其升降变化的原因。下面以管理费用明细表为例，讲解期间费用明细表的编制。

（一）管理费用明细表的作用

管理费用明细表是反映企业在报告期内发生的管理费用及其构成情况的报表。利用管理费用明细表可以分析管理费用的构成及其增减变动情况，考核各项管理费用计划的执行情况。

（二）管理费用明细表的编制方法

管理费用明细表一般可分本年计划数、上年实际数、本月实际数和本年实际数等部分，其一般格式如表 8-6 所示。

表 8-6　管理费用明细表

编制单位：胜利有限责任公司　　　　　　　　2021 年 12 月　　　　　　　　单位：元

项目	本年计划数	上年实际数	本月实际数	本年实际数
1. 工资	985 000			985 732
2. 福利费	137 000			138 002
3. 折旧	325 000			325 000
4. 办公费	113 100			113 200
5. 差旅费	282 000			297 359
6. 运输费	482 000			483 500
7. 保险费	198 000			198 000
8. 租赁费				
9. 修理费	326 000			317 000
10. 咨询费				
11. 诉讼费				

项目	本年计划数	上年实际数	本月实际数	本年实际数
12. 排污费	178 000			178 000
13. 绿化费	14 000			14 000
14. 物料消耗	89 000			88 745
15. 低值易耗品	71 800			71 800
16. 无形资产摊销	68 000			68 000
17. 递延费用摊销	78 000			78 000
18. 坏账损失	39 000			39 000
19. 研究开发费	480 000			400 000
20. 技术转让费				
21. 业务招待费	386 000			377 560
22. 工会经费	19 700			19 715
23. 职工教育经费	246 250			251 000
24. 待业保险费				
25. 劳动保险费	272 000			272 000
26. 材料、产成品盘亏和毁损	6 000			7 200
27. 其他	4 800			4 888
合计	4 800 650	0	0	4 727 701

管理费用明细表的编制方法如下：

①　"本年计划数"栏各项目数字，根据本年度管理费用计划资料填列。

②　"上年实际数"栏各项目数字，根据上年同期本表的本月实际数或本年实际数填列。

③　"本月实际数"栏各项目数字，根据管理费用明细账的本月合计数填列。

④　"本年实际数"栏各项目数字，根据管理费用明细账的本月末的累计数填列。

任务二　成本报表的分析

成本分析是对一定时期企业成本完成情况的全面评价，旨在提示和测定影响成本变动的主要因素及这些因素对成本变动的影响过程，寻找降低成本途径，提高企业经济效益。成本分析是成本核算工作的继续，贯穿于成本管理工作的全过程，是企业成本管理的重要组成部分，包括事前分析、事中分析和事后分析。

成本报表分析属于事后分析，是指主要利用成本报表所提供的资料及其他有关资料进行的分析。分析的目的在于评价企业成本计划的完成情况，并通过研究各项指标的数量变动和指标之间的相互关系，揭示影响成本指标变动的因素和原因，从而对企业一定时期的成本工作获得比较全面、本质的认识，为改进生产经营管理、节约生产耗费、编制下期成本计划和做出新的经营决策提供依据。

一、成本分析的一般方法

成本分析的方法有很多，常用的有比较分析法、比率分析法和因素分析法。企业可以根据成本分析的目的、费用和成本形成的特点、成本分析所依据的资料等，选择合理的成本分析方法。

（一）比较分析法

比较分析法也称对比分析法，是通过将两个有内在联系的可比经济指标在时间上和空间上进行对比，从数量上确定差异的一种分析方法。通过比较分析，可以确定差异、评价业绩、掌握动态、寻求潜力，达到降低成本、提高经济效益的目的。

在对具体指标进行比较分析时，分析者可根据分析目的选择对比的基数，实际工作中通常有以下几种形式。

① 实际成本指标与计划成本指标或定额指标的比较分析。通过这类指标的比较分析，可以反映计划或定额的完成情况，检查计划、定额本身是否既先进又切实可行，找出脱离计划的差距和产生差异的原因。

② 本期实际成本指标与前期（上期、上年同期或历史最高水平）实际指标的比较分析。通过这类指标的比较分析，可以反映成本指标的变动情况和发展趋势，揭示本期同前期成本指标间的差距，分析企业生产经营工作的改进情况。

③ 本企业实际成本指标（或某项技术经济指标）与国内外同行业先进指标的比较分析。通过这类指标的比较分析，可以反映企业成本水平在国内外同行业中所处的地位，揭示企业与国内外先进成本指标间的差距，以便采取措施，挖掘潜力，提高企业在同行业中的竞争力。

比较分析法是经济分析中广泛应用的一种方法，主要作用是揭示成本差异，并为进一步分析指出方向，以便企业采取措施，降低成本。它是最基本的成本分析方法，各种成本分析均要采用这种方法。需要注意的是，比较分析法只适用于同质指标的数量对比。因此，应用比较分析法时要注意对比指标的可比性，也就是说对比指标采用的计价标准、时间单位、指标内容和计算方法等应具有比较的共同基础。如果对比的指标之间存在不可比因素，应按可比的口径先进行调整，然后再进行对比。

思政之窗

　　企业运用比较分析法揭示成本差异，以便采取措施，降低成本。会计人员在个人进步和发展方面也可以运用比较分析法，通过实际与计划、过去与现在、自己与他人的对比发现问题，然后分析问题，并积极寻找方法解决问题，以实现个人的成长。

　　例如，在日常工作中，会计人员时刻总结和反思自己的专业技能是否有提升，工作能力是否有进步，是否认真钻研业务，等等。一名合格的会计人员，不仅要工作时严肃认真、一丝不苟，不断提高工作质量，还要树立不断探索和进取的职业道德观。

（二）比率分析法

　　比率分析法是通过计算和对比经济指标的比率，进行数量分析，借以考察经济业务相对效益的一种方法。采用这一方法时，需先计算出对比数值的相对数，求出比率，再进行对比分析。具体形式有：

1. 相关指标比率分析

　　所谓相关指标比率分析，是计算两个性质不同但又相关的指标的比率，然后再以实际数与计划或前期实际数进行对比分析，以便从经济活动的客观联系中，更深入地认识企业的生产经营状况。例如，企业计算出产值成本率、销售成本率和成本利润率等，就可据以分析和比较企业生产耗费的经济效益。相关计算公式有：

$$相关比率=\frac{某项经济指标的绝对数量}{另一有联系的某项经济指标的绝对数值}\times100\%$$

$$产值成本率=\frac{产品成本}{产品产值}\times100\%$$

$$销售成本率=\frac{产品成本}{产品销售收入}\times100\%$$

$$成本利润率=\frac{产品销售利润}{产品成本}\times100\%$$

　　从上述计算公式可以看出，产值成本率和销售成本率高的企业经济效益差，反之企业经济效益好；成本利润率则相反。在进行分析时，还应将各种比率的本期实际数与基数（计划数或前期实际数）进行对比，揭示其变动的差异，为进一步进行差异分析指出方向。

2. 构成比率分析

　　所谓构成比率分析，是计算某项指标的各个组成部分占总体的比重，即部分与总体的比率，进行数量分析构成内容的变化，以便进一步掌握该项经济活动的特点和变化趋势。例如，将构成产品成本的各项费用分别与产品成本总额相比，计算产品成本的构成比率。这种比率分析法也称比重分析法。相关计算公式有：

$$某项结构比率=\frac{某项经济指标的部分数值}{某项经济指标的总体数值}\times100\%$$

$$直接材料费用比率=\frac{直接材料费用}{产品成本}\times100\%$$

$$直接人工费用比率=\frac{直接人工费用}{产品成本}\times100\%$$

$$制造费用比率=\frac{制造费用}{产品成本}\times100\%$$

计算和分析上述成本构成比率，可以反映产品成本的构成是否合理。将成本的实际数与计划数进行比较，可以揭示二者之间的差异；将不同时期同一成本项目构成比率相比较，可以观察产品成本构成的变动，了解企业改进生产技术和经营管理对产品成本的影响。

3. 动态比率分析

动态比率分析是将不同时期同类指标的数值对比求出比率，然后进行比较，从动态上分析该项指标的增减速度和变动趋势，从中了解企业在生产经营方面的成绩和不足。动态比率主要有两种形式：

① 定基比率也称定基发展速度，是将报告期水平与某一固定基期水平相除，用来反映某现象在较长时间内变化的相对程度。其计算公式为：

$$定基发展速度=（报告期水平\div某一固定基期水平）\times100\%$$

② 环比比率也称环比发展速度，是将报告期水平与其前一期的发展水平相除，用来反映某现象在相应的时期内变化的相对程度。其计算公式为：

$$环比发展速度=（报告期水平\div前一期发展水平）\times100\%$$

通过动态比率计算，将一些平时不可比的企业变成可比企业，可供外部或内部决策者在选择决策方案时进行比较分析。但动态比率分析也存在不足之处，其指标比率只反映比值，不能说明其绝对数额的变动；同时，与比较分析法一样，无法说明指标变动的具体原因，达不到成本分析的目的。

（三）因素分析法

因素分析法是将某一综合性指标分解为若干相互联系的因素，分别计算、分析每个因素对综合性指标影响程度的分析方法。因素分析法按其综合指标中各构成因素的相互关系，又可以分简单因素分析和复杂因素分析。

简单因素分析是指综合指标的各构成因素之间没有直接的关系，分析某一因素的变动对综合指标的影响时，排除其他因素不至于造成错误的分析结果。复杂因素分析是指综合指标的各构成因素之间有一定的连带关系，分析某一因素的变动对综合指标变动的影响时，排除其他任何一个因素，都将会造成错误的分析结果。在这种情况下，通常可以用连环替代法或差额计算法进行分析。

1. 连环替代法

连环替代法是按顺序用各项因素的实际数替换基数，借以计算几个相互联系的因素对综合经济指标变动影响程度的一种分析方法。

采用对比分析法和比率分析法，可以揭示实际数与基数之间的差异，但不能揭示产生差异的因素和各因素的影响程度。而采用连环替换分析法就可以解决这一问题，从而找出主要矛盾，明确进一步调查研究的主要方向。

连环替换分析法的计算程序如下：

① 根据指标的计算公式确定影响指标变动的各项因素。

② 排列各项因素的顺序。确定各因素排列顺序的一般原则是：如果既有数量因素又有质量因素，先计算数量因素变动的影响，后计算质量因素变动的影响；如果既有实物数量因素又有价值数量因素，先计算实物数量因素变动的影响，后计算价值数量因素变动的影响；如果有几个数量因素或质量因素，还应区分主要因素和次要因素，先计算主要因素变动的影响，后计算次要因素变动的影响。

③ 按排定的因素顺序和各项因素的基数进行计算。

④ 按顺序将前面一项因素的基数替换为实际数，将每次替换以后的计算结果与其前一次替换以后的计算结果进行对比，按顺序算出每项因素的影响程度，有几项因素就替换几次。

⑤ 将各项因素的影响程度的代数和与指标变动的差异总额核对。

下面以材料费用总额变动分析为例，说明这一分析方法的特点。

影响材料费用总额的因素很多，按其相互关系可归纳为产品产量、单位产品材料消耗量和材料单价。按照各因素的相互依存关系，列成如下分析计算公式：

材料费用总额=产品产量×单位产品材料消耗量×材料单价

【例 8-1】 2021 年 12 月，胜利有限责任公司的材料计划完成情况如表 8-7 所示。

表 8-7　材料计划完成情况表

编制单位：胜利有限责任公司　　　　　　2021 年 12 月

指标	单位	计划数	实际数	差异
产品产量	件	50	48	−2
单位产品材料消耗量	千克	30	32	+2
材料单价	元	8	7	−1
材料费用总额	元	12 000	10 752	−1 248

分析过程如下：

以计划数为基数：50×30×8=12 000 元

第一次替换：	48×30×8=11 520 元	−480（产量减少）
第二次替换：	48×32×8=12 288 元	+768（单位产品材料消耗量增加）
第三次替换：	48×32×7=10 752 元	−1 536（材料单价降低）
合　计：	−1 248 元	

通过计算可以看出，由于单位产品材料消耗量的提高使材料费用增加 768 元，但由于产量和材料单价的降低使材料费减少 2 016 元，结果最终材料费用节约 1 248 元。该公司应在以上分析的基础上，进一步查明产量减少、单位产品材料消耗量增加和材料单价下降的具体原因，以便总结经验，采取措施，加强管理，节约产品的材料费用。

从上述计算程序可以看出，连环替换法具有计算程序的连环性、因素替换的顺序性和计算条件的假定性等特点。

2. 差额分析法

差额分析法是根据各项因素的实际数与基数的差额来计算各项因素影响程度的方法，是连环分析法的简化。运用这一方法时，先要确定各因素实际数与基数之间的差异，然后按照各因素的排列顺序，依次求出各因素变动的影响程度。

【例 8-2】　仍以【例 8-1】资料为例，以差额计算分析法测定各因素影响程度如下：

（1）分析对象：10 752−12 000=−1 248 元

（实际数）−（基数）=（差异）

（2）各因数影响程度

产量变动影响=（48−50）×30×8=−480 元

单位产品材料消耗量变动的影响=48×（32−30）×8=768 元

材料单位变动影响=48×32×（7−8）=−1 536 元

三因素影响合计：−480+768+（−1 536）=−1 248 元

二、成本分析的具体方法

（一）产品生产成本表的分析

1. 产品生产成本计划完成情况分析

进行成本分析，首先应从对全部产品（包括可比产品和不可比产品）成本计划完成情况的总评价开始。通过总评，一是对企业本期全部产品成本计划的完成情况有个总括的了解；二是通过对影响计划完成情况因素的初步分析，找出成本节约或超支的产品，为进一步分析指明方向。

对全部产品成本计划完成情况的分析，应当是通过对比全部产品的实际总成本和计划总成本，以确定全部产品成本的降低额和降低率。为了使成本指标可比，必须先将成本计划中的计划总成本换算为按实际产量、实际品种构成、计划单位成本计算的总成本，然后再与实际总成本对比，确定成本计划的完成程度。其计算公式为：

$$全部产品成本降低额 = \sum (实际产量 \times 实际单位成本) - \sum (实际产量 \times 计划单位成本)$$

$$全部产品成本降低率 = \frac{全部产品成本降低额}{\sum (实际产量 \times 计划单位成本)} \times 100\%$$

【例 8-3】 2021 年 6 月，绿化工厂按产品种类反映的产品生产成本表如表 8-8 所示。

表 8-8　产品生产成本表（按产品种类反映）

编制单位：绿化工厂　　　　　　　　　　2021 年 6 月　　　　　　　　　　单位：元

产品名称	计量单位	实际产量①	单位成本			总成本		
			上年实际平均②	本年计划③	本年实际④=⑦÷①	按上年实际平均单位成本计算⑤=①×②	按本年计划单位成本计算⑥=①×③	本期实际成本⑦
可比产品合计						80 000	79 300	79 320
甲	件	8	2 500	2 450	2 475	20 000	19 600	19 800
乙		15	4 000	3 980	3 968	60 000	59 700	59 520
不可比产品	件							
丙		3		2 800	2 700		8 400	8 100
全部产品合计							87 700	87 420

补充资料：

1. 可比产品成本实际降低额 680 元（计划降低额为 700 元）；

2. 可比产品成本降低率 0.85%（计划降低率 1.076 9%）。

根据表 8-8 中的资料，计算出全部产品成本降低额和降低率结果，如表 8-9 所示。

表 8-9　全部产品成本分析表

编制单位：绿化工厂　　　　　　　　　　2021 年 6 月　　　　　　　　　　单位：元

产品名称		计划总成本	实际总成本	降低额	降低率（%）
可比产品	甲	19 600	19 800	+200	+1.02
	乙	59 700	59 520	−180	−0.30
	合计	79 300	79 320	+20	+0.03
不可比产品	丙	8 400	8 100	−300	−3.57
全部产品合计		87 700	87 420	−280	−0.32

从表 8-9 中可以看出，全部产品实际总成本比计划降低 280 元（降低率为 0.32%），超额完成计划，情况较好。但分别从可比和不可比产品来看，计划完成的程度不同。总降低额 280 元中，不可比产品成本降低 300 元，而可比产品成本却升高 20 元，其中又主要是因为甲产品成本升高 200 元。应查明甲产品成本升高、乙产品成本降低和丙产品成本降低的具体原因，进行下一步具体分析。

2. 可比产品成本计划完成情况分析

可比产品成本降低计划指标和计划完成情况的资料，分别反映在企业成本计划和成本报表资料中。

【例 8-4】 2021 年，绿化工厂可比产品成本降低计划和实际完成情况的有关资料如表 8-10 和表 8-11 所示。

表 8-10 可比产品成本降低计划表

编制单位：绿化工厂　　　　　　　　　　　2021 年　　　　　　　　　　　单位：元

可比产品	计划产量	单位成本		总成本		计划降低任务	
		上年实际平均	本年计划	按上年实际平均单位成本计算	按本年计划单位成本计算	降低额	降低率（%）
甲	10	2 500	2 450	25 000	24 500	500	2
乙	10	4 000	3 980	40 000	39 800	200	0.5
合计				65 000	64 300	700	1.076 9

表 8-11 可比产品成本降低计划完成情况表

编制单位：绿化工厂　　　　　　　　　　　2021 年　　　　　　　　　　　单位：元

可比产品	实际产量	单位成本		总成本		计划降低任务	
		上年实际平均	本年实际	按上年实际平均单位成本计算	按本年实际单位成本计算	降低额	降低率（%）
甲	8	2 500	2 475	20 000	19 800	200	1
乙	15	4 000	3 968	60 000	59 520	480	0.8
合计				80 000	79 320	680	0.85

根据可比产品成本实际降低额和降低率同可比产品成本降低计划比较，确定可比产品降低计划完成情况。计划降低额 700 元，计划降低率 1.076 9%；实际降低额 680 元，实际降低率 0.85%，则实际脱离计划差异为：

降低额=680-700=-20 元

降低率=0.85%-1.076 9%=-0.226 9%

由此可知，本期可比产品成本降低额和降低率都未完成计划。

从上述计算可以看出，影响可比产品降低计划完成情况的因素有三个：产品产量、产品品种构成和产品单位成本。

（1）产品产量

成本降低计划是根据各种产品计划产量制订的，而实际成本降低额和降低率是根据实际产量计算的。因此，产品产量的增减，必然会影响可比产品成本降低计划的完成情况。产量变动影响的特点是，假定其他因素不变，即产品品种构成和产品单位成本不变，单纯的产量变动只影响成本降低额，而不影响成本降低率。

（2）产品品种构成

产量变动往往会引起产品品种构成变动。由于各种产品成本降低幅度不同，如果成本降低幅度大的产品在全部可比产品产量中所占比重比计划提高时，则全部可比产品成本降低额和降低率指标的计划完成程度便会相应增大；反之会缩小。

（3）产品单位成本

成本计划降低额是本年计划成本比上年实际平均成本的降低数，而成本实际降低额则是本年实际成本比上年实际平均成本的降低数。因此，当产品单位成本实际比计划降低或升高时，必然会引起成本降低额或降低率的变动。

在确定上述各项因素变化对可比产品成本降低计划完成情况的影响时，可采用连环替代法在可比产品降低计划的基础上，分别以实际产量、实际品种结构和实际单位成本，逐步替代计划数，确定各种因素变化对可比产品成本降低额和降低率差异的影响。

以表 8-10 和表 8-11 的资料为例，对可比产品成本降低计划完成情况分析计算如下：

① 如前所述，在其他条件不变的情况下，单纯的产量变化只影响降低额不影响降低率。

产量变动对成本降低额的影响=$\sum$（本年实际产量×上年实际平均单位成本）×计划降低率−计划降低额=80 000×1.076 9%−700=161.52 元

② 产品品种构成变动的影响。

产品品种构成变动对成本降低额的影响=$\sum$（本年实际产量×上年实际平均单位成本）−$\sum$（本年实际产量×本年计划单位成本）−$\sum$（本年实际产量×上年实际平均单位成本）×计划降低率=80 000−79 300−80 000×1.076 9%=−161.52 元

产品品种构成变动对成本降低率的影响=

$$\frac{\text{产品品种构成变动对降低额的影响}}{\sum（\text{本年实际产量×上年实际平均单位成本}）}×100\%=\frac{-161.52}{80\ 000}×100\%=-0.201\ 9\%$$

③ 产品单位成本变动对可比产品成本降低计划完成情况的影响。

产品单位成本变动对成本降低额的影响=$\sum$（本年实际产量×本年计划单位成本）−$\sum$（本年实际产量×本年实际平均单位成本）=79 300−79 320=−20 元

产品单位成本变动对成本降低率的影响=

$$\frac{产品单位成本变动对降低额的影响}{\sum（本年实际产量×上年实际平均单位成本）}×100\%=\frac{-20}{80\,000}×100\%=-0.025\%$$

总的来看，企业未完成成本降低计划，情况不好。产品单位成本的升高或降低，意味着生产中劳动耗费的浪费或节约，分析时对这一因素的变动影响要给予特别的注意。本例中由于产品单位成本升高影响可比产品成本降低额为减少 20 元，降低率为-0.025%。进一步分析可知是甲产品造成的，乙产品单位成本是降低的；产量变动影响可比产品成本降低额实际比计划增加 161.52 元，而产品品种构成变动影响可比产品成本降低额实际比计划减少 161.52 元。这两个因素变动带来的影响实际上反映了生产和销售工作对成本的影响。

（二）主要产品单位成本表的分析

1. 主要产品单位成本计划完成情况分析

全部产品生产成本的计划完成情况分析，可以总括评价企业全部产品和可比产品成本的计划执行情况。为了揭示成本升降的具体原因，寻求降低产品成本的具体途径和方法，需要对主要产品成本的计划完成情况进行深入细致的分析，分析依据的资料是主要产品单位成本表、成本计划表等。

分析主要产品单位成本计划完成情况的方法一般是，先检查本期各种产品实际单位成本比计划、比上年实际平均单位成本的升降情况；然后进一步分析各主要成本项目变动情况，查明成本升降的具体原因。为了在更大范围内找差距、挖掘潜力，企业还应广泛收集国内外同行业同类产品的成本资料，进行横向对比分析。

【例 8-5】　2021 年 6 月，绿化工厂乙产品单位成本资料如表 8-12 所示。

表 8-12　主要产品单位成本表

产品名称：乙　　　　　　　　　　　　2021 年 6 月

产品规格：××

计量单位：件　　　　　　　　　　　　　　　　　　　　　　本月计划产量：10 件

销售单价：800 元　　　　　　　　　　　　　　　　　　　　　本月实际产量：15 件

成本项目	历史最高水平 （200×年）	上年实际平均	本年计划	本月实际
直接材料	2 820	2 920	2 910	2 908
直接人工	520	500	480	490
制造费用	560	580	590	570
产品单位成本	3 900	4 000	3 980	3 968

成本项目		历史最高水平（200×年）	上年实际平均	本年计划	本月实际
主要技术经济指标	计量单位	耗用量	耗用量	耗用量	耗用量
A 材料	千克	205	210	200	180
B 材料	千克	120	126	120	125

根据上述资料编制单位成本分析表，如表 8-13 所示。

表 8-13　乙产品单位成本分析表

编制单位：绿化工厂　　　　　　　　　　2021 年 6 月　　　　　　　　　　单位：元

成本项目	历史最高水平	上年实际平均	本年计划	本月实际	差异		
					比历史最高水平	比上年	比计划
直接材料	2 820	2 920	2 910	2 908	+88	−12	−2
直接人工	520	500	480	490	−30	−10	+10
制造费用	560	580	590	570	+10	−10	−20
产品单位成本	3 900	4 000	3 980	3 968	+68	−38	−12

根据表 8-13 计算表明，本月乙产品实际单位成本比上年实际平均、本年计划都降低了，虽然与历史最高水平相比还有一定差距，但总体情况是好的。从成本项目对比中可以看出，单位成本降低主要是由原材料、制造费用的节约造成的，说明企业在降低原材料消耗、控制制造费用支出等方面采取了措施，并取得了成绩。但直接人工项目本期实际却比计划超支了，说明在生产组织和劳动组织工作中还存在薄弱环节。

2. 主要产品单位成本的成本项目分析

（1）直接材料成本项目分析

单位产品成本材料费用的计算公式为：

单位产品成本材料费用=单位产品消耗的材料数量×材料单价

从公式中可以看出，影响直接材料成本项目实际成本脱离计划成本的因素主要是单位产品消耗的材料数量和材料单价。分析过程中应首先确定分析对象，即实际单位产品成本材料费用与计划单位产品成本材料费用之间的差异，然后进行因素分析，其中：

单位产品消耗材料数量变动的影响=（实际单位产品耗用量−计划单位产品耗用量）× 材料计划单价

材料单价变动的影响=（材料实际单价−材料计划单价）×单位产品材料实际耗用量

【例8-6】 2021年，绿化工厂丙产品单位成本对比计划变动情况分析如表8-14所示。

表8-14　丙产品单位成本对比计划变动情况分析表

编制单位：绿化工厂　　　　　　　　　　2021年　　　　　　　　　　单位：元

成本项目	本年计划单位成本	本年累计实际平均单位成本	降低额	降低率（%）
直接材料	232	250	−18	−7.76
直接人工	100	95	5	5
制造费用	88	95	−7	−7.95
成本合计	420	440	−20	−4.76

丙产品消耗的有关材料数量和价格资料如表8-15所示。

表8-15　丙产品直接材料成本对比计划变动情况分析表

编制单位：绿化工厂　　　　　　　　　　2021年

材料名称	消耗量（千克）		单价（元）		直接材料费用（元）		
	计划	实际	计划	实际	计划	实际	差异
A 材料	38	40	5.00	5.30	190	212	22
B 材料	10	8	4.20	4.75	42	38	−4
合计					232	250	18

由表8-15可以看出，丙产品的直接材料费用实际超计划18元。其中，

由于消耗量变动的影响计算如下：

A 材料： （40−38）×5.00＝10元

B 材料： （8−10）×4.20＝−8.4元

合计　　　　　　　　　1.6元

由于价格变动的影响计算如下：

A 材料： （5.30−5.00）×40＝12元

B 材料： （4.75−4.20）×8＝4.4元

合计　　　　　　　　　16.4元

上述两个因素中，材料单价变动一般属于客观因素，企业自身无法控制，而单位产品消耗数量变动属主观因素，企业应进一步分析，寻找降低材料费用的方法。

此外，材料的质量、生产过程中废料的利用程度和回收率，劳动者的态度、成本意识、设备性能等都会影响材料费用的多少。

（2）直接人工成本项目分析

分析直接人工成本项目的变动应结合具体的工资制度和工资费用计入产品成本的具体方法来进行。

在计件工资制度下，由于单位产品成本中规定有计件单价，因此只要计件单价不变，单位产品成本中的工资费用也不会发生变化。在计时工资制度下，如果企业只生产一种产品，则影响单位成本工资费用高低的因素不外乎生产工人工资总额和产品产量两个因素；如果企业生产多种产品，单位产品成本中包含的工资费用是按工时比例分配计入产品成本的，产品单位成本中工资费用的多少取决于生产单位产品的工时消耗和工资分配率两个因素的变动情况。

单位产品直接人工成本的计算公式为：

单位产品直接人工成本=单位产品工时消耗量×工资分配率

分析直接人工成本项目时，首先应确定分析对象为实际单位产品直接人工成本减去计划单位产品直接人工成本，然后分析两个因素变动的影响，其中：

单位产品工时消耗量变动的影响=（实际单位产品工时消耗量−计划单位产品工时消耗量）×计划工资分配率

工资分配率变动的影响=（实际工资分配率−计划工资分配率）×实际单位产品工时消耗量

【例 8-7】 2021 年 6 月，绿化工厂丙产品消耗的有关工时数量和工资分配率资料如表 8-16 所示。

表 8-16 丙产品消耗的有关工时数量和工资分配率资料

项目	消耗量（工时）		工资分配率（元/小时）		直接人工成本（元）		
	计划	实际	计划	实际	计划	实际	差异
生产工时	50	40	2	2.375	100	95	−5

由表 8-16 可以看出，丙产品的直接人工成本实际节约 5 元。其中，

由于工时消耗量变动的影响计算如下：

（40−50）×2=−20 元

由于工资分配率变动的影响计算如下：

（2.375−2）×40=15 元

从上述计算中可以看出，生产单位产品工时消耗越少，生产效率越高，成本中分摊的工资费用也越少。另外，工资分配率的提高是产品单位成本中工资费用增加的因素。工资分配率的变动既受计时工资总额变动的影响，也受工时利用程度高低的影响，所以对产品单位成本中工资费用的分析应结合生产、工艺、劳动组织等方面的情况进行，重点分析单位产品工时变动。

（3）制造费用成本项目分析

影响制造费用实际脱离计划的因素主要是工时消耗和制造费用分配率。

【例 8-8】　2021 年 6 月，丙产品消耗的有关工时数量和制造费用分配率资料如表 8-17 所示。

表 8-17　丙产品制造费用对比计划变动情况分析表

编制单位：绿化工厂　　　　　　　　　　　2021 年 6 月　　　　　　　　　　　单位：元

项目	消耗量（工时）		制造费用分配率（元/小时）		制造费用成本（元）		
	计划	实际	计划	实际	计划	实际	差异
制造费用	50	40	1.76	2.375	88	95	7

由表 8-17 可以看出，丙产品的制造费用实际超过计划 7 元。其中，

由于工时消耗量变动的影响计算如下：

（40-50）×1.76=-17.6 元

由于制造费用分配率变动的影响计算如下：

（2.375-1.76）×40=24.6 元

根据以上的计算分析可以得出，丙产品制造费用增加的原因是制造费用分配率的提高，虽然消耗工时有所降低，但最终导致制造费用增加。

项目小结

本项目主要阐述了成本报表是通过表格的形式对企业发生的成本费用进行归纳和总结，为企业内部管理提供所需的会计信息。成本报表为企业制订成本计划提供依据，反映成本计划的完成情况，为企业降低成本指明方向。

编制成本报表时应做到数字准确、内容完整、编报及时。同时，在报表格式的设置和明细项目的设置方面，应将会计制度的要求与企业的实际需要相结合，充分考虑成本报表的专题性、指标的实用性和报表格式的针对性。

为了揭示企业为生产一定产品所付出成本是否符合预定的要求，通常需要编制产品成本报表、主要产品单位成本表和制造费用明细表等成本报表。

成本分析的方法通常有比较分析法、比率分析法和因素分析法等。通过比较分析可揭示成本的差异；通过比率分析可考察经济业务的相对效益；通过因素分析可挖掘成本升降的原因。成本报表分析的内容包括全部产品成本计划完成情况分析、可比产品成本降低任务完成情况的分析、主要产品单位成本的分析等。

全部产品成本计划完成情况分析，是从企业的全局上判断其生产的所有产品的实际成本是否达到计划水平，可以分别从产品种类、成本项目几个方面进行分析，为进一步深入分析指明方向。可比产品成本降低计划完成情况分析主要是检查企业的计划降低指标是否

完成，分析影响计划降低指标完成的原因。影响可比产品成本计划降低指标的原因主要包括：产量因素、品种结构因素、单位成本因素，其中产量因素不影响降低率。主要产品单位成本的分析是成本分析工作的逐步深化。

复习思考题

1．什么是成本报表？简述成本报表的作用。

2．试述编制成本报表的一般要求。

3．企业成本报表有哪几种？编制各种成本报表的目的是什么？

4．进行成本分析的主要目的是什么？

5．成本分析中常用的方法有哪些？这些方法的特点是什么？

6．影响产品成本计划完成情况的因素有哪些？

7．成本降低额和成本降低率分别是如何计算的？

扫"码"练习

查看解析